U0542482

清华大学自主科研计划课题"汉语复音名词的形成
及其音节选择机制研究"（编号2019THZWLJ28） 资助
清华大学基础文科发展项目

汉语词汇单复音形式演变研究

邱冰 著

南京大学出版社

图书在版编目(CIP)数据

汉语词汇单复音形式演变研究 / 邱冰著. —南京：南京大学出版社，2024.8
ISBN 978-7-305-27655-2

Ⅰ.①汉… Ⅱ.①邱… Ⅲ.①汉语—语音—研究 Ⅳ.①H11

中国国家版本馆 CIP 数据核字(2024)第 027450 号

出版发行 南京大学出版社
社 址 南京市汉口路 22 号 邮 编 210093
HANYU CIHUI DANFUYIN XINGSHI YANBIAN YANJIU
书 名 **汉语词汇单复音形式演变研究**
著 者 邱 冰
责任编辑 荣卫红 编辑热线 025-83685720

照 排 南京紫藤制版印务中心
印 刷 徐州绪权印刷有限公司
开 本 718 mm×1000 mm 1/16 印张 20.25 字数 282 千
版 次 2024 年 8 月第 1 版
印 次 2024 年 8 月第 1 次印刷
ISBN 978-7-305-27655-2
定 价 98.00 元

网 址：http://www.njupco.com
官方微博：http://weibo.com/njupco
官方微信：njupress
销售咨询热线：(025)83594756

* 版权所有，侵权必究
* 凡购买南大版图书，如有印装质量问题，请与所购图书销售部门联系调换

前　言

以单音词为主的上古汉语词汇系统发展到以复音词为主的现代汉语词汇系统，词汇复音化无疑是汉语发展过程中最为显著的趋势之一。宏观层面上的词汇系统复音化是对大量的单音词复音化的整体性概括，微观层面上每个具体的单音词在各自复音化过程中又表现出鲜明的个性，它们的音节形式演变路径丰富多样，恰如江河涌动奔流但每一粒水珠却又可以有着不同的奔溅轨迹。

本书围绕汉语词汇单复音形式的演变展开，重点聚焦于复音化的倾向性问题、路径选择问题与动因机制问题，主要内容与学术贡献包括：

第一，对上古、中古和近代汉语词汇系统中单复音形式的面貌及其发展进行量化总括描写。采用计量语言学方法从词种、词例、词性等角度，对比分析不同时期汉语词汇单复音节形式，指出汉语词汇音节形式的发展是一个连续统，复音形式无论是词种数量还是词例使用占比都呈现上升趋势。名词和动词作为词汇系统的两大宗，是汉语词汇系统单复音节形式演变最主要、最活跃的词类。

第二，对上古到近代汉语的高频词中的单复音形式进行了分析与讨论。根据不同位次范围不同词性的高频词分布统计，指出词汇系统最核心部分的仍是单音词，在次高频位次上复音形式不断提升。不同时期的高频词呈现出动态性,存在着词频涨落、位次变化和新词进入、旧词退出等情况。不同词类的高频词数量和复音形式的占比不均衡,以名词和动词为大宗。

第三,对上古汉语具有代表性的15个高频单音名词和10个高频单音动词的音节形式演进路径进行了细致个案描写。以单音名词和动词的义位为对象,描写不同义位从上古至近现代汉语的单复音形式演变的情况,指出不同词、不同义位的音节形式演变过程中存在差异,名词较动词更容易发生复音化,同一个词的不常用义较常用义更易发生复音化,名词较多采用并列和偏正两种语法手段产生新兴复音词,动词较多采用并列手段。

第四,对上古汉语高频名词和动词与中古中土文献和汉译佛经文献的对应形式进行了系统调查。构建了上古高频单音词与中古新产形式的对应词表,指出中古新产词绝大部分是双音形式,吸纳原有单音词作为构词语素形成新的复音词是音节选择的主要路径。新产复音词更多见于汉译佛经文献,汉译佛经文献词汇复音化特征显著。

成书之际,我要感谢学业导师朱庆之教授和汪维辉教授。朱老师将我领入汉译佛经语言研究领域,汪老师是我语言学研究的启蒙人与引路人,两位老师将他们的做人做学所得倾囊相授,是我心中的"大先生",即使毕业之后,亦时时聆听老师的教导。

本书撰写过程中,研究生易佳、王碧海、戴蕾、高研协助完成了大量文献整理、图表绘制与文本校对等工作。

感谢南京大学出版社荣卫红老师,她在本书付梓过程中进行了精心审校,并给出了大量宝贵建议。

衷心感谢我的父母、爱人和孩子,感谢你们对我的爱和包容,你们的理解与支持为我提供了坚强后盾和栖息港湾。

千年前,苏轼与友人同游庐山,在峰峦起伏的大山中处处所见纷繁百态,因而留下了"横看成岭侧成峰,远近高低各不同"的名句。我在汉语词汇史的研究摸索中也有同样的感受,语言发展中的沟壑纵横与气象万千让我在十余年间时时有新的疑惑、新的思考和新的理解。希望本书能提供一个新的视角来管窥汉语史的"真面目",为汉语史研究提供些微助益,与前辈方家相比,我的理解相当肤浅,本书也存在着不少缺点和疏漏,恳请方家不吝指正!

邱 冰

于清华园 2024 年 8 月

目 录

第一章　绪论 ········· 001
- 1.1　研究对象和研究内容 ········· 002
- 1.2　研究思路和研究方法 ········· 005
- 1.3　研究现状 ········· 013
- 1.4　研究价值和创新之处 ········· 018
- 1.5　章节安排 ········· 019

第二章　上古至近代汉语词汇单复音节形式的基本面貌 ········· 022
- 2.1　语料说明 ········· 022
- 2.2　统计方法与指标说明 ········· 036
- 2.3　上古汉语词汇音节形式面貌 ········· 042
- 2.4　中古汉语词汇音节形式面貌 ········· 050
- 2.5　近代汉语词汇音节形式面貌 ········· 064
- 2.6　上古至近代汉语词汇音节形式发展量化分析 ········· 070
- 2.7　小结 ········· 082

第三章　上古至近代汉语词汇高频词单复音节形式分析 ········· 084
- 3.1　高频词与稳健平均词频 ········· 084

3.2　上古汉语高频词音节形式分析 …………………………… 087
　　3.3　中古汉语高频词音节形式分析 …………………………… 093
　　3.4　近代汉语高频词音节形式分析 …………………………… 106
　　3.5　上古至近代汉语高频词音节形式发展 …………………… 111
　　3.6　小结 ………………………………………………………… 118

第四章　典型单音词音节形式历时演变 ………………………… 120
　　4.1　典型单音名词不同义位音节形式的历时演变 …………… 120
　　4.2　典型单音动词不同义位音节形式的历时演变 …………… 186
　　4.3　小结 ………………………………………………………… 215

第五章　语言接触视野下上古至中古汉语词汇单复音节形式对应词表与分析 …………………………………………… 218
　　5.1　上古高频名词与中古汉语词汇对应词表 ………………… 218
　　5.2　上古高频动词与中古汉语词汇对应词表 ………………… 251
　　5.3　上古至中古汉语词汇音节形式发展分析 ………………… 283
　　5.4　小结 ………………………………………………………… 286

第六章　结语 …………………………………………………… 288

附录 A　上古至近代的前 200 位高频名词表 ………………… 291

附录 B　上古至近代的前 200 位高频动词表 ………………… 299

参考文献 ………………………………………………………… 307

第一章 绪 论

词汇复音化是汉语发展的规律性趋势,深刻地改变了汉语词汇系统的面貌,因此被学界广泛关注,成为汉语词汇史研究的重点内容之一。简单来说,词汇复音化是指词汇系统从以单音词为主变成以复音词为主的过程。然而,这一过程非常复杂,还有一些问题尚未得到解决,有待于进一步阐释背后的制约机制和动因。

第一,哪些单音词倾向发生复音化。例如,古代汉语单音形式"民",今天基本不能单说单用,需要使用双音形式"人民";有些单音词一直沿用至今,例如"手、水、火"等。不同单音词复音化的情况存在差异,其中的选择机制为何?

第二,新兴复音词代替单音词主要有四种方式:1. 在原有单音词的前后增加其他语素,形成一个新的复合词,原先的单音词降格为新兴复音词的构成语素,例如单音形式"月"演变成双音形式"月亮"、"率"演变成双音形式"率领"。2. 原先的单音词被替换为语素没有交集的另一个复音节新词,例如单音形式的"日"演变成双音形式"太阳"。3. 采用重叠方式,即重叠原先的单音形式,例如由"爸"变成"爸爸"、"刚"变成"刚刚"。4. 在原有的单音词前后增加一个辅助性词缀成分构成新的复音词,原先的单音词成为新词的词根,例如"杯"变成双音形式"杯子"。以上这四种方式中,哪一种最为能产?单音形式更倾向于采用何种方式变成相应的复音形式,其中的制约机制是什么?

第三,在汉语词汇复音化的过程中,还存在着复音词简化为单音形式的情况。一些双音或者多音节的连绵词或者音译词发生语素化,前者如"蝴蝶""蜘蛛"复音形式新产了"蝶""蛛"这样的单音形式,后者如"佛陀""的士"复音形式新产了"佛""的"等单音形式。产生这种情况的原因以及背后的机制是什么?

第四,有些单双音形式同时活跃在现代汉语共时层面中,尽管语义相同或者相近,但组合关系和句法分布上又存在一定差异,例如"声"和"声音"、"国"和"国家"、"路"和"道路"、"修"和"修理"等,造成这些差异的原因有哪些?

本书将系统性描写上古、中古和近代汉语不同时期汉语词汇语音形式的基本面貌和演变趋势,形成基础性的汉语词汇研究材料,重点从高频词入手,细致勾勒不同词类语音形式演变的具体过程,考察词类、词频等因素与词汇语音形式之间相互促进、相互制约的关系,尝试揭示汉语词汇语音形式演变的规律和制约因素。

1.1 研究对象和研究内容

语音作为词汇的表现形式,是词汇赖以存在的物质外壳,使得词汇物质化,成为被人们感知的东西。在汉语发展的不同阶段,词汇的语音形式也在不断发展变化,其中最为典型的特征就是词语音节数量的变化,即从上古的单音节形式发展为近现代汉语的复音节形式,学界称为汉语词汇的复音化。本书的研究对象为汉语词汇系统中的单复音词及其演变发展过程,即音节形式的演变。

单音节和复音节是从音节数量角度对词语的划分,简单来说,前者是仅包含一个音节的词,后者是包含两个及以上音节的词。本书将对上古、中古、近代不同历史时期文献的汉语词汇单复音形式展开调查和描写,采用计量语言学的方法给出不同时期、不同类型汉语词汇语音形式发展变化的量化趋势,考察不同语音形式词汇的使用频率和类型分布特征,构建词汇语音形式的基础数据库。具体来说,主要包括以下内容。

　　第一，从继承的角度，上古汉语的单音词进入中古汉语和近代汉语时期，主要会出现以下几种情况：1.继续以原有的单音词形式出现；2.降格为粘着语素，必须和其他语素共现以复音词形式出现；3.兼有前两者的情况，既可以单独成词，也可以与其他语素构成复音词；4.基本不再使用，由其他的单音词或者复音词代替。对于第2至第4种情况，还需要考虑复音词是以重叠式、复合式或派生式的何种类型出现，如果是复合式，还要进一步考虑该词是并列、偏正、主谓、动宾或是补充形式。从发展的角度看，中古和近代汉语时期为了表达新的概念，新产了一批单音词和复音词，如果是复音词，也存在不同的类型。总体上，对于各种情况都需进行分类梳理和量化统计。本书将构建上古汉语、中古汉语和近代汉语典型文献语料库，穷尽性调查不同历史时期的汉语词语，分类统计不同时期、不同性质文献、不同词类词语的单复音形式及其出现频率，从整体上呈现汉语词汇语音形式的发展变化面貌。

　　第二，选取上古汉语不同词类的高频单音词，以单音词的主导义位为切入点，从音节形式演变路径、复音形式的产生时间、复音的结构类型等多个角度，具体考察这些词的不同义位从上古至中古、近现代汉语的语音形式选择情况。汉语单复音形式的演变既存在内部的规律性因素，也存在外部的刺激因素。中古时期是汉语词汇复音化承上启下的关键阶段，该时期又出现了汉语史上第一次与外部语言间的大规模接触，为了分别厘清语言内部的作用因素和外部的刺激因素对词汇音节形式选择的影响，就必须以语言接触为视角，以中古时期不同性质文献（主要指中土文献和汉译佛经文献）的单音词和复音词形式选择的异同参照为切入点，有针对性地考察中古汉语词汇的音节形式选择情况。因此，本书将中古时期的语言研究材料分为中土文献和非中土文献两类，通过对照比较，分析两类不同性质文献在音节形式选择方式上的异同，具体包括：1.在不同性质的文献中，继承和新产的词的比例异同，如在继承中哪些(类)单音词仍以单音词形式出现;在选择的复音节形式中,复合词、派生词还是重叠词哪种更多;在复合词中,并列、偏正、主谓、动宾还是补充式更多,在不同文献中这些结构类型的比例有何差异? 2. 通过与原典语言的对照(主要采用梵汉对勘的方法),解释两类文献音节形式选择方式差异性的原因,探讨语言接触对汉语词汇复音化的影响,揭示哪些是汉语词汇本身的发展、哪些是语言接触过程中产生的,具体分析汉译佛经词语音节形式的选择与原典的关联程度,从语言接触的视角阐释中古时期的词汇音节形式选择机制。

汉语史的分期是本书开展研究分析的基石之一。"分期的作用,是使历史发展的线索更加分明,是使历史上每一个大关键更加突出,因而使读历史的人们更能深刻地认识历史的面貌。汉语史是属于历史范畴的东西,因此,在历史可续中占着重要位置的分期问题,对于汉语史来说,也丝毫不能例外。"汉语史的分期"应该由语言发展的内部规律来决定"(王力 1980:32)。但是由于语言的语音、词汇和语法三大要素的演变进程和发展速度并不一样,有时其中某一要素发生了较大变化,同时期的其他要素可能变化并不显著。语言系统三个要素相比,语音的演变有一定的系统性,语法系统有着较强的稳固性,词汇发展变化速度则最快。因此根据学界目前的研究,综合语音、语法并结合词汇的发展,本书所采用的汉语史分期标准以及不同时期的研究语料详述如下。

上古汉语处在汉语发展过程的早期阶段,其时间跨度上溯商朝晚期,下迄西汉,即不晚于公元前11世纪到公元1世纪。该时期本书选择的研究语料包括:《诗经》《礼记》《左传》《国语》《战国策》《论语》《孟子》《墨子》《荀子》《韩非子》《吕氏春秋》《商君书》《管子》《史记》。

中古汉语是上古汉语向近现代汉语过渡的阶段,其时间跨度自东汉开始,历经魏晋南北朝到隋代结束。该时期出现了汉语史上第一次与外部语言间的大规模接触。为了揭示语言内部的作用因素和外部的刺激因素对词汇音节形式的影响,相对系统客观地考察汉语词汇的音节形式演变规律和内在机制,本书将中古时期的研究材料分为中土文献和汉译佛经文献两种类型,中土语料包括:《抱朴子内篇》《世说新语》《齐民要术》《洛阳伽蓝记》《颜氏家训》,汉译佛经文献包括:《阴持入经》《道地经》《道行般若经》《中本起经》《修行本起经》《义足经》《菩萨本业经》《了本生死经》《六度集经》《正法华经》《生经》《普曜经》《光赞经》《大楼炭经》《法句譬喻经》《出曜经》《大庄严论经》《妙法莲华经》《维摩诘所说经》《悲华经》《百喻经》《贤愚经》《佛本行集经》。

近代汉语的时间跨度为自唐宋以降,至五四运动为止。本书选择该时期的研究语料包括:《敦煌变文集新书》《祖堂集》《朱子语类》《大唐三藏取经诗话》《新刊大宋宣和遗事》《五代史平话》《全相平话五种》《元刊杂剧三十种》《老乞大谚解》《朴通事谚解》《水浒传》《西游记》《金瓶梅》《平妖传》《醒世姻缘》《儒林外史》《红楼梦》。

1.2 研究思路和研究方法

本书的研究目标为建立上古汉语、中古汉语(涉及中土文献和汉译佛经文献)、近代汉语词汇系统单复音节形式的词表语料库,分类梳理和量化统计不同性质文献中词汇音节形式选择的各类型比例,深入分析汉语词汇复音化的内部发展规律,从而丰富历史词汇学的研究成果,同时为相关研究提供数据支撑或方法参考。基本研究思路和具体研究方法如图1-1所示。

第一,以标记语料库为基础,以词频统计为依据,获得上古、中古和近代时期的高频词,形成音节形式分析词表中的词条目录。本书语料主要来自中国台湾"中央研究院古汉语语料库"(Academia Sinica Ancient Chinese Corpus)。该语料库下面有三个子语料库,分别为"上古汉语标记语料库""中古汉语标记语料库"和"近代汉语标记语料库",库内语料涵盖了上古汉语(先秦至西汉)、中古汉语(东汉、魏、晋、南北

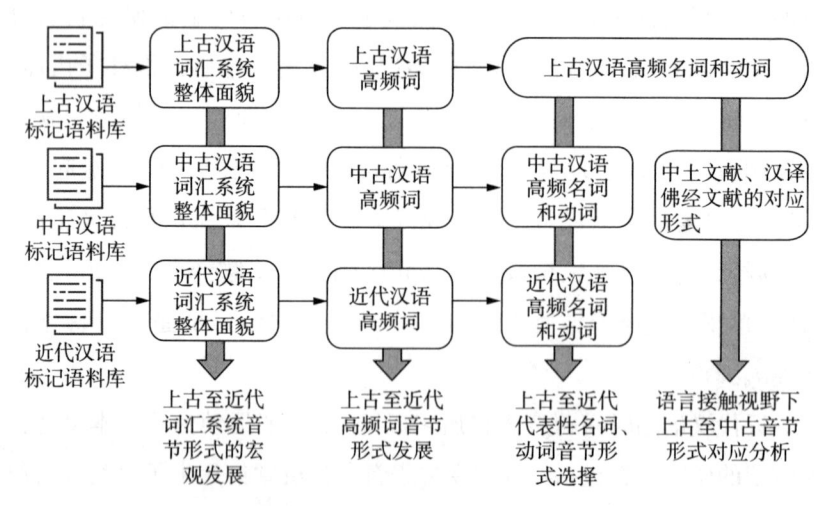

```
┌──────────┐    ┌──────┐    ┌──────┐    ┌──────────────┐
│上古汉语  │───▶│上古汉语│──▶│上古汉语│──▶│上古汉语高频名词和动词│
│标记语料库│    │词汇系统│    │高频词 │    └──────────────┘
└──────────┘    │整体面貌│    └──────┘            │
                └──────┘                          │
┌──────────┐    ┌──────┐    ┌──────┐    ┌──────┐  ┌──────────┐
│中古汉语  │───▶│中古汉语│──▶│中古汉语│──▶│中古汉语│ │中土文献、汉译│
│标记语料库│    │词汇系统│    │高频词 │    │高频名词│ │佛经文献的对应│
└──────────┘    │整体面貌│    └──────┘    │和动词 │ │形式      │
                └──────┘                  └──────┘  └──────────┘
┌──────────┐    ┌──────┐    ┌──────┐    ┌──────┐
│近代汉语  │───▶│近代汉语│──▶│近代汉语│──▶│近代汉语│
│标记语料库│    │词汇系统│    │高频词 │    │高频名词│
└──────────┘    │整体面貌│    └──────┘    │和动词 │
                └──────┘                  └──────┘
                   │           │             │             │
                   ▼           ▼             ▼             ▼
                上古至近代   上古至近代    上古至近代    语言接触视野下
                词汇系统音   高频词音节    代表性名词、  上古至中古音节
                节形式的宏   形式发展      动词音节形    形式对应分析
                观发展                    式选择
```

图 1-1　研究思路和研究方法

朝和隋代)、近代汉语(唐五代以后)的重要文献,其中超过 900 万字的语料已完成标注,标注如下所示:

欲(VK)与(VD)大叔(NB1)[+prop],臣(NH)请(VF)事(VC1)[+nv]之(NH);若(C)弗(DC)与(VDX),则(C)请(VF)除(VP)之(NH),无(DC)生(VP)民(NA1)心(NI)。(上古汉语标记语料库《左传·隐公元年》)

明府(Na)初(Dd)临(VCL),尧(Nb)德(Na)未(Dc)彰(VHC),是以(Cbb)贱(VH)民(Na)颠倒(VAC)衣裳(Na)耳(T)。(中古汉语标记语料库《世说新语·言语》)

时(Nd)妙色王(Nb),德力(Na)无比(VH),覆育(VC)民(Na)物(Na),丰乐(VH)无极(VH)。(中古汉语标记语料库《贤愚经》卷一)

男人(Na)们(T6)读(VC)书(Na)明(VJ)理(Na),辅(VC)国(Nc)治(VC)民(Na),这(Nh)便(Dl)好(VH)了(T)。(近代汉语标记语料库《红楼梦》第四十二回)

根据标记语料库对于词语的切分和标记信息,分别获得上古、中古和近代不同时期的所有单音词和复音词,并按照频率高低依次排列。以高频前 20 位词为例,如表 1-1 所示。

表 1-1 不同时期的高频词示例

排序	上古汉语	中古汉语		近代汉语
		中土文献	汉译佛经文献	
1	之/T①	不/D	不/D	不/D
2	不/D	之/T	有/V	了/T
3	也/T	之/NH	诸/NE	是/V
4	而/C	曰/V	者/T	的/T
5	之/NH	也/T	佛/N	一/NE
6	以/P	以/P	所/T	道/V
7	曰/V	者/T	时/N	有/V
8	其/NH	有/V	于/P	他/NH
9	为/V	而/C	我/NH	我/NH
10	于/P	一/NE	其/NH	人/N
11	有/V	为/V	得/V	说/V
12	者/NH	其/NH	无/V	之/T
13	则/C	人/N	人/N	你/NH
14	人/N	中/N	是/NH	来/V
15	所/NH	于/P	为/V	个/NF
16	矣/T	则/D	之/T	只/D
17	无/V	得/V	彼/NH	这/NH
18	故/C	可/V	此/NH	见/V

① 为了便于统计,本书将标记语料库中的一些小类进行合并,因此表格中所列词类标注符号与标记语料库不完全相同,具体词类标记和合并的情况在本书第二章中有详细说明。

续 表

排序	上古汉语	中古汉语		近代汉语
		中土文献	汉译佛经文献	
19	可/V	令/V	说/V	去/V
20	使/V	所/T	而/C	得/V

由表 1-1 可以观察到上古到近代汉语高频词的演变,如上古汉语使用频率最高的是助词(T)"之",中古和近代汉语为否定副词(D)"不";再如,近代汉语代词(NH)"是"基本退出高频词范围,取而代之的是动词(V)"是",新兴助词(T)"了"和"的"使用频率分别排在第 2 位和第 4 位。我们还可以穷尽获得不同时期不同词类的所有单音词和复音词,以名词和动词为例,表 1-2 和表 1-3 分别为不同时期高频前 20 位名词和动词。

表 1-2 不同时期前 20 位高频名词

排序	上古汉语	中古汉语		近代汉语
		中土文献	汉译佛经文献	
1	人/N	人/N	佛/N	人/N
2	民/N	中/N	人/N	上/N
3	君/N	时/N	时/N	中/N
4	国/N	日/N	法/N	里/N
5	天下/N	上/N	中/N	家/N
6	今/N	事/N	心/N	事/N
7	王/N	名/N	身/N	心/N
8	上/N	年/N	菩萨/N	日/N
9	道/N	水/N	王/N	时/N
10	事/N	后/N	意/N	前/N
11	君子/N	子/N	今/N	身/N
12	子/N	下/N	道/N	处/N
13	诸侯/N	家/N	名/N	马/N

续 表

排序	上古汉语	中古汉语		近代汉语
		中土文献	汉译佛经文献	
14	言/N	地/N	众生/N	门/N
15	齐/N	世/N	故/N	头/N
16	礼/N	今/N	行/N	手/N
17	下/N	言/N	世尊/N	下/N
18	日/N	道/N	比丘/N	年/N
19	天/N	王/N	天/N	内/N
20	兵/N	心/N	事/N	今/N

由表 1-2 可见,在汉语不同阶段,高频名词均以单音形式为主,有的名词(N),例如"人"在各个时期中土文献中均占据最高频地位,没有发生变化,只是在中古汉译佛经文献中位次略有不同。汉译佛经是宗教文化的载体,因此该类文献的最高频名词为"佛",表现出与中土文献不同的特点。有些高频双音名词带有鲜明的时代特征,例如上古汉语的"天下""君子""诸侯",有些则是带有浓厚的宗教色彩,例如中古汉译佛经文献的"众生""世尊""比丘"等。

表 1-3 不同时期前 20 位高频动词

排序	上古汉语	中古汉语		近代汉语
		中土文献	汉译佛经文献	
1	曰/V	有/V	有/V	是/V
2	有/V	为/V	得/V	有/V
3	为/V	曰/V	为/V	道/V
4	无/V	得/V	无/V	来/V
5	可/V	可/V	见/V	去/V
6	必/V	无/V	言/V	见/V
7	能/V	云/V	说/V	说/V
8	得/V	见/V	如/V	得/V

续 表

排序	上古汉语	中古汉语		近代汉语
		中土文献	汉译佛经文献	
9	谓/V	作/V	作/V	曰/V
10	使/V	大/V	行/V	到/V
11	知/V	在/V	生/V	大/V
12	行/V	如/V	曰/V	看/V
13	见/V	是/V	当/V	出/V
14	欲/V	至/V	大/V	为/V
15	在/V	多/V	如是/V	问/V
16	至/V	能/V	欲/V	要/V
17	用/V	知/V	闻/V	做/V
18	闻/V	出/V	知/V	下/V
19	出/V	生/V	可/V	无/V
20	立/V	谓/V	能/V	好/V

需要说明的是,"大""好"等词在现代汉语工具书中通常标记为形容词,但是在标记语料库中均标记为动词(V),不能充当谓语的形容词才标记为形容词(A),例如"诸"(A)、"众"(A)等。古代汉语中有的形容词可以做定语和谓语,有的还可以做主宾语和状语等,但是古代汉语的名词和动词也具备这些语法功能,这使得古代汉语形容词的词类判定缺少明确的标准。此外,关于形容词的词类地位,即形容词是不是一个普遍的词类,目前在学界仍然存在一定的争议。因此本书暂不讨论形容词,且为了统一词类划分的标准,遵循标记语料库的标记,将"大""好"等词归入动词(V)。

表1-3表明从上古到近代汉语,高频动词以单音形式为主,前20位次基本都是单音形式,有些单音形式的高频词随着时代变化,在不同性质文献中发生不同的变化,但是这种变化不是语音形式上的复音化,主要是使用频率的变化。以上古高频动词"曰"为例,到了中古中土文

献,仍然主要使用"曰",但是从中古汉译佛经文献开始,语义相同的单音形式动词"说"大量使用,使用频率超过了"曰",这种情况一直延续到近代汉语时期。到了现代汉语,动词"曰"已经完全变成了书面语中的文言成分了。

基于上述数据及分析,本书将从高频词入手,重点考察它们在不同历史时期的语音形式演变情况。

第二,选择典型的高频名词和动词,从微观层面细致描写它们从上古汉语到中古和近现代汉语时期的具体变化情况。以高频名词"民"为例,该词在上古汉语主要有两个义位:1. 人,人类,例如《诗经·大雅·生民》:"厥初生民,时维姜嫄。"朱熹集传:"民,人也。"2. 平民,百姓,人民。例如《诗·大雅·假乐》:"宜民宜人,受禄于天。"朱熹集传:"民,庶民也。"本书将从这两个义位入手,考察单音词"民"的发展变化情况。就第一个义位而言,上古同时还有单音词"人"表示这个概念,且直到现代汉语时期,单音词"人"都占据主导位置。"民"的第二个义位"平民、百姓、人民",一直沿用到现代汉语,故而本书着重以该义位为出发点,描写该义位表达形式的变化。

单音词的某一义位,有时会有多个与之相应的同义近义的复音形式,本书侧重于对中古和近代汉语新产复音形式的考察。以上古汉语单音形式"王"为例,该词常用于表示古代最高统治者的称呼。《礼记·内则》:"后王命冢宰,降德于众兆民。"陆德明释文:"王,天子也。"参照释文,与"王"同义的双音形式有"天子"。但实际上,与"王"同义的双音形式还有"君王""帝王""君主""国君""国王"等多个形式。本书在探究汉语单复音形式的选择机制的过程中,只重点考察中古或者近代汉语新产的形式。"天子"最早见于《孟子·万章章句上》:"身为天子,弟为匹夫,可谓亲爱之乎?""君王"最早见于《诗·小雅·斯干》:"朱芾斯皇,室家君王。""帝王"最早见于《庄子·天道》:"夫帝王之德,以天地为宗。""君主"最早见于《韩非子·爱臣》:"是故诸侯之博大,天子之害也;群臣之太富,君主之败也。""国君"最早见于《礼记·曲礼上》:"国君抚式,大夫下之。"只有双音形式"国王"新产于中古时期,用例如《中本起经》:"大兄年高,智慧明远,国王臣民,所共宗事,我意谓兄为得罗汉。"因此,在考察古代最高统治者这一概念的表达时,本书着重讨论单音形式"王"与"国王"之间的关系。

第三,构建上古高频名词和动词与中古汉语词汇对应的词表,形成了研究汉语词汇音节选择的基础数据。基于词表统计,尝试呈现上古时期高频名词和动词在后续时期语音形式发展的量化规律,即传承是词汇演进发展中的主流,复音形式是中古新产词的主要形式,吸纳原有单音词作为构词语素进而形成新的复音词是音节选择的主要路径,语言接触对汉译佛经复音形式的选择有重要影响。

在汉语词汇单复音形式演变的具体研究过程中,主要存在以下三方面的难点:

第一,对词汇音节形式选择进行系统性的研究是困难的。上古时期至少存在以万计的词语,不同词的音节选择有不同的方式,工作量巨大。同时,在单复音词对应的关系上,并不是简单的一一对应关系,有可能是一对多、多对一或多对多的复杂情况。尤其是高频的实词,义位通常较为丰富,上古时期的不同义位到了中古和近代汉语时期可能存在不同途径的变化,有的义位可能仍以单音形式出现,有的则以复音形式出现。针对多个义位进行细致分析,工作量很大且十分困难。

第二,某一义位的单音形式会产生较多相同意义的复音形式,如何穷尽这些复音形式也是相当困难的。上古汉语以单音词为主,尽管有些单音词到了后期降格为单音语素,在句子中不能独立运用,但仍然具有较强的构词能力,有可能产生与原单音词意义相同或者相近的复音形式。以单音形式"今"为例,现代汉语层面上已经不能单用,但是以"今"为构词语素的常见复音形式有"当今""现今""如今",再加上不以"今"为构词语素的其他同义词,比如"现在""目前",要做到完全穷尽是十分困难的。

第三，中古时期出现了汉语史上第一次与外部语言间的大规模接触，在语言内外部复杂因素的影响下，开展音节形式选择机制的研究是困难的。中古汉语词汇音节形式的选择在不同性质的文献中具有一定的特殊性，在趋势上整体呈现出词汇复音化的快速发展，在因素上倾向于和该时期的语言接触有着一定的关联。佛经的原典语言以梵文为主，要分析语言接触对汉语词汇复音形式的影响，就需要采用梵汉对勘的方法，但是由于梵文自身的复杂性，通过对勘进行词汇研究是困难的。除了语言接触因素之外，还有多种其他因素会对文献中的单复音节形式选择产生一定的影响，例如文献的文体（散文或韵文）和内容（说理或叙事）等。在诸多复杂因素影响下准确地探讨音节形式选择的规律是研究中的难点。

1.3 研究现状

复音词是词汇系统的重要组成部分，词汇复音化是中古汉语词汇的重要趋势，因此已有的中古汉语词汇研究工作大都与复音词和复音化有密切的关联。目前复音词和复音化的相关研究主要分为三个方面。第一，汉语复音词的具体描写和考释，主要围绕断代、专书或者某些具体的复音词展开，成果丰硕，这是汉语词汇复音化研究的重要基础。第二，汉语词汇复音化趋势的描写和呈现。王力（1980）、赵克勤（1987）、蒋绍愚（1989）、史存直（1989）、潘允中（1989）和向熹（1993）等古代汉语通论性著作中都在不同程度上涉及复音化问题。近年来学者开始尝试量化统计的方法，对一些具有代表性的著作中的复音词进行穷尽性统计，然后对复音词的数量比例进行统计和分期比较。第三，汉语词汇复音化产生原因的探讨，主要有语音简化说（王力 1980、吕叔湘 1963）、表义说（唐钰明 1986、钱宗武 1996）、义类义象分离说（徐通锵 1997）、韵律构词说（冯胜利 2000）、外来语影响说（王力 1980、朱庆之 1990、梁晓虹 1991）等。在已有研究的基础上，不同时期的汉语词汇语音形式概貌可以梳理如下。

　　上古汉语可以细分为两个阶段，即上古前期和上古中后期。上古前期主要指商周时期，以甲骨文和金文作为主要研究材料。该时期词汇系统语音形式，单音节占绝对优势。例如《甲骨文合集》第 4 册第 1 期中有："获象。今夕其雨？其雨之夕，允。不雨。"若将这段话进行词语切分，结果均为单音词。甲骨文中是否已有复音词，学者们的看法存在分歧。唐钰明（1986：121）指出："甲骨文的词汇已出现复音化的萌芽。说它是萌芽，是因为它复音化的范围有限，只产生了复音名词，而且大部分是人名和地方。"人名如"示壬、报丙、上甲、祖甲、妇好、伊尹"，地名如"鬼方、人方、洹水、中商、麦泉、敝彔"，官名如"小臣、作册、小子、多马、多尹"，这些专有名词大量采用合文的形式，"这就有力地证明了这些词在殷人心目中确实已经凝为一体"。此外，甲骨文中还有表示时间概念的复音词，如"中日、郭兮、大采、小采、大食"等，或者神名和王的自称，例如"上帝、上下、东母、西母、余一人"等。如果将人名、地名除外，唐钰明（1986）统计甲骨文复音词仅有 35 个。严宝刚（2009）根据《甲骨文简明词典》，统计出甲骨文复音词大约有 416 个（占全书词条 20% 左右），主要是名词和数词，其中名词包括专有名词（称谓、官职、人名、国名、地名和祭祀用语）、时间词和方位词。可见，该数据是将人名、地名等专有名词统计在内的。郭锡良（1994）则明确否定甲骨文时代汉语有复音词。他依据《甲骨文字典》将其中所举不到一百个复音结构，按照内容分成神祇名称（如上帝、东母）、宗庙神主名称（如元示、二示、大示等）、宫室名称（如大室、西寝、公宫）、方国名称（如人方、北方、大方）、地名（如丘商、大邑商）、职官名（如多君、多马、乍册、小丘臣）、人名（如妇周、子儒、般庚、黄尹、王亥）、记时名称（如大采、小食、眉日、中日、郭兮）。这八类复音结构大多用作专有名称，又几乎全是偏正结构（有些是大名冠小名），且偏正结构中用作修饰成分的词语范围很窄，大多是方位词（上、中、下、东、西、北）、数词（二、三）和有限的几个形容词（大、小、多），两个成分结合，虽然是指称某类或者某种具体事物，但两个成分本身的意义、功能并未发生变化。因此郭锡良(1994:53)认为"甲骨文时代的语言可以说还是一种单音节语,只有单音节的词"。由以上讨论中可见,专有名词占据甲骨文复音词(或复音结构)中的大宗。"如何认定它们的性质,确切地说,是否把它们视为当时语言中的'词',对确定先秦复音词的起源无疑具有重要意义。""专名把人们对世界万物包括人类自身的分类用自己语言中的词的形式固定下来,把它们所指的人和事物转成符号,扩大了人的想象空间,大大方便了社会交际。因此,复音专名应是汉语最古老的那批复词之一。"(伍宗文 2001:308)

关于金文复音词,唐钰明(1986)认为金文复音词是在甲骨文基础上发展起来的,并有了长足的发展。从数量看,除人名、地名外,金文复音词有 237 个。从词类看,金文复音词除名词外,还有动词、形容词、副词乃至复音虚词。从构成来看,甲骨文仅有合成词,金文除合成词外又产生了单纯词。随着研究材料的不断扩展,朱刚焊(2006)、杨怀源(2006、2008)分别对 4889 器、4855 器西周青铜器铭文进行了描写和统计,指出当时复音词系统已经初具规模,复音词统计数据分别为 448 个和 435 个,其中双音节词 402 个、三音节词 22 个、四音节词 11 个。

上古中后期指春秋战国和秦汉,研究材料主要为《诗经》《左传》《国语》《战国策》以及《论语》《孟子》诸子著作等。该时期尽管出现大量复音词,但是无论是总量还是使用频率上,词汇系统仍主要以单音形式为主。根据向熹(1987)对《诗经》的研究,《诗经》共用字 2826 个,3400 余个词,其中复音词 900 左右,占全书词汇总数 27%。"仅此一部书的复词数量,无疑超过了此前有文字记载的汉语复词的总和,而且跟时代相近的其他典籍相比,复音词所占的比例也要高一些。"(伍宗文 2001:348—349)《左传》作为先秦史籍的代表,根据陈克炯(1982)统计,《左传》共用字 2992 个,单音词 2904 个,复音词约 284 个,如包括部分地名官职在内为 788 个,黄志强(1985)统计为 955 个。程湘清(2003)指出,若加上专词(人名、地名、国名、族名)、虚词、多音词,《孟子》复音词占总词数的比例为29%,若单计一般双音词,《孟子》共333个,占总词数的14.9%。伍宗文(2005)指出先秦汉语的复音词总数为5000个左右,随着时代推移到战国末期,复音词占到全部汉语词汇的三分之一。此外,他还指出单音词、复音词,哪一类占优势,实际的使用频度也是一个十分重要的指标。因此他对《论语》和《吕氏春秋》的单、复音词使用情况进行了调查统计,《论语》单音词平均使用次数为11.8,复音词平均使用次数仅为2.5,《吕氏春秋》单音词和复音词的平均使用次数则分别为30.1和3.6,即《论语》单音词使用次数是复音词的四倍多,《吕氏春秋》为八倍。

中古开始,复音词数量迅速增长,基本改变了以单音词为主的词汇系统面貌。到了近代汉语时期,三音词和四音词大量出现,复音词占词汇系统的优势地位。邱冰(2012a)利用《汉语大词典》作为参考材料,根据每个词条释义的最早引用书证,判定词条的首见年代,从而获得词条的新产时间。统计数据表明,在先秦时期结束时,双音词的总数已经达到34000余个,超过了同期单音词的总数。从西汉开始,双音词的年均新产数量逐年提高,到南北朝时期达到一个高峰,约每年新产200个双音词。随后,增速逐步放缓,在近代汉语时期大致保持年均新产80—100个双音词。三音节和四音节等多音节复音词在上古时期的发展比较缓慢,到了西汉、东汉和晋代才有一定的上升,但年增长的绝对数量仍然有限。真正显著的第一次跳跃式增长是在中古的南北朝时期,年均新产多音节复音词数达到19.1个,随后的唐宋两代基本保持这样的增长速度。多音节复音词的第二个跳跃出现在元朝,达到年产约29个复音词,明清也保持着这样的水平。以上统计数据是从复音词数量上看,如果考虑出现频次,邱冰(2012a)称为"微观复音词比重"。从总体上看,微观复音词比重呈现了一种缓慢而均匀上升的趋势。在先秦文献中,微观复音词比重大体上在35%—40%,西汉达到40%,东汉在42%左右,南北朝在45%左右,到宋代大约48%,明清达到50%,现代汉语略超过50%。需要注意的是,不同的文体、内容和材料性质对微观复音词比重有一定的影响，其中材料性质的影响最为显著。中古时期汉译佛经文献的复音词比重明显超过了中土文献，仅就中土文献而言，微观复音词比重始终保持稳定而缓慢的发展状态，未出现阶梯状快速递增的情况，其速度大约为每百年增加1%。

目前学界对于汉语词汇的复音化宏观趋势已经形成共识，在词汇音节形式的选择机制上，学者们也进行了不同角度的研究。

董秀芳(2011)指出除了联绵词和音译词之外，汉语双音词最初都是由非词形式演变而来，经历了词汇化的过程，后期在复合构词法出现之后，双音词可直接从构词法产生。该研究是从词汇化的角度探讨阐明一些双音词的历史来源和形成途径。胡敕瑞(2005、2008)指出上古汉语中一些单音词内隐含的某种语义特征，到了中古时期作为双音词的组成部分显现出来，这一研究是从语义角度揭示出一种规律性的词汇音节形式选择。丁喜霞(2006)主要考察了并列形式的中古常用双音词的成词演变规律，更多侧重于探讨双音词替换单音词的规律。谢永芳(2013)提出双音化中双音词选择机制的问题，认为双音形式的选择要遵循特征原则、经济原则和通用原则。车淑娅(2013)从单音动词隐含受事的外化角度，以单音动词"招"到复合动词"招手"为例考察了音节形式选择的一种类型。

学者们从不同的研究视角对汉语词汇复音化的形成原因和词汇音节形式的选择机制进行了探讨。综合来看，一种语言现象的产生受到大量因素的影响，汉语词汇复音化正是多种因素综合推动的结果。具体地说：社会的发展、新事物的不断涌现、民族融合、文化交流等因素都对汉语词汇提出新的要求，需要产生大量新词来承载新的概念，这是汉语词汇发展的需求拉动因素；从汉语本身的自我调节机制来看，复音新词的能产性要高于单音词，这是汉语复音化的发展趋势的内在动因；外来文化的影响、不同语言和文化之间的相互接触，在很大程度上加速了复音化进程，这是其重要的外在动因。以上这些研究探讨了复音词的形成途径，揭示了汉语词汇音节形式选择的部分规律，为进一步的研究打下了坚实的基础,但名词、动词等不同词类的音节形式选择是否存在差异、不同音节形式选择途径的量化分析、不同时期音节形式选择机制的发展、不同因素对音节形式选择的影响状况的研究仍很不充分。

本书将在已有宏观描写和研究的基础上,对不同时期、不同词类语音形式的不同演变途径进行细致描写和统计,呈现不同词类语音形式演变的特点,揭示制约语音形式演变的内部机制和外部因素。

1.4 研究价值和创新之处

本书在学术思想、观点和方法上的创新或特色之处包括:

第一,研究对象的系统性。本书对中古汉语词汇音节选择机制的考察中,不是针对某一个或者某一类的单复音词进行研究,而是接近穷尽性地考察上古时期具有一定使用频率的所有可能情况,从词频的角度保证所描写的情况涉及的单复音词覆盖所有文献的80%以上的文本,并量化统计给出各类音节选择情况的比例,系统性的研究可保障结论更具有说服力。

第二,以语料库语言学为指导,强调研究过程的客观性和全面性。上古汉语、中古汉语和近代汉语基于中国台湾中研院的"上古汉语标记语料库""中古汉语标记语料库""近代汉语标记语料库",梵汉对勘材料基于香港教育学院的"汉译佛经梵汉对比分析语料库",同时适当补充语料库中不足的语言材料。

第三,通过梵汉对勘的方法对中古时期的汉译佛经文献进行甄别处理。汉译佛经作为语言接触的直接产物,具有自身的特殊性,梵汉对勘方法有助于分析汉译佛经文献中单双音词形式的选择中,哪些是汉语本身固有的,哪些是受到原典语言的影响。在语言接触外部因素得以厘清后,更为准确地揭示中古汉语词汇复音化的内部发展规律,不仅丰富汉语历史词汇学的研究成果,同时也可以完善和补充语言接触理论。

1.5 章节安排

本书共分为六章,安排如图 1-2 所示。

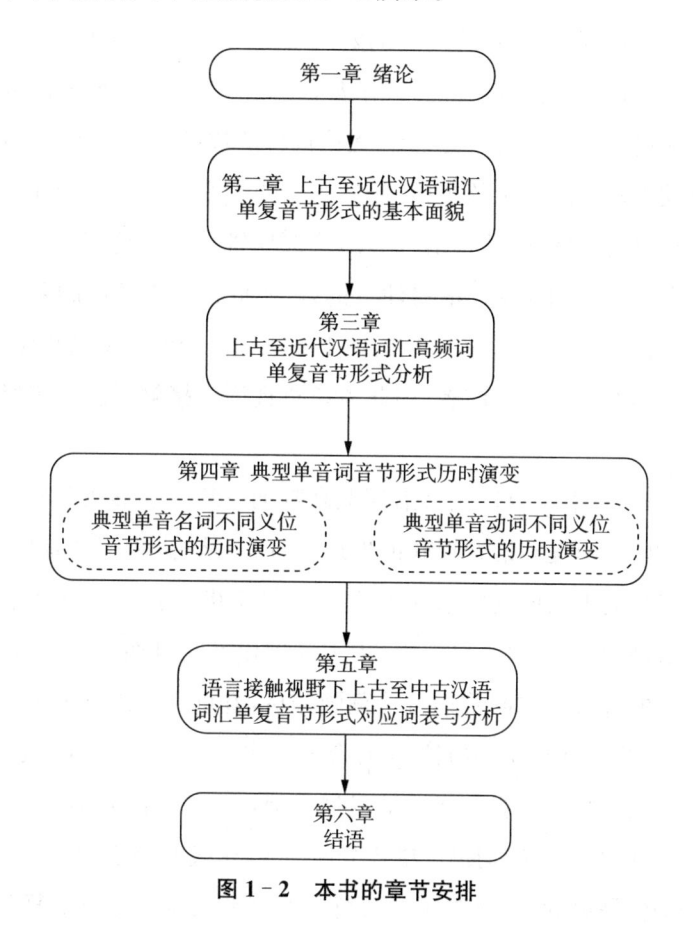

```
第一章 绪论
   ↓
第二章 上古至近代汉语词汇
      单复音节形式的基本面貌
   ↓
第三章
上古至近代汉语词汇高频词
   单复音节形式分析
   ↓
第四章 典型单音词音节形式历时演变
┌──────────────┬──────────────┐
│典型单音名词不同义位│典型单音动词不同义位│
│音节形式的历时演变 │音节形式的历时演变 │
└──────────────┴──────────────┘
   ↓
第五章
语言接触视野下上古至中古汉语
词汇单复音节形式对应词表与分析
   ↓
第六章
 结语
```

图 1-2 本书的章节安排

第一章为"绪论"。首先介绍了音节形式选择问题,随后梳理了汉语词汇复音化及词汇音节形式选择机制的研究现状,并阐述了本书的研究内容、研究思路、研究价值和创新点。

第二章为"上古至近代汉语词汇单复音节形式的基本面貌",对上古汉语、中古汉语(含中土文献与汉译佛经文献)、近代汉语的可信代表性文献进行了厘清和筛选,确定了量化评估指标,进而对上古、中古和近代汉语词汇语音形式的面貌进行宏观层面描写。从上古到中古直至近代汉语，在全部词种中以复音形式为主，在全部词例中则是以单音词为主，这表明尽管词汇系统中存在大量的复音形式，但在行文使用过程中仍倾向于选择单音形式。词种和词例中的复音形式占比均呈现上升趋势，表现出汉语词汇系统发展的宏观态势，尤其是在近代汉语中，名词词例的复音形式比例已经超过半数，动词词例的复音形式比例较上古也有成倍的提升。从词类上看，无论词种的数量还是词例的数量，名词和动词均是词汇系统的主体，而且两者的复音化程度在全部词类中一直处于领先位置，因此词语音节形式选择研究的词类和范围上应以高频的名词和动词为主。值得注意的是，不同性质文献中的复音化发展是不均衡的，同处于中古时期的中土文献和汉译佛经文献相比，后者的复音化程度明显高于前者，因此需要重视语言接触对汉译佛经语音形式的影响。

第三章为"上古至近代汉语词汇高频词单复音节形式分析"，主要从高频词的视角考察语音形式的发展。首先，从"高频"和"普现"的角度界定了稳健平均词频指标，从而基于语料库获取了上古、中古和近代汉语中的高频词。其次，对上古、中古和近代不同时期、不同性质语料中高频词的音节形式面貌进行了刻画分析，着重考察高频词中复音形式的占比和不同词类高频词的复音形式占比。最后，对比分析了上古、中古和近代高频词中音节形式的发展趋势，指出在相对小位次范围的高频词统计中，各时期均仍以单音节词为主，这表明处于词汇系统最核心部分的仍是单音词，而在相对大范围的高频词位次范围上复音形式随着时间逐步提升。不同时期的高频词并非一成不变，而是呈现出高度的动态性。不同词类的高频词数量和复音形式占比也是不均衡的。高频词中名词和动词均是大宗，尽管高频词中的动词数量在发展，其复音形式的比例也在逐步提升，但直到近代汉语中高频动词中的复音形式比例仍然不高。相反，高频名词中的复音形式占比始终处于较高的水平。此外，语言接触对高频词中的复音形式有显著的影响。

第四章是"典型单音词音节形式的历时演变",具体又分为典型单音名词和典型单音动词不同义位语音形式的历时演变。本章分别选取上古汉语中使用频率较高的若干单音名词和动词展开研究,它们分属于名词和动词的不同子类,具有很好的典型性。这些名词和动词的复音形式选择呈现出下述特点:1. 汉语词汇复音化是宏观上的总体趋势。2. 具体词语不同义位的语音形式历时演变中存在着差异性,包括不同词、不同义位的复音形式产生的时间有早晚,音节选择形式的演进路径不同,复音词结构也存在差异,名词和动词的复音形式选择存在词类间区别,语言接触下的汉译佛经文献的复音形式选择也存在特殊性等方面。3. 词义与高频单音名词和动词的复音化历时演进过程存在密切的关系,高频单音词的常用义具有较强的稳定性,非常用义则更易于被其他复音形式替代。

第五章为"语言接触视野下上古至中古汉语词汇单复音节形式对应词表与分析",基于语料库和工具书对上古汉语高频名词和动词分别进行了整理、分析和考察,形成了上古高频名词、动词和中古汉语词汇的对应词表,并在词表中列出了与上古高频词对应的中古汉语新兴语音选择形式、中古汉译佛经文献和中土文献中的例句,构建了上古至中古汉语音节选择机制的基础数据。基于词表数据,本章指出传承是词汇演进发展中的主流,复音形式是中古新产词的主要形式。在音节选择上,吸纳原有单音词作为构词语素进而形成新的复音词是音节选择的主要路径,占据总新产复音词的半数以上。语言接触对复音形式的选择有着一定的影响,在汉译佛经文献词汇系统中,有一种活跃的、超出同期中土文献的产生并使用复音词的特征。

第六章为"结语",在前述章节的数据和分析的基础上,总结上古至近代汉语词汇音节形式选择的特点,指出汉语词汇音节形式选择是以语义精密化为驱动、受到词类特征与复音词结构的能产性等内部因素制约、受到语言接触外部因素的重要影响的词汇系统动态演进的结果。

第二章 上古至近代汉语词汇单复音节形式的基本面貌

本章将首先筛选上古、中古和近代各时期可靠的代表性文献以构建语料库,进而运用语料库语言学方法穷尽性地描写上古、中古和近代不同时期汉语词汇语音形式的基本面貌,宏观展现自上古到近代汉语词汇系统的演进情况。中古时期出现了汉语史上第一次大规模的语言接触,产生了数量宏大的汉译佛经文献,与中土文献具有不同的性质,本章将对中土文献和佛经文献进行甄别分析。

2.1 语料说明

太田辰夫(2003)在《中国语历史文法·跋》中曾说:"在语言的历史研究中,最主要的是资料的选择。资料选择得怎样,对研究的结果起着决定性的作用。"汉语有着悠久的历史,传世文献数量巨大,近年来尤其在文献的数字化建设领域取得了长足的进展,已经形成了一系列精良的数字化底本,为汉语研究提供了基础资源与数据支持。

语料库作为存储大规模真实语言材料的有序组织的仓库(数据库),通常能够提供浏览、检索、统计和呈现能力,已成为语言研究必不可少的基础工具。我国已经建成并投入使用了数以百计的语料库,它们各具特色,有力地推动了汉语的研究。根据 Jenny Thomas & Mick Short 主编的 *Using Corpora for Language Research* 中提及的应用目标分类方法,已有的汉语语料库主要属于下述四种类型:

第一类为原始语料库(Raw corpora),也称为素语料库,即将生活中使用的口头和书面语以文字形式收集起来,按照语域、语体、历时、共时等归类汇编起来的各种语料库,这种类型的语料库以北京大学"CCL语料库"和"BCC语料库"为代表。前者的汉语语料库按照时间分为现代汉语和古代汉语语料库,除了分类、题目、作者等信息经过处理之外,语料正文部分没有经过任何加工处理。"BCC语料库"作为通用型语料库,总字数约95亿字,包括:报刊(20亿)、文学(30亿)、综合(19亿)、古汉语(20亿)和对话(6亿,来自微博和影视字幕)等多领域语料,是可以全面反映当今社会语言生活的大规模语料库。这两个语料库均是目前汉语学界广泛使用的,例如:

初,郑武公娶于申,曰武姜,生庄公及共叔段。庄公寤生,惊姜氏,故名曰寤生,遂恶之。(CCL《左传》)

尧之于舜也,使其子九男事之,二女女焉。(BCC《孟子·万章下》)

第二类为平行语料库(Parallel corpora),即两种或多种语言在句子乃至单词短语层面上实现同步对译的互动语料库。目前国内这种类型的语料库以英汉两种语言对比为主,例如北京大学计算语言学研究所的双语语料库、香港城市理工大学的对比语料库、外语教学与研究出版社的英汉文学作品语料库、中科院软件所的英汉双语语料库,也有日汉语言对比语料库,例如北京外国语大学的日汉对译语料库与汉英平行语料库。值得一提的是,香港教育大学建设了"汉译佛经梵汉对比分析语料库"(A Database of Chinese Buddhist Translation and Their Sanskrit Parallels for the Buddhist Chinese Studies),该语料库是帮助研究者了解汉译佛经文献与平行梵文之间可能存在的对应关系,具体包括两个方面的内容:汉译佛经与现存平行梵语佛典的文本(段落)对照和汉译词语之平行梵语成分的语法和语义描写和分析。以汉译佛经《维摩诘经》中的一句为例：

梵语	evaṃ mayā śrutam[1-1-1] ekasmin samaye bhagavān vaiśālyāṃ viharati sma[1-1-2] ｜ āmrapālīvane mahatā bhikṣusaṃghena sārdham aṣṭābhir bhikṣusahasraiḥ[1-1-3]
支谦译	闻如是，一时佛游于维耶离奈氏树园，与大比丘众俱，比丘八千。
鸠摩罗什译	如是我闻，一时佛在毘耶离庵罗树园，与大比丘众八千人俱。
玄奘译	如是我闻，一时薄伽梵住广严城庵罗卫林，与大苾刍众八千人俱。
英译	Thus have I heard. At one time the Blessed One was in the town of Vaiśālī, in the Āmrapālīgrove, with a large troop of monks, eightthousand monks.
现代汉译	我是这样听到的：有一次世尊和比丘大众八千人一起，待在广严城庵罗卫林中。

序号 1-1-1

梵语	evaṃ [1-1-1-1] mayā [1-1-1-2] śrutam [1-1-1-3]
梵语非连声形式	evam mayā śrutam
支谦译	闻如是
鸠摩罗什译	如是我闻
玄奘译	如是我闻
现代汉译	我是这样听到的

序号 1-1-1-1

梵语	evam
梵语标注	adv.
支谦译	如是
鸠摩罗什译	如是
玄奘译	如是
现代汉译	如此、这样

第三类是学习者语料库（Learners corpora），即非母语学习者的口头和书面语料库，其中包括注有学习者拼写和语法错误标记以及改错提示的语料库。目前开发建成的主要是英语学习者语料库和汉语学习者语料库，其中汉语学习者语料库以北京语言大学 HSK 动态作文语料库和中山大学汉字偏误连续性中介语语料库为代表。北京语言大学 HSK 动态作文语料库是目前汉语中介语语料库中规模最大的语料库，该语料库是母语非汉语的外国人参加高等汉语水平考试作文考试的答卷语料库，语料库中分为原始语料和标注语料两种，前者指考生原始作文的电子扫描语料，后者是把考生作文答卷人工录入电脑并经过人工标注各种中介语偏误的语料。此外，语料库还提供了历次考试的时间、地点和作文题目，以及考生的信息（如考生国籍、性别、作文分数、口试分数、客观试卷中听力、阅读、综合表达各部分分数和参加高等汉语水平考试的总分分数、是否得到汉语水平证书以及证书等级）。中山大学"汉字偏误连续性中介语语料库"收录了 2003 年以来留学生的字句练习和作文等资料，前期进行了自动分词和词性标注处理，并标注了字、词、语法的各种偏误，后期只标注了汉字偏误，并提供了错字检索。以 HSK 动态作为语料库为例：

这次的英国留学是为了培养{CC 培训}你的独立性{CC 独立

心}。你应该感谢他们才对。(【作文标题:父母是孩子的第一任老师】【国籍:日本】【字数:508】【词数:339】【证书级别:无】【考试日期:200505】【性别:男】【作文分数:75】【口试分数:65】【听力理解分数:44】【阅读理解分数:45】【综合表达分数:63】【考试总分:279】)

第四类是标记语料库(Annotated corpora),即对原始语料进行词性、语法、语义、语篇乃至语用标记赋码的语料库。我国台湾地区的古汉语语料库(Academia Sinica Ancient Chinese Corpus)收集了大量上古至近代的文献,进行了分词并标注词类等语法信息,建成了标记语料库。例如,《孟子·万章下》中"尧之于舜也,使其子九男事之,二女女焉"在该语料库中标记为:

尧(NB1)[＋prop]之(T)于(P)舜(NB1)[＋prop]也(T),使(VF)其(NH)子(NA1)九(S)男(NA1)事(VC1)[＋nv]之(NH),二(S)女(NA1)女(VA)[＋nv]焉(NH)。

在上述例句中,该语料库不仅对古代汉语文献进行了分词,同时还在每个词的后面标注出其词性。其中,"二女女焉"一句中两个"女"的词性和用法并不相同,第一个"女"标记为 NA1(有生名词),第二个"女"标记为 VA(动作不及物动词)。

综上所述,不同的语料库具有不同的应用目标,适用于不同的研究场景。本章对各时期汉语词汇面貌进行整体宏观描写时主要采用标记语料库,充分利用语料库中的分词和词类标注信息。在后续章节,考察具体词语时还将同时使用原始语料库,对汉译佛经词汇进行源头语和目的语对应关系分析时,则采用梵汉对勘平行语料库。

本章为开展不同时期汉语词汇系统语音形式基本面貌描写,在古汉语标记语料库全部文献中选取了若干成书年代较为可信且具有代表性的文献作为后续研究的基础数据。这些文献分别属于上古、中古、近代三个时期,合计 59 部,总计标注一千余万字,具体如表 2-1 所示。

表 2-1　汉语词汇系统单复音形式研究的语料总体构成

分期	文献数量(部)	标注字数(万字)
上古	14	157.1
中古	27①	191.9②
近代	18	658.7
小计	59	1007.7

2.1.1　上古汉语语料构成

上古时期是汉语发展过程的最初阶段,通常认为其时间跨度上溯商朝晚期,下迄西汉。

我国台湾地区古汉语标记语料库中的子语料库"上古汉语标记语料库"收录了大量上古汉语语料,包括《尚书》《诗经》《周易》《仪礼》《史记》等。在这些语料中,本书以作品的代表性、可信性为标准,兼顾考虑文体的多样性,选择了 14 部上古汉语文献作品,如表 2-2 所示。这些文献从时间跨度、语体类型和总字数等诸方面而言相对全面丰富,能够较为客观准确地反映上古汉语绝大部分基本和重要的语言现象尤其是词汇系统的面貌。

表 2-2　上古汉语语料库的构成

序号	作品名称	有效标注字数(万字)
1	《诗经》	3.0
2	《礼记》	9.8
3	《左传》	19.5
4	《国语》	7.0
5	《战国策》	12.2

---

① 鉴于文献性质的不同,本文选取了 5 部中土文献和 22 部汉译佛经文献。

② 中土文献约 30.4 万字,汉译佛经文献约 161.5 万字。

续　表

序号	作品名称	有效标注字数(万字)
6	《论语》	1.6
7	《孟子》	3.5
8	《墨子》	7.5
9	《荀子》	7.5
10	《韩非子》	10.6
11	《吕氏春秋》	10.0
12	《商君书》	2.0
13	《管子》	12.6
14	《史记》	50.3
小计		157.1

2.1.2　中古汉语语料构成

中古时期是汉语发展过程中承上启下的关键阶段,目前学界一般认为南北朝是中古汉语的核心期,上溯至东汉,下启隋唐。我国台湾的中古汉语标记语料库收录了东汉魏晋南北朝时期的中土文献和汉译佛经文献,其中中土语料库包括《抱朴子内篇》《世说新语》《搜神记》《洛阳伽蓝记》《颜世家训》《齐民要术》《荆楚岁时记》等,另有中古汉译佛经文献62部。

在上述语料中,本书选择了其中5部相对具有代表性的中土作品,作为中古时期反映本土词汇发展面貌的资料,具体如表2-3所示。

表2-3　中古汉语语料库的构成(中土部分)

序号	作品	有效标注字数(万字)
1	《抱朴子内篇》	7.5
2	《世说新语》	6.1
3	《齐民要术》	10.7

续 表

序号	作品	有效标注字数(万字)
4	《洛阳伽蓝记》	3.0
5	《颜氏家训》	3.1
	小计	30.4

东汉时期佛教传入中国,大量的佛经从东汉开始被翻译为汉语。佛经汉译不仅推动了佛教在中国的传播,还促进了以梵语为代表的西域语言与汉语之间的语言接触,对汉语的发展产生了重要的影响,许多新兴语言现象都可以在汉译佛经中发现。因此,汉译佛经文献作为中古汉语传世语料的重要组成部分,在中土语料相对匮乏的情况下,使得系统了解中古汉语词汇全貌成为可能,在汉语史研究方面蕴含着丰富的语料价值和语言学价值。

中古汉语标记语料库中所列汉译佛经文献是以《大正新修大藏经》(以下简称《大正藏》)为底本,除了《大楼炭经》和《悲华经》两部佛经之外,其中60部均标明了译者及其翻译年代。《大楼炭经》和《悲华经》的译者、译经时间其实也是明确的,目前学界尚无争议。根据经录记载和《大正藏》的题署,补充上相应的译者和译经时间等相关信息后,62部汉译佛经文献的具体情况如表2-4所示。

表2-4　中古汉语标记语料库的全部汉译佛经文献情况

年代	译者	经名
东汉	安世高	《长阿含十报法经》《佛说人本欲生经》《佛说一切流摄守因经》《四谛经》《佛说本相猗致经》《佛说是法非法经》《佛说漏分布经》《佛说普法义经》《五阴譬喻经》《佛说转法轮经》《佛说八正道经》《佛说七处三观经》《因缘经》《阴持入经》《禅行法想经》《道地经》《佛说法受尘经》《阿毗昙五法行经》
	支娄迦谶	《佛说兜沙经》《阿閦佛国经》《佛说遗日摩尼宝经》《般舟三昧经》《般舟》《文殊师利问菩萨署经》《道行般若经》《如来三昧经》《佛说阿阇世王经》《佛说内藏百宝经》

续 表

年代	译者	经名
东汉	安玄	《法镜经》
	安玄、严佛调	《阿含口解十二因缘经》
	支曜	《佛说成具光明定意经》
	昙果、康孟详	《中本起经》
	竺大力、康孟详	《修行本起经》
三国吴	支谦	《梵摩渝经》《佛说阿弥陀三耶三佛萨楼佛檀过度人道经》《佛说义足经》《大明度经》《佛说菩萨本业经》《了本生死经》《佛说四愿经》
	康僧会	《六度集经》
	维祇难	《法句经》
西晋	竺法护	《正法华经》《如来兴显经》《普门品经》《文殊师利佛土严净经》《无言童子经》《生经》《佛说普曜经》《光赞经》
	法炬、法立	《大楼炭经》《法句譬喻经》
	聂承远	《佛说超日明三昧经》
	安法钦	《阿育王传》
姚秦	竺佛念	《出曜经》
	鸠摩罗什	《大庄严论经》《妙法莲华经》《维摩诘所说经》
北凉	昙无谶	《悲华经》
萧齐	求那毗地	《百喻经》
北魏	慧觉	《贤愚经》
隋	阇那崛多	《佛本行集经》

"中古汉语标记语料库"所列佛经文献的译者以及翻译年代的标注也均采用了《大正藏》中的题署。需要注意的是,随着各种大藏经、古写本影印本的公布以及对大藏经对比研究的深入,《大正藏》中的一些讹误,尤其是译经的题署问题不断涌现。

早期佛教经录对于失译译经的译者或者译年采取阙如的处理原则和方式。最早的佛经目录《综理众经目录》开佛经目录之先河,南朝梁僧祐(445—518)的《出三藏记集》在道安《综理众经目录》的基础上进行考订补充，主要著录了东汉至梁所译佛经目录、序记以及译者传记等，是目前现存可见且保存完整的综合佛经目录。该目录专门列出疑伪经录，将不能确定来源的列入杂经录，不详译者的列入失译经录。从隋代开始，佛教经录一改这种原则，对原本失译的作品的译人和翻译年代进行了大量追记，将它们配属在知名译者名下。追记的结果就是东汉和三国大部分失译的译经有了年代和作者，尤其是唐智昇所撰的《开元释教录》更成为后代编制大藏经的规范目录。

鉴于以上原因，本章需要对上述 62 部汉译佛经首先进行必要的厘清和选择。东汉译经处于佛经汉译的初始阶段，该时期译者题署有误的译经，误题为安世高的最多，其次就是支娄迦谶。

安世高作为佛经汉译的创始人，"安息国王正后之太子也，幼以孝行见称，加又志业聪敏，克意好学。外国典籍及七曜五行医方异术，乃至鸟兽之声，无不综达"（《高僧传》卷 1，CBETA，T50，no. 2059，p. 323，a24—27）①。据晋代道安编纂的《综理众经目录》记载，安世高所译经典共 35 种，41 卷，现存 22 种，26 卷。前文说过，道安经录在梁代散佚，因此目前可见最早经录是僧祐《出三藏记集》。关于安世高译经，僧祐不仅指明哪些为道安所提，同时也指出哪些是自己加入的，《出三藏记集》中所列安世高译经共 35 部，41 卷。到了隋代费长房《历代三宝纪》，安世高译经增加到了 176 部。小野玄妙（1983：24、25）指出：道安把"三十五经以为安世高之译，但并未确认全部为世高所译，而确定无误者仅为三、四部而已。虽令人深为失望，但这种程度才是真实之事。然若谓何者为真正之安世高之译经，则如《安般守意》《阴持入》《人本欲生》《小大十二门》《道地经》等列于开头之五六部而已"。"所谓世高之译本，即使在道安之时亦不易得其正译本，何况更经百年或者百五十年后，此种经典岂有轻易获得之道理？然而于此发生令人震惊之事，即：《历代三宝纪》收集增加后，译经数目从三十四部一跃而为一百七十

---

① CBETA 为电子佛典集成本，以《大正藏》为底本，其中 T 表示《大正藏》册数，no 表示经号，p 表示页码，随后的字母数字组合表示栏数和行数。

六部,增加原有之五倍以上之译经,此种一手遮天之手法实无任何确实性可言。以所谓朱世行《汉录》这般连编者本身亦未曾见过之幽灵目录为证据,甚至还郑重其事地记入元嘉六年或二年等年号数字,可谓魔术亦确实变得极其彻底。所说说谎有时亦为一种权宜之计,然比道安法师之严格态度,其荒谬绝伦之不讲理不得不令人目瞪口呆。……要之,此乃空目之增加,而非实本之增加。"因此本章选择《阴持入经》《道地经》两部没有争议的佛经,作为安世高译经的代表。

支娄迦谶,简称支谶,后汉桓帝末年(167年)至洛阳,从事佛经翻译工作。于道安之目录次列十二部二十四卷,僧祐《出三藏记集》则为"十三部①,凡二十七卷"。关于支娄迦谶译经的数量,吕澂(1980:7)指出:"支谶所译佛经究竟有几种,因当时无记载,很难确定,晋代道安著述经录时,见到的写本,年代可考的只三种:1.《般若道行经》十卷(光和二年,即179年译)。2.《般舟三昧经》二卷(现存本三卷,译年同上)。3.《首楞严经》二卷(中平二年,即185年译)。"小野玄妙(1983:27)认为:"今将之就译经表言,终究根据道安之指示得称为确是支谶译者,唯有《道行般若》及《般舟三昧经》,《首楞严经》则古已散逸。"方一新、高列过(2012)"支娄迦谶译经考辨"一章中有《一卷本〈般舟三昧经〉考辨——兼顾三卷本〈般舟三昧经〉是否为支娄迦谶所译》,指出"从词汇、语法等现象来看,一卷本《般舟三昧经》和三卷本《般舟三昧经》这两部经与可靠的支娄迦谶译经以及东汉佛经是有差异的"(方一新、高列过2012:200)。由此可见,现存支娄迦谶译经中只有《道行般若经》最为可靠,目前学界没有争议。

此外,东汉时期比较具有代表性的译经还有昙果、康孟详译《中本起经》和竺大力、康孟详译《修行本起经》,许理和(2001:295)认为"从文学角度看,这两部佛经无疑是汉代最成熟的经文","其中文学语言的影响很深:频频使用文言成分,风格上的润饰,中国式的排比句以及规范

---

① 中华本和[宋][元][明]本作"十四部"。

的诗歌形式,偈颂都意译为五言或七言、九言的无韵诗句,且不时表现出高超的技巧,它对同一术语不同形式的归并也很有新意,外来名称和佛教术语从此前几位译师的译经中选用合适的译法择善而从"。

三国时期的译者以支谦和康僧会为代表。关于支谦的译经数量,道安经录中著录了 30 部,僧祐《出三藏记集》在《别录》基础上增补了 6 部,共 36 部,而现存大藏经中署名为支谦翻译的佛经高达百余部。小野玄妙(1983:36)指出:"道安法师载录支谦之译经即使全部有亦只二十七经,加以三部著作,亦不过三十。而《历代三宝纪》以下诸录,经列举百二十九部,所增之经目近五倍。《开元录》之编者虽已删除属抄经之经典若干、尚存八十八部。现行《大藏经》署名支谦所译之经典,计为五十一部。……若然,理应明记转载之书名,方可资查校,而今不见此类记录,却到处援用拟为证据,无论如何思索其说亦不真实。失传经录不可作为根据。然而竟毫不在乎地多加援引,故吾人只好将此种目录视为虚无之幽灵目录。"《大正藏》中题署为支谦所出的译经共 54 部,吕澂(1980)考订确为支谦所译佛经共 28 部,余理明(1993)考定出支谦译经数目是 25 部,45 卷,许理和(1998)所列支谦译经则是 23 部。因此本章选择《佛说义足经》《佛说菩萨本业经》两部没有争议的佛经作为支谦译经代表。

基于已有的相关研究,本章最终选择下述 22 部汉译佛经作为中古汉译佛经语料的代表作品来分析中古汉语的词汇面貌,具体如表 2-5 所示。

表 2-5 中古汉语语料库的构成(佛经部分)

序号	年代	译者	作品	标注字数(万字)
1.0	东汉	安世高	《阴持入经》	1.0
2		安世高	《道地经》	0.8
3		支娄迦谶	《道行般若经》	7.6
4		昙果、康孟详	《中本起经》	2.1
5		竺大力、康孟详	《修行本起经》	1.4

续 表

序号	年代	译者	作品	标注字数（万字）
6	三国吴	支谦	《义足经》	1.8
7	三国吴	支谦	《菩萨本业经》	0.5
8	三国吴	康僧会	《六度集经》	6.7
9	西晋	竺法护	《正法华经》	8.5
10	西晋	竺法护	《生经》	4.8
11	西晋	竺法护	《普曜经》	6.5
12	西晋	竺法护	《光赞经》	9.9
13	西晋	法炬、法立	《大楼炭经》	4.6
14	西晋	法炬、法立	《法句譬喻经》	4.3
15	姚秦	竺佛念	《出曜经》	21.9
16	姚秦	鸠摩罗什	《大庄严论经》	9.6
17	姚秦	鸠摩罗什	《妙法莲华经》	7.1
18	姚秦	鸠摩罗什	《维摩诘所说经》	2.7
19	北凉	昙无谶	《悲华经》	8.8
20	萧齐	求那毗地	《百喻经》	1.8
21	北魏	慧觉	《贤愚经》	12.9
22	隋	阇那崛多	《佛本行集经》	36.2
			小计	161.5

上述中土文献与佛经文献累计共 27 部，合计标注 191.9 万字，可以相对客观全面地反映中古汉语词汇面貌。

2.1.3 近代汉语语料构成

近代汉语是中古汉语与现代汉语之间以早期白话为代表的汉语。我国台湾"古汉语语料库"的子语料库"近代汉语语料库"收录了唐五代以来的多部重要语料 20 部。其中有些语料时代判断上存有争议，例如

《永乐大典戏文三种》收录宋元戏文《张协状元》《宦门子弟错立身》《小孙屠》三种,蒋绍愚(1994:25)指出:"《张协状元》可能是南宋时的作品,后两种出于元人之手。"可见,三种戏文可能不是出于同一时代,比较复杂。因此,本章最终选择18部文献,总计标注658.7万字,它们较好地反映了近代汉语词汇系统面貌,具体如表2-6所示。

表2-6 近代汉语语料构成

序号	作品	有效标注字数(万字)
1	《敦煌变文集新书》	26.2
2	《祖堂集》	18.6
3	《朱子语类》	146.4
4	《大唐三藏取经诗话》	0.9
5	《新刊大宋宣和遗事》	5.5
6	《五代史平话》	9.7
7	《全相平话五种》	18.2
8	《元刊杂剧三十种》	12.1
9	《老乞大谚解》	1.6
10	《朴通事谚解》	2.4
11	《水浒传》	71.7
12	《西游记》	52.7
13	《金瓶梅》	64.5
14	《平妖传》	18.7
15	《醒世姻缘》	62.6
16	《儒林外史》	27.0
17	《红楼梦》	71.4
18	《歧路灯》	48.5
小计		658.7

2.2 统计方法与指标说明

本节将介绍研究上古至近代词汇系统音节形式所采用的语料库语言学基本概念与方法，具体包括：词的界定与词类归并方案、词种与词例、统计指标等。

任何标记语料库都需要人工参与，上述古代汉语标记语料库也不例外，因而都不可避免地存在着人为主观的偏差甚至是错误，同时由于该语料库采用了早期汉字编码，即大五码（Big5），可收录的汉字数量有限，在后期转码过程中个别罕见字也会产生问题。这些都可能导致本书的统计数据存在少量的偏差，但从宏观视角，古代汉语标记语料库仍为古代汉语研究提供了非常扎实的资料基础和较为可信的统计数据。

此外，本书将采用四舍五入方法表示各种统计指标，由于数值精度的限制，这些数据可能存在一定的误差。

2.2.1 词的界定与词类标记归并方案

词的界定不仅是词汇研究中的基本问题，同时一直也是十分困难的问题。古汉语标记语料库提供了已经切分好的词，以及每个词的词类标注，为词的界定提供了良好的基础，更为重要的是确保了对不同时期、不同文献分词标准相对的一致性。然而，古汉语标记语料库中尚存在两个问题需要考虑。

第一个问题是标记语料库中词类标注的粒度非常精细，提供了丰富的词类以及具体子类甚至是用法的信息，但不适合直接作为词的界定依据。以上古汉语标记为例，仅名词就细分为有生名词（记为NA1）、无生名词（记为NA2）、集体名词（记为NA3）、处所词（记为NA4）、时间词（记为NA5）、人兽名（记为NB1）、事物名（记为NB2）、国家名（记为NB3）、处所名（记为NB4）、时间名（记为NB5）、方位词

（记为NG）、抽象名词及衍生名词（记为NI）等12子类。以名词"天"为例，在上古汉语标记语料库中就至少标注为有生名词（NA1）、无生名词（NA2）、处所词（NA4）、抽象名词（NI）等，用例如下：

天（NA1）将救之，以慈卫之。（《老子·第六十七章》）
诗云："普天（NA2）之下，莫非王土；率土之滨，莫非王臣。"（《孟子·万章上》）
夫子之不可及也，犹天（NA4）之不可阶而升也。（《论语·子张》）
故圣人之制万物也，以全其天（NI）也。（《吕氏春秋·孟春纪》）

此外，语料库中还有名词状语用法标注（记为DN），例如：

豕人（DN）立而啼。（《左传·庄公八年》）

尽管这些标注反映出更微细的词义和用法的差异，本书统一合并为"名词（N）"。

第二个问题是在语料库中不同时期的词类标记不完全相同，不利于跨时期的对照分析。例如，在上古汉语中尽管名词分出了前述的十多种标记，但在中古汉语和近代汉语中仅分为五类，即普通名词（NA）、专有名称（NB）、地方词（NC）、时间词（ND）和方位词（NG），分类方法与上古差异很大。再如，定词在上古汉语语料中标记为S，即数词，但在中古和近代语料中定词包括三类，即数量定词（记为NEQA）、特指定词（记为NES）和数词定词（记为NEU）。因此，本书适当地统一和归并上古、中古和近代的词类标记，以便于跨时期对比。

鉴于以上两个原因，本书对古汉语标记语料库的标记进行了归并处理，将不同时期的词类标记合并为若干大类标记，具体方案如表2-7所示。

表 2-7　词类标记的大类归并方案

词类	大类标记	上古语料库标记	中古及近代语料库标记
非谓形容词	A	A:非谓形容词	A:非谓形容词
连词	C	C:连词	CAA:对等连接词 CBB:关联连接词
副词	D	DA:范围副词 DB:语气副词 DC:否定副词 DD:时间副词 DF:程度副词 DG:处所状语 DH:方式副词 DJ:疑问副词 DL:关联副词	DAA:数量副词,可直接修饰名词组 DAB:数量副词,不可直接修饰名词组 DBA:法相副词 DBB:评价副词 DC:否定副词 DD:时间副词 DFA:动作前程度副词 DFB:动作后程度副词 DG:地方副词 DH:方式副词 DJ:疑问副词 DL:关联副词
感叹词	I	I:感叹词	I:感叹词
名词	N	NA1:有生名词 NA2:无生名词 NA3:集体名词 NA4:处所词 NA5:时间词 NB1:人兽名 NB2:事物名 NB3:国家名 NB4:处所名 NB5:时间名 NG:方位词 NI:抽象名词及衍生名词 DN:名词状语	NA:普通名词 NB:专有名称 NC:地方词 ND:时间词 NG:方位词
量词	NF	NF:量词、单位词	NF:量词
代词	NH	NH:代词、第一二人称尊卑称	NH:代名词
介词	P	P:介词	P:介词

续　表

词类	大类标记	上古语料库标记	中古及近代语料库标记
定词①	NE	S:数词	NEQA:数量定词 NES:特指定词 NEU:数词定词
助词	T	T:助词	T:语助词 DK:句副词 DI:时态标记 DE:的，之，得，地 T3:结构助词 T4:位在描绘情状的词语之后的依附词 T5:从句后的依附词 T6:表复数的依附词 T7:表约数或余数的依附词 T8:代词性附属词
动词	V	VA:动作不及物动词 VC1:动作单宾动词 VC2:准动作单宾动词 VD:动作双宾动词 VE:后接句宾或动词组的动作及物动词 VF:复杂双宾动词 VG:分类动词 VH1:状态不及物动词 VH2:准状态不及物动词 VJ:状态及物动词 VK:后接句宾语或动词组的状态及物动词 VM:助动词 VP:使成动词 VI:状词 DV:动词状语	VA:动作不及物动词 VB:动作类及物动词 VH:状态不及物动词 VI:状态类及物动词 SHI:是 VAC:动作使动词 VC:动作及物动词 VCL:动作接地方宾语动词 VD:双宾动词 VE:动作句宾动词 VF:动作谓宾动词 VG:分类动词 VHC:状态使动词 VJ:状态及物动词 VK:状态句宾动词 VL:状态谓宾动词 V_2:有
其他情况		U:待分析词句	FW:外文标记 B:标题 J:负责记录的人名 Q:引述句 R:被解释的字

---

① 即学界通常所说的"限定词"(determiner，缩写为 det.)，标记语料库界定为"定词"，本书采用了标记语料库的说法。

下文中，凡词形相同且属于相同的大类标记，本书按照一个词来进行统计。仍以《孟子·万章下》为例，该句中出现了两次"女"，一个为名词用法，语料库标记为 NA1（有生名词）；另一个为"女"的动词用法，标为 VA（动作不及物动词），即：

尧之于舜也，使其子九男事之，二女(NA1)女(VA)焉。

上述例句中，动词"女"通常被视作名词的活用现象，一般工具书会处理为同一个词或者兼类词。但是本书是以语义概念为切入点，考察名词和动词词汇复音形式的异同和规律，因此本书按照名词(N)"女"和动词(V)"女"分别进行统计。

需要指出的是，古代汉语中不仅存在着上述同字异词的"一对多"现象，还存在着异字同词的"多对一"现象，但在整个语料库中这些现象出现的比例是比较小的，同时以大类标记作为评估依据之一，可以有效地降低"一对多"的现象。因此，从已有的语料库出发，兼顾词形和大类的词的界定是最具可操作性和相对客观的方案。

2.2.2　词种与词例

词种(types)和词例(tokens)及其关系的研究是计量语言学领域重要的概念和研究内容。本书使用"词种"表示不同的词，也称为"类符"，重复的词只计为一个词种；使用"词例"表示词的任意一次出现，也称为"词次"或"形符"，重复的词可以多次计数。例如：

知/V 之/NH 为/V 知/V 之/NH，不/D 知/V 为/V 不/D 知/V，是/NH 知/N 也/T。（《论语·为政》）

该句中，共出现了"知/V""之/NH""为/V""不/D""是/NH""知/N""也/T"7 个词种，13 个词例。由于"知/V"与"知/N"分别属于动词和名词,两者的词类不同,本书统计视为不同的词种。

词种可以按照音节形式进行分类统计,定义单音和复音词种占比分别为:

$$单音词种占比 = \frac{单音节的词种总数}{词种总数}$$

$$复音词种占比 = \frac{复音节的词种总数}{词种总数}$$

也可以定义各词类的词种占比,以名词为例:

$$名词词种占比 = \frac{名词的词种总数}{词种总数}$$

类似的,可以定义不同音节数量、不同词性的词例占比,例如单音词例占比复音词例占比定义为:

$$单音词例种占比 = \frac{单音节的词例总数}{词例总数}$$

$$复音词例种占比 = \frac{复音节的词例总数}{词例总数}$$

就某部文献而言,定义其"专书单/复音词例占比"为:

$$专书单音词例占比 = \frac{名专书中出现的单音词例总数}{专书中出现的词例总数}$$

$$专书复音词例占比 = \frac{名专书中出现的复音词例总数}{专书中出现的词例总数}$$

例如,在某部文献中,若总计出现 10000 个词例,其中单音词出现 6000 例、复音词出现 4000 例,则该专书文献的单音词词例占比为 60%、复音词例占比为 40%。专书复音词例占比越高,表明作者在行文过程中更倾向于选择复音词。

2.2.3 传承词与新词

词汇系统不断演进更替,新词不断地涌入,同时也有一定数量的旧词逐步退出。前期已经产生且仍在当前时期使用的词称为传承词。就中古时期而言,产生于上古的词属于传承词;就近代而言,产生于上古或中古时期的词均属于传承词。在前期未出现而在本时期产生的词称为新词。以中古时期为例,名词"佛""菩萨""世尊"等大量新产于汉译佛经中,与上古相比,它们显然都属于中古新词。

2.3 上古汉语词汇音节形式面貌

基于语料库统计,上古汉语所选 14 部文献有 157 万余字,其中总计出现了 51636 个词种(type)和 1320360 个词例(token)。本节将定量刻画展示上古汉语不同音节形式、不同词类的词种及词例面貌。

2.3.1 上古汉语词种分布概况

按音节数量统计,上古汉语的 51636 个词种中单音、双音和多音节(即三音节及以上)词种的统计数据如表 2-8 所示。

表 2-8 上古汉语词种按音节形式统计数据

音节形式		词种数量(个)	比例(%)
单音词		9040	17.51
复音词	双音词	37201	72.04
	多音节词	5395	10.45
	小计	42596	82.49
合计		51636	100

根据统计数据,上古汉语语料库中单音词仅占词种总数的 17.51%,双音词占 72.04%,多音节词占 10.45%,双音和多音节形式合计的复音词共占 82.49%,因此,从数量上来看,复音词占据上古汉语词汇系统词种的多数。

学界通常认为上古汉语以单音词为主,而统计数据表明上古汉语词种以复音词为主,两者间的偏差主要源于下述两个原因。

首先,上古汉语中存在大量的专有名词,已有专书复音词的量化研究,一般不将专有名词统计在内。但实际上,上古汉语中有近 15000 个人名、地名等专有名词,其中 12975 个为复音词。这些复音专有名词占据了总复音词种的约 30%。例如双音词形式的"孔子/N""桓公/N""秦王/N""管仲/N""匈奴/N"等,多音节如"孟尝君/N""平原君/N""春申君/N""淮南王/N""太史公/N""孝文皇帝/N""贰师将军/N"等。复音专名是汉语最古老的复音词(伍宗文 2001),为了全面客观呈现汉语不同历史时期的词汇语音形式面貌,保证统计标准前后一致,本书将人名、地名等专有名词均计算在内。

其次,复音词判定标准各家并不统一,不同尺度的判断标准会导致不同的结果。对一部分语素间结合尚不紧密、介于词组和词之间的情况,有的学者会标记为词,有的则会标记为词组。

上述两个因素导致统计结果中的复音词比例较高。需要指出的是,这些复音词中的大部分出现次数很少,且相当一部分复音词仅出现于少量的文献中。因此,在上古汉语中,处于核心地位、相对高频的和广泛出现在不同文献中的词仍主要是单音词。

2.3.2　上古汉语词例分布概况

上古汉语总计出现 1320360 个词例,若按照音节统计,则数据如表 2-9 所示。

表 2-9　上古汉语词例按音节形式的统计数据

音节形式		词例数量(个)	比例(%)	每词种平均用例数(个)
单音词		1092195	82.72	120.8
复音词	双音词	208413	15.78	5.6
	多音节词	19752	1.50	3.7
	小计	228165	17.28	5.4[①]
合计		1320360	100	

---

①　此处是对全部复音词(含双音形式和多音节形式)计算得到的,此处即复音词的总词例数除以复音词的总词种数[228166÷42596=5.4(个)]。以下皆同。

上古汉语中单音词总计出现1092195个词例,占总词例的82.72%;双音词总计出现208413个词例,占总词例的15.78%;多音节词(三音节词及以上)总计出现19752个词例,占总词例的1.50%。因此,从词例的角度,即考虑使用频率的话,上古汉语中单音词占据绝对多数。

单音词的词种数量少,但词例数量巨大,其主要原因在于单音词在上古汉语中的平均用例数远高于双音词,即单音形式的使用频率远远高于复音形式。在上古汉语中,计51636个词种出现了1320360个词例,每词种平均出现25.6个词例。然而,对不同音节数量的词,每词种平均用例数是不同的。就单音词而言,平均每词种出现1092195÷9040=120.8个词例;双音词平均每词种仅出现208413÷37201=5.6个词例,多音节词平均每词种出现19752÷5395=3.7个词例。因此,尽管单音词仅占词种的17.51%,但其出现频率极高,达到双音词的20余倍,在上古汉语中占据绝对的优势地位。

2.3.3 不同词类的上古汉语词种分布

上古汉语的词种可以分为不同的词类,各词类的统计结果如表2-10所示。在总计51636个词种中,名词词种为38099个,占全部词种的73.78%,是上古汉语词汇系统最主要的部分。

表2-10 上古汉语不同词类的词种统计数据

词性大类	标记	词种数量(个)	在全部词种中的占比(%)
非谓形容词	A	20	0.04
连词	C	120	0.23
副词	D	513	0.99
感叹词	I	43	0.08
名词	N	38099	73.78
定词	NE	67	0.13
量词	NF	97	0.19
代词	NH	189	0.37

续　表

词性大类	标记	词种数量（个）	在全部词种中的占比（%）
介词	P	52	0.10
助词	T	106	0.21
动词	V	12330	23.88
	小计	51636	100.00

上古汉语词种数量处于第二位的是动词，计 12330 个，占比为 23.88%。名词和动词两者合计占 97.66%，是所有词类中的最大多数，其余词类的占比很小，均不足 1%。这是本书以名词和动词为重点对象展开讨论的主要依据。

不同词类中，单音词种、双音词种和多音节词种数量及其占比也呈现出差异性，具体统计数据如表 2-11 所示。上古汉语有 38099 个名词(N)词种，其中单音词 4377 个、双音词 28470 个、多音节词 5252 个，双音节和多音节词小计得到复音词为 33722 个，故复音名词词种在全部名词词种的占比为 88.51%。依此类推，上古汉语有 12330 个动词(V)词种，其中单音词 3766 个、双音词 8425 个、多音节词 139 个，复音词占比 69.46%。上述数据表明，名词和动词词种的大部分都是复音形式。

表 2-11　上古汉语词种按词类和音节的统计数据

词性大类	标记	单音词种数（个）	双音词种数（个）	多音节词种数（个）	复音词种占比（%）
非谓形容词	A	11	9	0	45.00
连词	C	70	50	0	41.67
副词	D	405	106	2	21.05
感叹词	I	25	17	1	41.86
名词	N	4377	28470	5252	88.51
定词	NE	55	12	0	17.91
量词	NF	70	27	0	27.84

续 表

词性大类	标记	单音词种数（个）	双音词种数（个）	多音节词种数（个）	复音词种占比（%）
代词	NH	119	69	1	37.04
介词	P	47	5	0	9.62
助词	T	95	11	0	10.38
动词	V	3766	8425	139	69.46

从复音词种占比上看，感叹词（I）和连词（C）处于第二层次，占比40%左右。感叹词中，单音形式如"嗟/I""於/I""嘻/I"，复音形式如"于嗟/I""嗟乎/I""呜呼/I"等。感叹词是单纯词，主要用于记音，不存在内部结构，因此复音叹词通常是在单音叹词已有音节的基础上延长新的音节而形成的。在连词中，单音形式如"而/C""则/C""故/C""虽/C""且/C""若/C""然/C"，复音形式如"于是/C""是以/C""是故/C""然后/C""而后/C""然则/C"。常见的复音连词通常是合成词，且多是几个单音形式跨层产生，即本来不在同一个句法层次上而只是在表层形式相邻近的两个成分的组合，因此其内部结构形式相对模糊，难以索解。

代词（NH）、量词（NF）、副词（D）和定词（NE）的复音词种占比更低一些，从约37%降至17%，处于第三层次。上古汉语常见的单音形式代词如"之/NH""其/NH""者/NH""所/NH""此/NH""是/NH""我/NH""吾/NH"等，复音形式如"寡人/NH""陛下/NH""先生/NH""足下/NH""吾子/NH""夫子/NH"等。因而，常见的复音代词主要以尊卑称呼为主，并非以典型的单音代词作为构成语素扩充而来，且单音形式的代词构词能力非常有限，通常不参与构造新的复音词。量词则包括"里/NF""尺/NF""寸/NF""石/NF""丈/NF""斤/NF"等单音形式，以及"尺寸/NF""咫尺/NF""寻常/NF""寻丈/NF""锱铢/NF""斗升/NF"等复音形式，这些复音形式多是单音量词两两语素并列复合而成，如：

今吾沐涂树之枝,日中无尺寸(NF)之阴,出入者长时,行者疾走,父老归而治生,丁壮者归而薄业。《管子·轻重戊》

臣闻尧无三夫之分,舜无咫尺(NF)之地,以有天下;禹无百人之聚,以王诸侯;汤、武之士不过三千,车不过三百乘,卒不过三万,立为天子;诚得其道也。《史记·苏秦列传》

典型的单音副词如"不/D""乃/D""皆/D""非/D""将/D""亦/D""自/D"等,复音形式如"何以/D""未尝/D""相与/D""已而/D""无乃/D""何为/D""奈何/D"等。定词在上古时期主要是数词如"一/NE""二/NE""三/NE""百/NE""千/NE"等,复音形式如"百万/NE""亿万/NE"等。

处于复音词种占比最低一档的是介词(P)和助词(T),两者的复音词占比仅为10%左右。介词是典型的虚词,以单音形式为主,如"于/P""为/P""及/P""以/P""与/P"等,上古时期的双音介词有"乃至/P""比及/P""自从/P"等。助词如"之/T""也/T""矣/T""乎/T""者/T"等,也存在少量双音助词如"而已/T""云尔/T""乃若/T"等。

总体上,名词和动词词种占全部词种的大宗,两者的复音形式占比也最高,其他词类的复音形式也有发展,但不同词类的复音词种占比差异很大。名词、动词等实词的复音形式多是在单音形式基础上,通过并列、偏正等语法组合手段组合而成,连词、介词等虚词的复音形式除采用语法手段复合而成,还有部分是通过跨层结构的词汇化完成,即从非语言单位变为语言单位的变化,复音化的路径不同。

2.3.4 按词类的上古汉语词例分布

词例反映了行文过程中由于表达需要对不同词类词语的拣择选用。若对所有上古汉语中的词例按照词类进行划分,则可以获得不同词类的词例出现的数量及其占比。各词类的词例数量及其在全部词例中的占比统计结果如表2-12所示。

表 2-12　上古汉语不同词类的词例统计数据

词性大类	标记	词例数量(个)	在全部词例中的占比(%)	每词种平均用例数(个)
非谓形容词	A	2615	0.20	130.8
连词	C	58911	4.46	490.9
副词	D	94742	7.18	184.7
感叹词	I	298	0.02	6.9
名词	N	462544	35.03	12.1
定词	NE	26581	2.01	396.7
量词	NF	2482	0.19	25.6
代词	NH	107295	8.13	567.7
介词	P	54055	4.09	1039.5
助词	T	87485	6.63	825.3
动词	V	423352	32.06	34.3
小计		1320360	100.00	

以名词为例，名词出现 462544 个词例，占全部词例的 35.03%，是全部词例中出现最多、使用频率最高的词类。名词存在 38099 个词种，对名词而言每词种平均出现 12.1 个用例。动词词例的数量仅次于名词，占比 32.06%。名词和动词合计占比约三分之二，构成了行文中词例出现的主体。

位处第二梯队的依次是代词、副词、助词、连词、介词和定词，它们的占比分别是 8.13%、7.18%、6.63%、4.46%、4.09%、2.01%，这些词类词汇语义较虚，主要承担语法意义，具有重要的语法功能，因此尽管词种不多，但出现的词例数量并不少，即总体数量不多，但使用频率较高，它们大体占据了文本的三分之一。

在上古汉语语料库中，非谓形容词、量词和叹词的比例都很低，三者合计不足百分之一。

上古汉语全部词种为 51636 个，总计出现 1320360 个词例，每词种平均出现 25.6 例。然而，不同词类的每词种平均出现的用例数量间存在较大差异。介词的每词种平均用例数达到 1039.5 个，是按词种平均而言用频最高的词类。其次是助词、代词和连词，都达到 400 个以上。动词的平均用例数是 34.3 个，名词的平均用例数是 12.1 个，几乎处于最低的位次，这主要是因为动词和名词在词种上极为丰富，使用时就词种而言平均出现的用例数就不高。

上古汉语语料库中，若按照词类对词例的音节形式进行分类统计，则得到表 2-13。以名词为例，名词共出现 462544 个用例，其中单音形式 270580 个、双音形式 172550 个、三音节以上形式 19414 个，后两者合计得到复音形式占名词总词例数的 41.50%。

表 2-13 上古汉语词例按词类和音节的统计数据

词性大类	标记	单音词例数（个）	双音词例数（个）	多音节词例数（个）	复音词例占比（%）
非谓形容词	A	2601	14	0	0.54
连词	C	53716	5195	0	8.82
副词	D	92998	1704	40	1.84
感叹词	I	177	120	1	40.60
名词	N	270580	172550	19414	41.50
定词	NE	26558	23	0	0.09
量词	NF	2395	87	0	3.51
代词	NH	104980	2312	3	2.16
介词	P	54028	27	0	0.05
助词	T	87100	385	0	0.44
动词	V	397062	25996	294	6.21

由表 2-13 可见，名词词例的复音化比例遥遥领先其余主要词类。动词在上古汉语中共出现 423352 个用例，复音形式也有出现，典型如"可以/V""足以/V""以为/V""稽首/V"等，复音形式占比为 6.21%。

在行文过程中动词仍然以单音形式为主。动词与名词的总词例虽然相当,但在使用过程中,运用复音形式的比例远低于名词。

连词的复音形式占比较动词稍高,达到 8.82%。代词和副词在出现的词例中复音形式占比较低,均为 2% 左右。定词和介词的词例复音词占比最低,从词例角度而言几乎没有发生复音化。

值得注意的是,感叹词在上古时期复音形式的比例达到 40.60%,但感叹词无论是词种还是词次在总体上都很少,故不再展开讨论。

2.4 中古汉语词汇音节形式面貌

本节将从词种和词例上刻画中古汉语词汇音节形式基本面貌。值得注意的是,中古时期大量以梵文为主的佛经原典被翻译为汉语,这是汉语史上第一次大规模的间接语言接触,对汉语的发展演变产生了一定的影响。因此,对中古汉语的分析需要甄别中土文献和佛经文献的不同性质,分别讨论不同性质文献的词汇语音形式特点。

2.4.1 中古汉语词种分布概况

中古时期共选入 27 部文献,标注约 191.9 万字,共出现了 45501 个词种。在这些词种中,出现于中土文献(约 30 万字)的为 23475 个词种,出现于佛经文献(约 161 万字)的为 29187 个词种,而同时出现在中土文献和佛经文献中的有 7161 个词种,如图 2-1 所示。

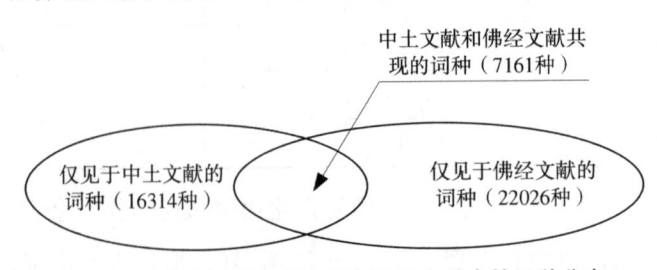

图 2-1 中古时期中土文献和佛经文献中的词种分布

第二章 | 上古至近代汉语词汇单复音节形式的基本面貌

根据上述统计,中土文献和佛经文献共现的词种数量并不多,两类文献所体现出的词汇至少在词种上存在较大的差异,如果笼统地分析不利于准确地呈现中古汉语的词汇面貌,因此下文将分别讨论两类文献各自呈现的特征。

中古时期中土文献出现了 23475 个词种,这些词种不同音节数量的统计结果如表 2-14 所示。

表 2-14 中古汉语中土文献词种按音节形式的统计数据

音节形式		词种数量(个)	比例(%)
单音词		6230	26.54
复音词	双音词	14058	59.88
	多音节词	3187	13.58
	小计	17245	73.46
合计		23475	100

中古时期的中土存世语料相对不足,语料标注总字数有限,词种总数也有限。在不同音节数量的词种比例上,单音词占总词种的26.54%,双音词占总词种的59.88%,此外还有13.58%的多音节词。因此,中古汉语中土文献语料中复音词种数量占据优势。

中古中土文献的复音词中,仍有相当一部分的专有名词,数量为三千有余,如"武帝/N""高祖/N""明帝/N"等。此外,随着科技、经济和对外交流的发展,中土文献中新产一些三音节词,如"鸡舌香/N""高丽豆/N""鸡子黄/N""鱼眼汤/N""粟米饭/N""安石榴/N"等。

中古时期的佛经文献承载着宗教传播的需求,在内容上反映佛教教义,在叙事上以堆叠反复讲述故事为主,在词汇上也大量吸纳了当时的口语和方言词以有利于在百姓中推广,因而其词种也具有自身的特点。22 部汉译佛经文献中共出现了 29187 词种,这些词种按音节数量分布如表 2-15 所示。

表 2-15　中古汉语佛经文献词种按音节形式的统计数据

音节形式		词种数量(个)	比例(%)
单音词		4990	17.10
复音词	双音词	17662	60.51
	多音节词	6535	22.39
	小计	24197	82.90
合计		29187	100

尽管中古佛经文献标注字数达到161万余字,与上古汉语语料量相当,远高于同期的中土文献,但词种数量并不大,这可能与佛经文献的内容和表达方式受限有关。在这些词种中,单音词种为4990个,占比为17.10%;双音词种17662个,占比为60.51%;多音节词种6535个,占比为22.39%。总体上来说,中古佛经文献中单音词种相对较少,复音词种数量较多,复音词种占据优势,尤其是多音节词种比例较高,其中"须菩提/N""婆罗门/N""舍利弗/N""阿罗汉/N""菩萨摩诃萨/N""净饭王/N""辟支佛/N""舍卫国/N"等音译词也均采用了多音节形式,明显受到了源头语言语音形式的影响,体现出佛经文献自身的特殊性。

相比而言,中古时期的中土文献和佛经文献在词种构成上既具有相似性,即双音词种的数量均处于优势,占比均接近六成;也具有较大的差异,即中土文献中的单音词种更多,而汉译佛经文献中的多音节词种更多。

2.4.2　中古汉语词例分布概况

中古汉语语料(含中土文献和佛经文献)中总计出现了1487419词例,其中中土文献中出现了255731例、佛经文献中出现了1231688例,此处词例数量大体与语料规模相关。以下按照中土文献和佛经文献分别讨论。

中土文献若按照音节划分,词例统计数据如表2-16所示。

表 2-16　中古汉语中土文献词例按音节形式的统计数据

音节形式		词例数量（个）	比例（%）	每词种平均用例数（个）
单音词		215460	84.25	34.6
复音词	双音词	34946	13.67	2.5
	多音节词	5325	2.08	1.7
	小计	40271	15.75	2.3
合计		255731	100	

在中古中土文献中，单音词总计出现 215460 个词例，占总词例的 84.25%；双音词总计出现 34946 个词例，占总词例的 13.67%；三音节及以上的复音词总计出现 5325 个词例，占总词例的 2.08%。因此，从词例的角度而言，中古汉语中单音词的用例数超过八成，仍占据绝大多数。

中古中土文献总计 23475 词种出现了 255731 个词例，相当于每个词种平均为 10.9 个用例。然而，具体到不同音节数量的词，平均用例数是不同的，具体来说，每个单音词种出现 215460÷6230＝34.6 个词例，双音词为 2.5 个词例，多音节词为 1.7 个词例。单音词尽管词种占比低，但每个词种的平均用例数量是复音词的十多倍，故在语料库文本中的词例总数占据多数。

与之平行的是，中古汉译佛经汉语语料中总计出现 1231688 个词例，这些词例按照音节分类统计的结果如表 2-17 所示。

表 2-17　中古汉语佛经文献词例按音节形式的统计数据

音节形式		词例数量（个）	比例（%）	每词种平均用例数（个）
单音词		919150	74.63	184.2
复音词	双音词	270406	21.95	15.3
	多音节词	42132	3.42	6.4
	小计	312538	25.37	12.9
合计		1231688	100	42.2

在汉译佛经文献中,单音词例总计出现 919150 个,占总词例的 74.63%;双音词例总计出现 270406 个,占总词例的 21.95%;多音节词例总计出现 42132 个,占总词例的 3.42%。从词例的角度而言,佛经文献单音词例占据多数,复音词例占据少数,但与同期中土文献相比,复音词例占比有一定提升。

结合前文词种统计,佛经文献中,所有的 29187 个词种出现了 1231688 个词例,相当于每个词种出现 42.2 个词例。若具体计算不同音节数量的词,则平均每个单音词种出现 184.2 个词例,双音词种为 15.3 个词例,多音节词种为 6.4 个词例,仍然呈现出单音词平均用例数远高于复音词的特点。

2.4.3 不同词类的中古汉语词种分布

本节讨论不同的词类中词种的音节形式分布,考虑到中土文献和佛经文献的不同特点,仍根据文献性质分别进行讨论。

中土文献中,按照词类对词种进行统计,具体分布如表 2-18 所示。其中,65.75% 是名词,29.37% 是动词,名词和动词两者合计占 95.12%,占据所有词类中的绝大多数。其余词类中,除了副词达到 2.5% 之外,其余词类均不足 1%,占比极低。

表 2-18 中古汉语中土文献不同词类的词种统计数据

词性大类	标记	词种数量(个)	在全部词种中的占比(%)
非谓形容词	A	53	0.23
连词	C	77	0.33
副词	D	590	2.51
感叹词	I	5	0.02
名词	N	15435	65.75
定词	NE	75	0.32
量词	NF	151	0.64
代词	NH	94	0.40

续 表

词性大类	标记	词种数量(个)	在全部词种中的占比(%)
介词	P	34	0.15
助词	T	66	0.28
动词	V	6895	29.37
	小计	23475	100.00

中土文献中,不同词类的词种复音形式占比差异较大。以名词为例,中土语料中出现了15435个名词词种,其中单音词3031个、复音词12404个,复音词占比80.36%。类似的,中土文献有6895个动词词种,其中单音词2431个、复音词4464个,复音词占比64.74%。其余词类依此计算,相关的统计数据如表2-19所示。

表2-19 中古汉语中土文献词种按词类和音节的统计数据

词性大类	标记	单音词种数(个)	双音词种数(个)	多音节词种数(个)	复音词种占比(%)
非谓形容词	A	48	5	0	9.43
连词	C	30	47	0	61.04
副词	D	378	203	9	35.93
感叹词	I	3	2	0	40.00
名词	N	3031	9308	3096	80.36
定词	NE	53	21	1	29.33
量词	NF	134	17	0	11.26
代词	NH	45	48	1	52.13
介词	P	30	4	0	11.77
助词	T	47	19	0	28.79
动词	V	2431	4384	80	64.74

数据表明,不同词类的词种复音词占比并不一致。名词(N)中复音词种的占比超过80%,而且三音节及以上的形式已经超过了单音形式,在所有词类中是复音词种占比最高的。中土文献的单音形式名词如"麴/N""豉/N""坑/N",复音形式如"葱白/N""鸡子/N""丹砂/N""小

麦/N""孙兴公/N""殷荆州/N""黄门侍郎/N""秦太上公/N""国子祭酒/N"等。

动词(V)的复音词种占比为64.74%,仅低于名词。动词中典型的单音形式如"锄/V""捣/V""浇/V",复音形式如"接取/V""服食/V""料理/V""调和/V"等。

连词(C)的复音词种占比也超过了六成,略低于动词。连词中典型的单音形式如"或/C""并/C""但/C""并/C",复音形式如"非直/C""不如/C""而且/C""因此/C""以此/C""不但/C"等。再次是代词(NH),复音形式达到了总词种的半数以上,如"我辈/NH""汝等/NH""汝曹/NH""陛下/NH""足下/NH""贫道/NH"等。

其余词类的复音词种也占有一定的比例,例如副词(D)中的"然后/D""何以/D""莫不/D""大率/D""不过/D""何为/D"、定词(NE)中的"多少/NE""其余/NE""诸许/NE"、助词(T)中的"而已/T""且夫/T""若夫/T""云耳/T"等,但这些词类中的复音词种占比均不足一半,仍以单音形式为主。

中古汉译佛经文献中按照词类统计的词种数据如表2-20所示。数据表明,60.86%是名词,34.41%是动词,名词和动词两者合计占95.27%,占据所有词类中的绝大多数。其余词类中,除了副词达到2.38%之外,其余词类均不足1%,占比极低。总体上,主要词类的词种占比与同期中土文献基本一致。

表2-20 中古汉语佛经文献不同词类的词种统计数据

词性大类	标记	词种数量(个)	在全部词种中的占比(%)
非谓形容词	A	101	0.35①
连词	C	103	0.35

① 此处非谓形容词(A)、连词(C)和代词(NH)的数量分别是101、103和102个,占比分别是0.345%、0.352%和0.349%,并不相同,但是保留两位小数后,按照四舍五入的规则均为0.35%。

续　表

词性大类	标记	词种数量(个)	在全部词种中的占比(%)
副词	D	694	2.38
感叹词	I	8	0.03
名词	N	17763	60.86
定词	NE	133	0.46
量词	NF	132	0.45
代词	NH	102	0.35
介词	P	46	0.16
助词	T	63	0.22
动词	V	10042	34.41
	小计	29187	100.0

汉译佛经不同词类的词种复音词数量和占比差异较大,统计数据如表 2-21 所示。

表 2-21　中古汉语佛经文献词种按词类和音节的统计数据

词性大类	标记	单音词种数(个)	双音词种数(个)	多音节词种数(个)	复音词种占比(%)
非谓形容词	A	54	40	7	46.54
连词	C	35	66	2	66.02
副词	D	322	334	38	53.60
感叹词	I	3	4	1	62.50
名词	N	2119	9431	6213	88.07
定词	NE	52	42	39	60.90
量词	NF	116	11	5	12.12
代词	NH	45	57	0	55.88
介词	P	36	10	0	21.74
助词	T	46	16	1	26.98
动词	V	2162	7651	229	78.47

名词是复音词种占比最高的词类。佛经文献有17763个名词词种，其中单音词种2119个、双音词种9431个、三音节及以上的复音词种6213个，小计复音词种15644个，占比88.07%。值得注意的是，尽管双音词种仍占主要部分，但三音节以上的复音词种在佛经文献中也十分常见，其词种数量已经远超过单音词种。

动词的复音词种占比仅次于名词，在中古佛经文献中出现了10042个动词词种，其中单音词种2162个、双音词种7651个、三音节及以上的复音词种229个，小计复音词种7880个，占比78.47%。动词的双音形式比较多，三音节以上的仍比较少。

其余词类中，中古汉译佛经文献中出现了大量的双音连词、副词和代词，复音词种占比也超过了半数，表现出与同期中土汉语不同的面貌。双音连词例如"是故/C""于是/C""复次/C""假使/C""所以/C""及以/C""是以/C""正使/C""何况/C""不如/C""设使/C""若使/C""假令/C"等，双音副词例如"亦复/D""如是/D""云何/D""各各/D""未曾/D""皆悉/D""即便/D""悉皆/D""然后/D"等，双音代词例如"我等/NH""汝等/NH""彼等/NH""吾等/NH""此等/NH""是等/NH""斯等/NH""尔等/NH"等。非谓形容词、介词、量词的词种数量不多，复音词种的占比也未超过一半，仍以单音形式为主。

2.4.4 不同词类的中古汉语词例分布

本节分别就中土文献和佛经文献讨论其中不同词类出现的词例数量。

中土文献中各词类出现的词例数量如表2-22所示。若按照词次排序，出现最多的是动词(V)，复音词例的占比达到35.71%；其次为名词，占比达到34.59%。两者合计占比达到70%以上，占据了所有词例的大多数。

在其余词类中，副词(D)、助词(T)、定词(NE)、代词(NH)、介词(P)、连词(C)和量词(NF)处于第二档，它们的占比依次为9.78%、

5.52%、4.33%、3.83%、2.47%、2.23%和1.36%，合计占据了约30%。在中古中土文献中，非谓形容词和感叹词的比例很低。

表2‑22　中古汉语中土文献不同词类的词例统计数据

词性大类	标记	词例数量（个）	在全部词例中的占比（%）	每词种平均用例数（个）
非谓形容词	A	469	0.18	8.8
连词	C	5699	2.23	74
副词	D	24998	9.78	42.4
感叹词	I	10	0.004	2
名词	N	88467	34.59	5.7
定词	NE	11073	4.33	147.6
量词	NF	3473	1.36	23
代词	NH	9792	3.83	104.2
介词	P	6323	2.47	186
助词	T	14116	5.52	213.9
动词	V	91311	35.71	13.2
	小计	255731	100.00	

不同词类平均每一个词种出现的词例数也存在不同的特点。助词累计出现了14116个词例，但只有66个词种，平均每个词种出现了213.9例，是平均用频最高的词类。同处于第一梯队的还有介词、定词和代词，它们平均每个词种分别出现186个词例、147.6个词例和104.2个词例。这些词语法功能强、使用频率高，因而尽管词种数量较少，但每个词种的平均出现次数很高。

处于第二档的包括连词（C）、副词（D）和量词（NF），平均每词种出现74例、42.4例和23例。连词也是一类功能灵活的虚词，使用广泛。副词和量词的搭配能力较强。

处于第三档的是动词（V），平均每词种出现13.2个词例，处于第四档的是名词（N），平均每词种出现5.7个词例。这两类是构成所有词例的主要部分，但是平均每词种的出现次数并不高。注意到名词和动词两种的总词例数量差别不大,但名词词种的数量要多于动词词种。非谓形容词和感叹词的词例数量过低,此处不予讨论。

中土文献中,若按照词类对出现的词例的音节数量进行分类统计,则得到下述 2-23 表格。

表 2-23　中古汉语中土文献词例按词类和音节的统计数据

词性大类	标记	单音词例数(个)	双音词例数(个)	多音节词例数(个)	复音词例占比(%)
非谓形容词	A	460	9	0	1.92
连词	C	5158	541	0	9.49
副词	D	23856	1129	13	4.57
感叹词	I	8	2	0	20.00
名词	N	58816	24491	5160	33.52
定词	NE	10936	136	1	1.24
量词	NF	3429	44	0	1.27
代词	NH	9574	217	1	2.23
介词	P	6308	15	0	0.24
助词	T	13915	201	0	1.42
动词	V	83000	8161	150	9.10

在中古中土文献中,名词共计出现 88467 个词例,其中单音形式有 58816 个、双音形式为 24491 个、三音节及以上的复音形式为 5160 个,故复音词合计为 29651 个,占比为 33.52%。名词的复音化比例远高于其他词类。

连词的复音形式占也比较大,达到 9.49%,典型复音连词如"所以/C""于是/C""是以/C""然则/C""非直/C""而后/C""假令/C"等。

动词在中古中土文献中出现了 91311 个词例,以单音形式为主,计 83000 个,复音形式为 8311 个,复音形式占比为 9.10%,仍属于复音化比例较高的词类。

感叹词的出现次数极少,此处不考虑其复音词占比数据。上述词类之外的其他词类的复音形式占比普遍不高,如副词为 4.57%、代词为

2.23%、非谓形容词为 1.92%、助词为 1.42%、量词为 1.27%、定词为 1.24%、介词为 0.24%，尤其是介词可以认为几乎未复音化。

佛经文献中各词类出现的词例数量如表 2-24 所示。若按照词次排序，出现最多的是动词(V)，复音词例的占比达到 36.15%；其次为名词，占比达到 34.03%。两者合计占比达到 70% 以上，占据了所有词例的大多数，与中土文献的情况相似。

在其余词类中，副词(D)、代词(NH)、定词(NE)、助词(T)、介词(P)和连词(C)处于第二档，它们的占比依次为 8.95%、6.14%、5.08%、4.07%、2.78% 和 2.29%，它们合计占据了约 30%。与同期中土文献相比，代词出现的词例略多，助词的词例略少。量词的词例占比为 0.28%，比中土文献低。此外，非谓形容词和叹词的占比也很低，与中土文献占比接近。

表 2-24　中古汉语佛经文献不同词类的词例统计数据

词性大类	标记	词例数量（个）	在全部词例中的占比(%)	每词种平均用例数(个)
非谓形容词	A	2581	0.21	25.6
连词	C	28211	2.29	273.9
副词	D	110186	8.95	158.8
感叹词	I	330	0.03	41.3
名词	N	419076	34.03	23.6
定词	NE	62573	5.08	470.5
量词	NF	3491	0.28	26.4
代词	NH	75574	6.14	740.9
介词	P	34281	2.78	745.2
助词	T	50085	4.07	795
动词	V	445300	36.15	44.3
小计		1231688	100.00	

就总体而言,中古佛经文献平均每个词种出现了42.2个用例。但不同词类平均出现次数差异很大。助词平均每个词种出现了795个用例,介词为745.2个,代词为740.9个,三者非常接近,均处于第一梯队。

处于第二档的包括定词(NE)、连词(C)和副词(D),平均每词种分别出现470.5个、273.9个和158.8个用例。

处于第三档的是动词(V),平均每词种出现44.3个用例,处于第四档的是名词(N),平均每词种出现23.6个用例。与中土文献类似,这两类是构成所有词例的主要部分,但是平均每词种的出现次数并不太高。两者总词例数量差别不大,但名词词种的数量要多于动词词种。非谓形容词和量词的复音词占比与名词接近。感叹词的词例数量过低,此处也不予讨论。

中古佛经语料库的文本中,若按照词类对出现的词例的音节数量进行分类统计,则得到下述2-25表格。

表 2-25 中古汉语佛经文献词例按词类和音节的统计数据

词性大类	标记	单音词例数（个）	双音词例数（个）	多音节词例数（个）	复音词例占比(%)
非谓形容词	A	1565	102	914	39.36
连词	C	21878	6329	4	22.45
副词	D	98323	11664	199	10.77
感叹词	I	128	201	1	61.21
名词	N	233787	146403	38886	44.21
定词	NE	54952	6912	709	12.18
量词	NF	3270	199	22	6.33
代词	NH	71676	3898	0	5.16
介词	P	34052	229	0	0.67
助词	T	49349	735	1	1.47
动词	V	350170	93734	1396	21.36

在汉译佛经文献中，感叹词的词例数量只有 330 例，其中复音形式就有 202 例，复音占比很大，其中"呜呼/I"一词就达到 180 例，如：

"呜呼(I)大王太子已去。何以不觉。"（《普曜经》卷四）

名词共计出现 419076 个用例，其中单音形式 233787 个、双音形式 146403 个、三音节及以上的复音形式 38886 个，故复音词合计为 185289 个，占比为 44.21%。除感叹词之外，名词的复音化比例高于其他词类。

非谓形容词的单音形式为 1565 个、双音形式为 102 个、三音节及以上的复音形式为 914 个用例，复音形式占比达到 39.36%，略低于名词。尤其是三音节以上的词例很多，仅"阿耨多罗/A"就出现了 900 余例，它是梵语 Anuttara 的音译，意思是"无上"。

连词的复音形式占也比较大，达到 22.45%，典型复音连词如"是故/C""于是/C""复次/C""或复/C""假使/C""所以/C""及以/C""是以/C""虽复/C""正使/C""况复/C"等，这些连词与中土文献的选用有所差别，颇有佛经语言自身的特色。

动词在中古佛经文献中出现了 445300 个用例，其中单音形式 350170 个、双音形式 93734 个、多音节形式 1396 个，复音形式占比达到 21.36%，较中土文献要高不少。

副词在佛经文献中的词例复音形式占比为 10.77%，高于中土文献，表明复音副词在佛经中有较大的发展，例如"亦复/D""如是/D""云何/D""各各/D""未曾/D""皆悉/D""即便/D""悉皆/D""然后/D""何故/D""又复/D""应当/D""莫不/D""复更/D"等。

上述词类之外的其他词类的复音形式占比普遍不高，如量词为 6.33%、代词为 5.16%、助词为 1.47%、介词为 0.67%，但与同期中土文献相比，这些词的复音程度仍有一定提升。

2.5 近代汉语词汇音节形式面貌

近代汉语已经非常接近于现代汉语，本节仍基于语料库统计从词种和词例上勾勒近代汉语词汇系统的音节形式面貌。

2.5.1 近代汉语词种分布概况

首先，在近代汉语的110112词种中，按音节数量统计单音词、双音词和三音节及以上的复音词数据如表2-26所示。

表2-26 近代汉语词种按音节形式统计数据

音节形式		词种数量（个）	比例（%）
单音词		9729	8.84
复音词	双音词	75018	68.13
	多音节词	25365	23.03
	小计	100383	91.16
合计		110112	100

统计数据显示近代汉语语料库中的单音词为9729个，占词种总数的8.84%；双音词75018个，占68.13%；多音节词25365个，占23.03%。复音词种占据总词种的九成以上，占据词汇系统的绝对多数。

多音节词种在近代汉语有显著发展，常见的如"老太太/N""老人家/N""大官人/N""大奶奶/N"，此外派生式的复音词大量出现，例如"一会子/N""一家子/N""两口子/N""一辈子/N""耳刮子/N""五更头/N""手指头/N""屋角头/N""城门头/N"等。"儿化"的复音词也在这个时期得到了发展，如"媳妇儿/N""两口儿/N""一点儿/N""笑话儿/N""葫芦儿/N""一家儿/N"等。

2.5.2 近代汉语词例分布概况

近代汉语总计出现的5216352词例中，若按照音节划分，统计数据如表 2-27 所示。

表 2-27　近代汉语词例按音节形式的统计数据

音节形式		词例数量(个)	比例(%)	每词种平均用例数(个)
单音词		3985929	76.41	409.7
复音词	双音词	1109278	21.27	14.8
	多音节词	121145	2.32	4.8
	小计	1230423	23.59	12.3
合计		5216352	100	

在近代汉语中，单音词例总计出现 3985929 个，占总词例的 76.41%；双音词例总计出现 1109278 个，占总词例的 21.27%；三音节及以上的复音词例出现 121145 个，占总词例的 2.32%。单音词种尽管数量较复音词少得多，但平均到每个单音词的用例数量大，远高于复音词。因此，从词例的角度，近代汉语中单音词仍占据多数。就所有词种统计，近代汉语平均每个词种出现 47.4 个用例，但平均每个单音词种出现 409.7 个用例，而双音词种仅出现 14.8 个用例、多音节词种仅出现 4.8 个用例。单音词种在文本出现的频率极高，使得其词例占比仍处于优势。

2.5.3　不同词类的近代汉语词种分布

在近代汉语中，按照词类对语料库中的词种进行统计的结果如表 2-28 所示。

表 2-28　近代汉语不同词类的词种统计数据

词性大类	标记	词种数量(个)	在全部词种中的占比(%)
非谓形容词	A	1274	1.16
连词	C	273	0.25
副词	D	2832	2.57
感叹词	I	79	0.07

续 表

词性大类	标记	词种数量(个)	在全部词种中的占比(%)
名词	N	69684	63.28
定词	NE	329	0.30
量词	NF	895	0.81
代词	NH	765	0.70
介词	P	104	0.09
助词	T	283	0.26
动词	V	33594	30.51
	小计	110112	100.00

在近代汉语文献的全部词种中,名词数量最多,占据全部词种数量的63.28%,其次是动词,占比为30.51%,两者合计占93.79%,占据了所有词种的绝大多数。在其余词类中,按占比依次是副词2.57%、非谓形容词1.16%、量词0.81%、代词0.70%、定词0.30%、助词0.26%、连词0.25%、介词0.09%、感叹词0.07%。

不同词类中复音形式的词种占比是不同的。以名词为例,近代汉语有69684个名词词种,其中单音词4081个、双音词45339个、多音节词20264个,双音节和多音节词合计为复音词65603个,占比94.14%。再以动词为例,近代汉语有33594个动词词种,其中单音词3789个、双音词25882个、多音节词3923个,复音词的占比为88.72%。近代汉语各词类中不同音节的词种数量及复音词的占比如表2-29所示。

表2-29 近代汉语词种按词类和音节的统计数据

词性大类	标记	单音词种数(个)	双音词种数(个)	多音节词种数(个)	复音词种占比(%)
非谓形容词	A	232	814	228	81.79
连词	C	57	190	26	79.12

续 表

词性大类	标记	单音词种数（个）	双音词种数（个）	多音节词种数（个）	复音词种占比（%）
副词	D	540	1641	651	80.93
感叹词	I	38	34	7	51.90
名词	N	4081	45339	20264	94.14
定词	NE	114	147	68	65.35
量词	NF	556	328	11	37.88
代词	NH	97	497	171	87.32
介词	P	72	32	0	30.77
助词	T	153	114	16	45.94
动词	V	3789	25882	3923	88.72

数据表明，在名词(N)和动词(V)中，绝大部分都是复音形式，尤其是三音节以上的名词和动词得到了长足发展，词种数量超过了同类的单音形式。典型的多音节名词形式如"孩子家/N""舅太爷/N""眼珠子/N""地网天罗/N""四方八面/N""千言万语/N"等，动词多音节形式如"怎么样/V""不得已/V""没奈何/V""笑嘻嘻/V""差不多/V""战兢兢/V""巴不得/V""大惊小怪/V""念念有词/V""无可奈何/V""喜不自胜/V"等。

其余词性大类中，代词(NH)、副词(D)、非谓形容词(A)、连词(C)的复音词种占比也很高。复音形式的代词如"甚么/NH""我们/NH""自己/NH""自家/NH""别人/NH""各自/NH"等，副词如"如何/D""不曾/D""怎么/D""如此/D""原来/D""那里/D""恁地/D"等，非谓形容词如"描金/A""原旧/A""五短/A""水磨/A""雕漆/A""绣花/A"等，连词如"所以/C""因此/C""虽然/C""于是/C""况且/C"等。

感叹词(I)也出现了不少复音形式，如"阿呀/I""哎哟/I""噫嘻/I""唉呀/I"等。即使是助词(T)、量词(NF)和介词(P)，复音形式也有很大的发展，复音形式的词种占比能达到30%以上。助词(T)的例子如

"而已/T""云云/T""也无/T""以来/T"等,量词(NF)如"板子/NF""回合/NF""盘子/NF""碟子/NF""场子/NF"等,介词(P)如"自从/P""至于/P""及至/P""在于/P""比及/P""打从/P""除却/P"等。

综上所述,近代汉语名词和动词的复音形式词种占比很高,而且出现了大量的多音节形式,同时几乎所有词类,无论是实词还是虚词,各词类的复音形式都有了很大的发展。

2.5.4　不同词类的近代汉语词例分布

若按照词次的标准,近代汉语不同词类的词次数量、占比和平均用次的统计数据如表2-30。其中,词次数是指对应词类的全部词例数量,占比是指在所有词类总词例中的占比。

表2-30　近代汉语不同词类的词例统计数据

词性大类	标记	词例数量（个）	在全部词例中的占比(%)	每词种平均用例数(个)
非谓形容词	A	16396	0.31	12.9
连词	C	76289	1.46	279.4
副词	D	588536	11.28	207.8
感叹词	I	777	0.02	9.8
名词	N	1553598	29.78	22.3
定词	NE	207010	3.97	629.2
量词	NF	113639	2.18	127
代词	NH	315358	6.05	412.2
介词	P	125612	2.41	1207.8
助词	T	335793	6.44	1186.5
动词	V	1883344	36.10	56.1
小计		5216352	100.00	

根据词例占比,在近代汉语行文中出现最频的是动词(V),达到

36.10%,其次是名词(N),达到 29.78%,两者合计 65.88%,构成了词例的主要部分。动词的用例超过了名词。

副词(D)的词例占比为 11.28%,处于第二档,副词占比较高与动词的更频繁使用有密切的关系。随后依次是助词(T)、代词(NH)、定词(NE)、介词(P)、连词(C),占比分别是 6.44%、6.05%、3.97%、2.41% 和 1.46%,这些词类具有重要的语法功能,它们大体占据了文本中的五分之一。占比最低的是非谓形容词(A)和感叹词(I),分别为 0.31% 和 0.02%。

名词的词例总计为 1553598 个,词种为 69684 个,平均每个词种出现了 22.3 例。类似的,动词每词种平均出现 56.1 例。在所有的词类中,平均每词种出现次数最高的是介词(P)和助词(T),均达到 1000 例以上。其次是定词(NE)、代词(NH)、连词(C)、副词(D)和量词(NF),均超过 100 例。动词(V)和名词(N)的平均每词种用例数并不高,几乎处于末游地位。

在近代汉语语料库文本中,不同词类的词例中单音形式和复音形式的占比也存在较大的差异。以名词为例,名词共出现 1553598 次,其中单音形式 765496 次、双音形式 685145 次、三音节及以上的复音形式 102957 次,复音词总计 788102 次,占全部词例的 50.73%。其他词类的复音词例占比如表 2-31 所示。

表 2-31 近代汉语词例按词类和音节的统计数据

词性大类	标记	单音词例数(个)	双音词例数(个)	多音节词例数(个)	复音词例占比(%)
非谓形容词	A	13821	2220	355	15.71
连词	C	60107	15948	234	21.21
副词	D	510977	74973	2586	13.18
感叹词	I	564	195	18	27.41
名词	N	765496	685145	102957	50.73

续表

词性大类	标记	单音词例数(个)	双音词例数(个)	多音节词例数(个)	复音词例占比(%)
定词	NE	194011	12430	569	6.28
量词	NF	111817	1808	14	1.60
代词	NH	276308	38382	668	12.38
介词	P	124049	1563	0	1.24
助词	T	326457	9143	193	2.78
动词	V	1602322	267471	13551	14.92

在表2-31中,名词词例的复音化比例遥遥领先其他主要词类,单音形式和复音形式在行文中几乎各占一半。其次,感叹词(I)和连词(C)词例复音形式的占比较高,分别达到27.41%和21.21%。动词词例的复音形式占比也达到了14.92%,表明动词虽然仍以单音形式为主,但复音形式到了近代汉语时期也有一定的发展。非谓形容词(A)、副词(D)、代词(NH)的复音形式词例占比分别是15.71%、13.18%、12.38%,与动词的比例接近。定词(NE)、助词(T)、量词(NF)和介词(P)的复音词例占比最低,分别是6.28%、2.78%、1.60%和1.24%,仍然以单音节形式为主。

2.6 上古至近代汉语词汇音节形式发展量化分析

本节将结合上述三个不同断代共时层面的描写,从历时层面整体呈现自上古至近代汉语音节形式的发展趋势。

2.6.1 上古至近代词种的发展趋势

词种不计重复,侧重于反映词汇系统中词的丰富程度。本节汇总上古、中古和近代的代表性文献中的词种数目,对比描写不同时期汉语词汇系统的总体面貌。

表 2-32　上古至近代不同时期的词种统计

时期	单音词种(个)	双音词种(个)	多音节词种(个)	总词种(个)
上古	9040	37201	5395	51636
中古	7407	28411	9683	45501
近代	9729	75018	25365	110112

表 2-32 为各时期词种总数及不同音节词种数量的统计，其中中古时期的数据是合并了中土文献和汉译佛经文献的汇总结果。

首先，不同时期的词种数量在一定程度上受到了语料规模和语料特点的影响。上古和近代语料均为中土文献，前者为 157.1 万字，后者为 658.7 万字，后者大约是前者的四倍，因此近代汉语词种数量也最大。中古时期中土文献的语料规模相对较小，仅为 30.4 万字，汉译佛经文献尽管有 161.5 万字，但受限于其内容，词种数量相对有限。本章选取不同时期的典型若干文献，作为不同时期词汇系统的投影，以管窥不同时期词汇系统核心的、主要的词汇特征。

其次，从词种数量来看，从上古到近代，尤其中古和近代都存在大量承古词，因此词种总数大体呈现出不断增加的趋势。单音词的数量基本维持在 9000 左右，复音词在上古期间已经占据了词汇系统的多数，近代汉语的复音词种的优势更为凸显，如图 2-2 所示。其中，三音节以上的复音词在上古时期占比很少，从中古时期开始已经略超过单音词，到了近代汉语则在占比上显著超越单音词，成为词汇系统中仅次于双音形式的重要组成部分。词汇系统作为一种语言或某一特定范围内所有词的集合范畴，是就某一共时平面而言的，但是任何共时平面的词汇系统都是经过漫长时期累积融合而成的。中古和近代汉语不同共时层面的文献，其词汇系统中除了本时期新出现的词语之外，必定还会继承大量前期汉语的词语。

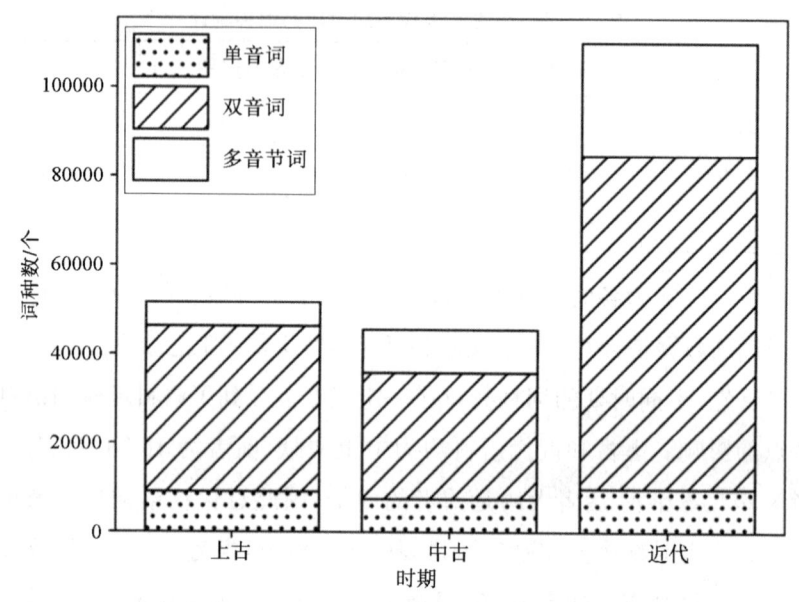

图 2-2 上古至近代不同时期的词种统计

再次,就不同时期的新产词种而言,复音词的能产性显著高于单音词。中古时期新产词是指见于中古时期语料(中土文献或佛经文献)但不见于上古语料的词;近代时期的新产词是指见于近代语料但不见于上古和中古语料的词,具体数据如表 2-33 所示。中古时期新产的单音词仅有 2239 个,而双音词则达到 22747 个,多音节词 9558 个,复音新词的占比为 93.52%。近代汉语的情况也非常类似,新产单音词仅为 2838 个,而双音词则达到 58460 个,三音节及以上的复音词达到 24409 个,复音新词占比为 96.69%。数据如图 2-3 所示。

表 2-33 中古和近代不同时期的新产词种统计

时期	新产单音词种(个)	新产双音词种(个)	新产多音节词种(个)	新产总词种(个)	复音新词种占比(%)
中古	2239	22747	9558	34544	93.52
近代	2838	58460	24409	85707	96.69

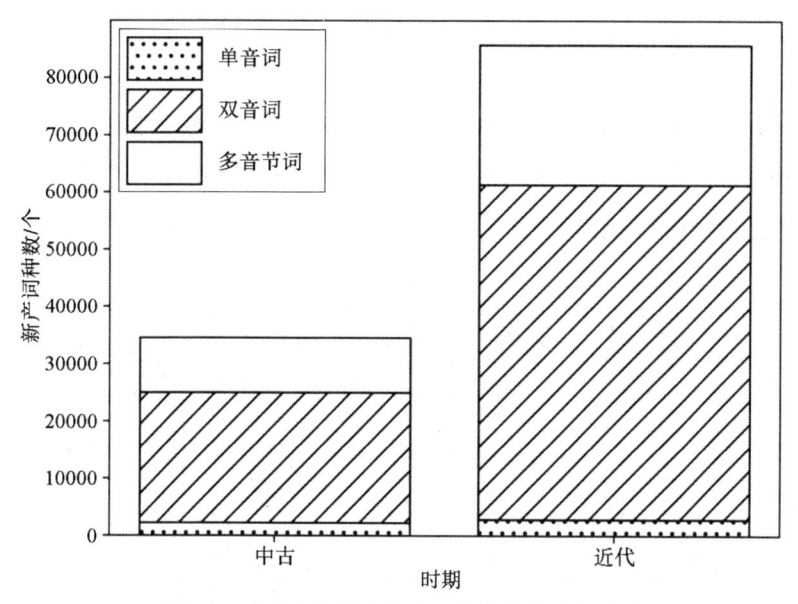

图 2-3 中古和近代新产词种的音节形式统计

最后，语言接触对新产词种的音节形式存在一定的影响。中古时期，中土文献和佛经文献产生的中古数据如表 2-34 所示，中土文献中单音形式的新产词种数量高于同期佛经文献，复音词种低于同期佛经文献，新产的复音新词占比在中土文献中为 89.24%，在佛经文献中达到 94.57%，尤其是佛经中的三音节及以上的多音词占比很高。值得注意的是，中古汉语中土文献的规模远低于汉译佛经文献，因而中土文献的各类词种数量通常应该少于汉译佛经文献。然而，中土文献的新产单音词种高于佛经文献，表明中古时期中土文献新产词中单音形式仍有旺盛的生命力。

表 2-34 中古不同性质文献中的新产词种统计

文献性质	新产单音词种(个)	新产双音词种(个)	新产多音节词种(个)	新产总词种(个)	新产复音新词种占比(%)
中土文献	1593	10145	3068	14806	89.24
佛经文献	1199	14380	6521	22100	94.57

2.6.2 上古至近代词例的发展趋势

词例反映了不同时期语料行文过程中词语的拣择使用情况,即从词频视角考察不同时期汉语词汇单复音词汇形式的使用情况。不同时期、不同性质的语料中按照音节形式统计的词例占比数据如图2-4所示。

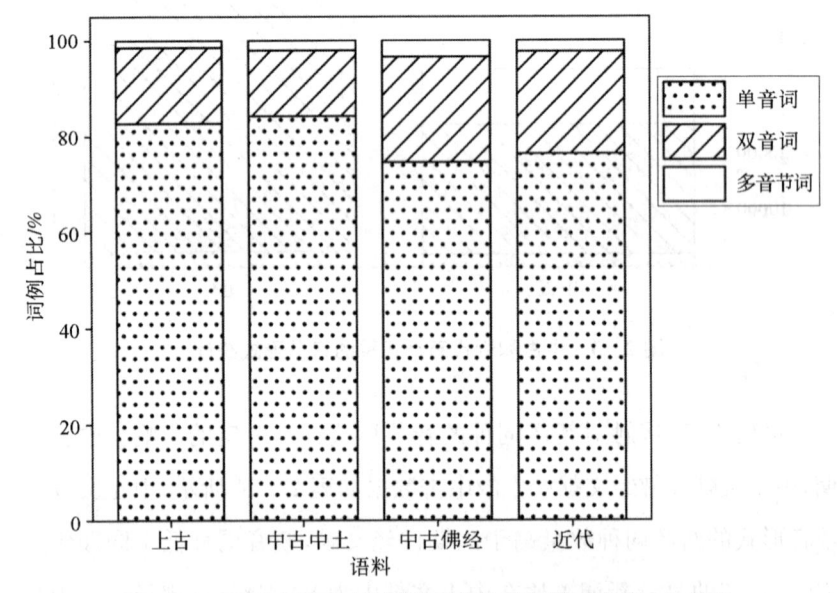

图2-4 不同时期不同性质语料中各种音节形式的占比状况

首先,从上古到近代,单音词例的占比始终处于优势地位,一般不低于70%,这表明单音词一直是汉语词汇系统的核心骨架和主要构成部分,更是滋生新词的原材料。

其次,单音词例的占比大体上呈现下降的趋势,复音词例的占比呈现上升趋势。从数据上看复音词例占比从上古时期的17.28%发展到近代时期的23.59%,总体上表现出复音化的特征。与单音词相比,复音词表义明晰,复音词例占比提升,一方面是伴随着社会经济生产生活的发展,需要使用大量复音新词表达新生事物和概念;另一方面也与汉语韵律等自身语言的发展有关。

以上共涉及上古汉语14部文献、中古27部文献、近代18部文献,总计 59 部专书,这些文献从春秋时期到清代,横跨两千年左右,本节选用专书复音词例占比指标,对这 59 部文献复音词例占比进行了统计分析,复音词例占比情况如表 2-35 所示。

表 2-35 专书文献复音词例占比数据统计

类型	书名	单音词例（个）	复音词例（个）	复音词例占比（%）
上古文献	《诗经》	20237	4709	18.88
	《礼记》	70523	13455	16.02
	《左传》	132558	29097	18.00
	《国语》	51364	9095	15.04
	《战国策》	90750	15029	14.21
	《论语》	12303	1730	12.33
	《孟子》	26077	4529	14.80
	《墨子》	55132	9691	14.95
	《荀子》	54746	9993	15.44
	《韩非子》	78902	13130	14.27
	《吕氏春秋》	73591	12692	14.71
	《商君书》	16160	1956	10.80
	《管子》	92772	16569	15.15
	《史记》	317080	86490	21.43
中古中土文献	《抱朴子内篇》	55405	8822	13.74
	《世说新语》	40620	9339	18.69
	《齐民要术》	81278	11561	12.45
	《洛阳伽蓝记》	17932	5296	22.80
	《颜氏家训》	20225	5253	20.62
中古佛经文献	《阴持入经》	6835	1200	14.93
	《道地经》	6177	1046	14.48
	《道行般若经》	40257	13240	24.75
	《中本起经》	13182	3852	22.61
	《修行本起经》	8434	2871	25.40

续 表

类型	书名	单音词例（个）	复音词例（个）	复音词例占比（%）
中古佛经文献	《义足经》	12804	2364	15.59
	《菩萨本业经》	3006	1084	26.50
	《六度集经》	46539	9671	17.21
	《正法华经》	43614	19560	30.96
	《生经》	27899	9462	25.33
	《普曜经》	35076	13739	28.15
	《光赞经》	47281	20420	30.16
	《大楼炭经》	26022	8930	25.55
	《法句譬喻经》	27212	7420	21.43
	《出曜经》	136949	39323	22.31
	《大庄严论经》	59040	17651	23.02
	《妙法莲华经》	36917	14830	28.66
	《维摩诘所说经》	15148	5274	25.83
	《悲华经》	40882	19257	32.02
	《百喻经》	11734	2770	19.10
	《贤愚经》	79241	23076	22.55
	《佛本行集经》	194901	75498	27.92
近代文献	《敦煌变文集新书》	160450	49125	23.44
	《祖堂集》	118115	32413	21.53
	《朱子语类》	1002570	224038	18.26
	《大唐三藏取经诗话》	5098	1700	25.01
	《新刊大宋宣和遗事》	32254	10784	25.06
	《五代史平话》	53606	20282	27.45
	《全相平话五种》	110992	34280	23.60
	《元刊杂剧三十种》	69592	23739	25.44
	《老乞大谚解》	9744	3126	24.29
	《朴通事谚解》	14268	4690	24.74

续 表

类型	书名	单音词例（个）	复音词例（个）	复音词例占比（%）
近代文献	《水浒传》	392066	153631	28.15
	《西游记》	321164	97359	23.26
	《金瓶梅》	351938	134527	27.65
	《平妖传》	109227	36673	25.14
	《醒世姻缘》	376043	117950	23.88
	《儒林外史》	156654	52295	25.03
	《红楼梦》	418898	139816	25.02
	《歧路灯》	283250	93995	24.92

我们按照语言发展先后，将表2-35绘制成图2-5。图中，以虚线所示将上古、中古和近代文献分开，中土文献以三角符号表示，佛经文献以十字符号表示，每个三角或十字符号表示一部文献。

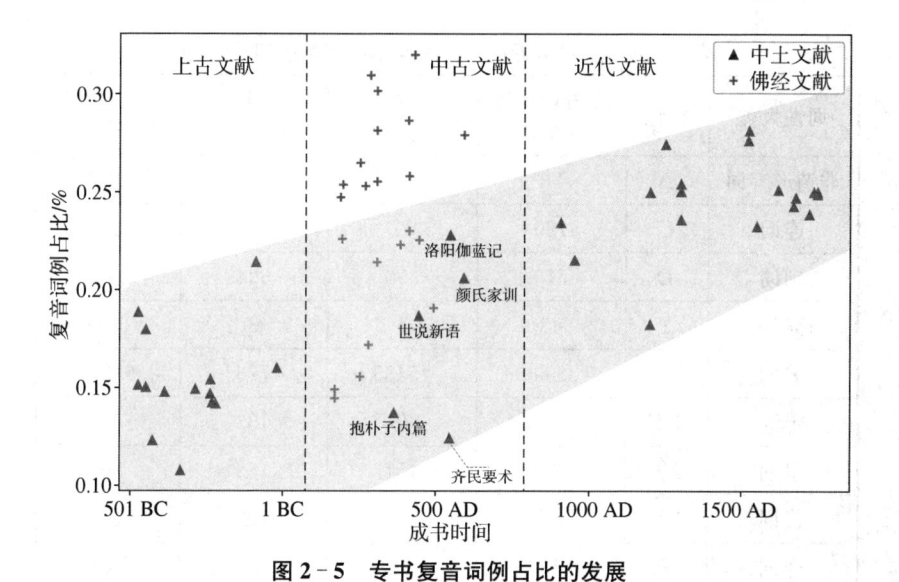

图 2-5 专书复音词例占比的发展

将表2-35与图2-5结合起来，我们可以看到，从上古到近代汉语，随着时间的推移，复音词从整体上呈现一种缓慢发展并增长的趋势。上古汉语文献的复音词例占比不高，不超过22%。进入中古之后，部分中土文献(三角符号且标注了文献名称)例如《抱朴子内篇》与《齐民要术》的复音词例占比大体与上古汉语相当,随时间的发展部分文献复音词例占比呈现上升的趋势,在《洛阳伽蓝记》《颜氏家训》中较为显著。中古时期的汉译佛经文献(以十字符号标记)总体上要高于同时期的中土文献,部分佛经文献如《正法华经》《悲华经》等超过了30%。但也有例外的情况,例如《阴持入经》《道地经》的复音词例占比仅为14%左右。近代汉语时期,复音词例的占比总体上呈现上升趋势,最高可达25%以上。大体在2000年的时间跨度上,汉语专书中的复音词例占比提升了大约10%。

2.6.3 不同词类的上古至近代词种发展分析

本节讨论不同时期不同词类的词种宏观发展情况,不同词类的词种发展整体呈现不均衡的情况,见表2-36。

表2-36 上古至近代不同时期不同词类的词种统计

词性大类	标记	上古词种数(个)	中古中土词种数(个)	中古佛经词种数(个)	近代词种数(个)
非谓形容词	A	20	53	101	1274
连词	C	120	77	103	273
副词	D	513	590	694	2832
感叹词	I	43	5	8	79
名词	N	38099	15435	17763	69684
定词	NE	67	75	133	329
量词	NF	97	151	132	895
代词	NH	189	94	102	765
介词	P	52	34	46	104
助词	T	106	66	63	283
动词	V	12330	6895	10042	33594
小计		51636	23475	29187	110112

从数量上看,名词和动词始终为各时期词种的大宗。从发展上看,上古时期的名词词种从约 3.8 万发展到近代的近 7 万,动词从 1.2 万发展到约 3.4 万,表现出蓬勃的活力。其他词种自上古到近代也均有不同程度的发展。

从占比上看(见表 2-37),名词词种在所有词种中的占比逐步下降,动词词种的占比逐步上升,其他词种主体上也呈现上升趋势。名词在上古时期占比 73.78%,到了中古中土文献中降至 65.75%,到近代汉语则降至 63.29%。这是由于语料库的词种分布是不同时期词汇系统的一个投影,一定程度上会受到语料规模的影响。但在一定范围的投影内,不同词种的比例关系仍有一定价值。总体上来说,实词的发展相对迅速,虚词的发展相对缓慢。

表 2-37　上古至近代不同时期不同词类的复音词种占比统计

词性大类	标记	复音词种占比(%)			
		上古	中古中土	中古佛经	近代
非谓形容词	A	45.00	9.43	46.54	81.79
连词	C	41.67	61.04	66.02	79.12
副词	D	21.05	35.93	53.60	80.93
感叹词	I	41.86	40.00	62.50	51.90
名词	N	88.51	80.36	88.07	94.14
定词	NE	17.91	29.33	60.90	65.35
量词	NF	27.84	11.26	12.12	37.88
代词	NH	37.04	52.13	55.88	87.32
介词	P	9.62	11.77	21.74	30.77
助词	T	10.38	28.79	26.98	45.94
动词	V	69.46	64.74	78.47	88.72

上古时期仅有名词、动词词种中的复音词占比超过半数,到了近代汉语,除了量词、介词和助词之外的词类中的复音词种比例均超过半

数。从发展上看,处于领跑地位的依次是名词、动词、代词和副词,值得关注。

2.6.4 不同词类的上古至近代词例发展分析

行文过程中,由于语义表达(主要是实词)和语法表达(主要是虚词)的需要,不同的词类均有出现。不同词例在所有词例中出现的占比与同期的汉语词汇系统和语法规律有关,例如名词和动词出现的较多,也不可避免选用助词和介词等。在各时期的语言系统中,不同词类词例出现的比例是重要指标。

表 2-38 为不同词类的词例占比,如名词词例占上古时期总词例的 35.03%,到了中古中土文献中降至 34.59%,在近代汉语中降至 29.78%。

表 2-38 上古至近代不同时期不同词类的词例占比统计

词性大类	标记	对应词类的词例数占总词例数的比例(%)			
		上古	中古中土	中古佛经	近代
非谓形容词	A	0.20	0.18	0.21	0.31
连词	C	4.46	2.23	2.29	1.46
副词	D	7.18	9.78	8.95	11.28
感叹词	I	0.02	0.00①	0.03	0.02
名词	N	35.03	34.59	34.03	29.78
定词	NE	2.01	4.33	5.08	3.97
量词	NF	0.19	1.36	0.28	2.18
代词	NH	8.13	3.83	6.14	6.05
介词	P	4.09	2.47	2.78	2.41
助词	T	6.63	5.52	4.07	6.44
动词	V	32.06	35.71	36.15	36.11

从占比上看,名词和动词仍是最多的。尤其是动词词例占比在中

---

① 实际数值为 0.004,按四舍五入记为 0.00。

古时期已经超过名词词例。

从发展上呈现上升趋势的是动词、副词、定词和量词,呈现下降趋势的是名词、介词和连词,呈现波动趋势的是代词,表明在中古时期代词也有特殊的发展。其余词类基本维持在一个相对稳定的比例。

从上古到近代的发展过程中,各词类的复音词例占比也是不同的,如表2-39所示。

表2-39 上古至近代不同时期不同词类复音词例占比统计

词性大类	标记	各词类词例中复音占比(%)			
		上古	中古中土	中古佛经	近代
非谓形容词	A	0.54	1.92	39.37	15.71
连词	C	8.82	9.49	22.45	21.21
副词	D	1.84	4.57	10.77	13.18
感叹词	I	40.60	20.00	61.21	27.41
名词	N	41.50	33.52	44.21	50.73
定词	NE	0.09	1.24	12.18	6.28
量词	NF	3.51	1.27	6.33	1.60
代词	NH	2.16	2.23	5.16	12.38
介词	P	0.05	0.24	0.67	1.24
助词	T	0.44	1.42	1.47	2.78
动词	V	6.21	9.10	21.36	14.92

名词在上古时期的复音词例比例在41.50%,到近代汉语中提升到50.73%;动词从6.21%提升到近代汉语的14.92%,几乎所有的词类中复音词例的比例都呈现上升趋势。非谓形容词和感叹词的词例总体占比很低,不考虑。

此外值得注意的是多音节词的情况。由于名词和动词构成了词例的大宗,此处仅展示名词和动词中三音节及以上复音词的情况,如表2-40所示。三音节及以上复音词在名词中从总词例的4.20%提升到6.63%,但动词词例仅有不足1%为三音节及以上。这表明多音节的复音词仍以名词为主。

表2-40　上古至近代不同时期名词和动词词例中的多音节词占比统计

词类	各词类词例中多音节形式占比(%)			
	上古	中古中土	中古佛经	近代
N	4.20	5.83	9.28	6.63
V	0.07	0.16	0.31	0.72

2.7　小结

本章首先根据学界对上古、中古和近代汉语的分期,充分利用已有的语料库资源,拣择筛选出各时期可靠且具有代表性的文献,夯实了用于后续研究的分期语料来源;进而,明确了具体的统计方法和词种、词例、词类及成词时间(传承词和新词)等统计维度;随后,聚焦于音节形式,对上古、中古和近代的词汇系统中从多个维度进行了量化描写;最终,本章量化呈现出从上古至近代词汇语音形式的发展趋势。

数据分析表明,自上古至近代汉语词汇系统的音节形式发展存在下述规律。

第一,汉语的发展是一个连续统,传承是词汇发展演进的主流。上古时期的大量词种传承到中古和近代汉语时期仍在继续使用,体现了语言发展过程中的稳定性。各时期的新产词与传承词并存于词汇系统中,相互竞争,动态发展。

第二,汉语词汇从词种和词例上均存在显著的复音化趋势,即无论是数量还是使用频率上,复音形式在词汇系统中表现出不断增加的趋势。从词种上看,包含大量专有名词等的复音词种自上古开始就占据着词汇系统的多数,单音词处于少数。各时期的新产词中,复音词种也占据绝对多数。从词例上看,文献行文中的复音词占比从上古的

17.28%提升到近代的23.59%左右。

第三，名词和动词作为词汇系统的两大宗，一直是推动汉语词汇系统语音形式演变的主要词类，代词和副词也是汉语词汇语音形式发展过程中比较活跃和值得关注的词类。在各时期的词种总数和新产词种总数中，名词和动词均占据了绝对主要的地位，数量远超其他词类，而复音词种在名词和动词中又占据绝对优势。在词例上，名词和动词各占据三分之一左右，两者合计仍然是行文过程中的词类大宗。自上古至近代，各词类的词例复音形式占比均有一定的发展，近代汉语中名词词例的复音形式已经超过半数，动词则从上古时期的6.21%提升到近代汉语中的14.92%，增长了一倍有余。因此，抓住了名词和动词，就抓住了汉语词汇复音形式发展的关键。副词和代词在词种数量和词例占比上则弱于名词和动词，处于第二梯队。

第四，不同性质语料中的词汇复音形式发展是不均衡的。中古汉语存在两类不同性质的语料，即中土文献与汉译佛经文献，前者主要反映了汉语自身的发展，后者受到了以梵文为主的源头语的影响。仅出现在汉译佛经中的词种或仅出现在中土文献中的词种在数量上远远多于共现在中土文献和佛经文献中的词种，这表明两种不同性质的文献在词汇上有着显著差异。汉译佛经的词种、词例的复音占比数据均显著高于同期的中土文献，且存在着大量的三音节及以上的多音节词。这些都表明中土文献和汉译佛经文献在词汇音节形式发展上存在不同的特征。

第三章　上古至近代汉语词汇高频词单复音节形式分析

高频词是词汇系统的核心,具有较强的代表性和实用性。本章将在刻画各时期词汇系统整体面貌的基础上,进一步聚焦于高频词范围,考察上古文献、中古中土文献和汉译佛经文献、近代文献中高频词中的语音形式特点,呈现不同时期汉语高频词音节形式的发展趋势,并分析其特点。

3.1　高频词与稳健平均词频

词频(Term Frequency,TF)是指文本中给定词种出现的词例数与总词例数的比值。高频使用的词通常表示对应词种在文本中有更多的重复出现,因此高频词通常是词汇系统的核心部分,也是词汇研究的重点。

为了界定语料库中的高频词,最直接的方法就是统计所有词种对应的词频,根据词频进行依次排序。然而,语料库词频统计存在如下两个主要的问题。

首先,篇幅较长的文献对高频词统计有很大的影响。举例而言,上古时期文献总计157.1万字,其中《史记》为50.3万字,单篇文献就占上古语料库规模的三分之一,因此若直接按照整体语料库进行词频统计,那么《史记》单篇文献中的高频词就有可能直接成为总体语料库中的高频词,这样不能客观准确地反映上古汉语的词汇面貌。例如,"匈奴/N"

在上古整个语料库中共计出现 417 次,其中 2 次出现在《战国策》,其余 415 次均出现在《史记》中。仅凭借在《史记》中出现的用例,"匈奴/N"的词例数量就可以进入上古语料库的前 500 位。类似的情况还有"太史公/N",共有词例 159 次,均出现在《史记》中,且居上古语料库词频前 1000 位。显然,若仅基于词频判定,篇幅较大文献中的高频词就比较容易进入整个语料库的高频词集合,如《史记》中的"匈奴/N"和"太史公/N"等,这显然是不尽合理的。由于古代汉语文献尤其是具有影响力的传世文献数量有限,语料库的规模也受到较大限制,个别篇幅较大的语料对词频的影响值得关注。

其次,词频并不能反映词种在不同文献中普遍出现的能力。仍以上古语料库中的词种为例,它们既可能仅出现在 1 部文献中,例如上文提到《史记》中的"太史公/N",也可能出现在全部的 14 部上古文献中,如助词"之/T"。如表 3-1 所示,在上古汉语的 51636 个词种中,有 35133 个仅出现在 1 部文献中,占总词种的 68.04%,也就是大部分词种在语料库中只有一部文献作为"孤证"。在全部 14 部文献中均有出现的词种只有 440 个,不足总词种的 1%。本书将词种能在多部文献出现的性质称为"普现性"。具有普现性的通常是不受到文献的体裁、内容、篇幅的限制的词种,主要是语言的核心词或具有重要语法功能的虚词。

表 3-1　上古汉语各词种所出现的文献部数统计

所出现的文献数(部)	词种数量(个)
1	35133
2	6993
3	2951
4	1548
5	1011
6	759

续　表

所出现的文献数(部)	词种数量(个)
7	584
8	438
9	399
10	346
11	343
12	320
13	371
14	440

无论是"高频",还是"普现",都有助于找出词汇系统中相对重要的词,但二者又不完全一致。过分强调"高频"容易受到个别篇幅较长、出现频率高的词种影响;过分强调"普现",则篇幅较短、词种较少的文献又会严重限制词种数量。为相对均衡地提取"高频"兼具"普现"特点的词,本书提出一种基于稳健平均值(Robust Average Term Frequency)的高频词认定方案,它既考虑词种在各部文献中的词频,摒弃其中过高和过低的值,又对未摒弃的相对合理的词频值进行平均作为最终的词频指标。具体而言,首先对给定的词种计算其在所有文献中的词频,然后删去这些词频中一定比例的最大值和最小值,最后对剩下的数值求平均值即可。实际操作举例如下,假设上古汉语语料库仅保留《诗经》《论语》《孟子》《商君书》与《史记》等5部,以"国/N"为例,它在这5部文献中出现的词例数和词频如表3-2所示。

表3-2　"国"在上古汉语5部文献中的出现情况统计

文献	总词例数（个）	"国"的词例数（个）	"国"的词频（次/每万词例）	备注
《诗经》	24949	15	6.01	
《论语》	14033	7	4.99	最小值,不计入
《孟子》	30606	55	17.97	

续 表

文献	总词例数（个）	"国"的词例数（个）	"国"的词频（次/每万词例）	备注
《商君书》	18116	251	138.55	最大值，不计入
《史记》	403570	966	23.94	
稳健平均词频			15.97	

由表 3-2 可见，"国/N"在 5 部文献中均有出现，但出现的次数存在较大差异：最高的是《商君书》，达到每万词例出现 138.55 次；最低的是《论语》，为每万词例 4.99 次。此处，将最高和最低的 1 部文献不计入统计，取其余三部文献的词频进行平均，得到每万词例 15.97 次作为"国/N"在上古语料库中的词频估计值。

根据上述稳健平均词频指标，本书将所有词种进行排序，选择其中具有最高稳健平均词频的词种作为高频词。这种操作方法要求高频词不仅有较高的出现总次数，同时也要求它们尽可能均匀地分布在各文献中。特别的，如果仅有少量文献中收录了某一词种，则根据上述评价标准它很可能无法被认定为高频词。在后文不引起混淆的情况下，稳健平均词频也简称为"平均词频"或"词频"。

3.2 上古汉语高频词音节形式分析

上古汉语中若按照出现的词例数量进行排序，统计结果如表 3-3 所示，此处限于篇幅仅列出前 100 位高频词。表 3-3 中，出现最多的是助词"之/T"，词频为每万词例 310.38 次，随后依次是"不/D""也/T""而/C""之/NH"等。在前 100 位高频词中，绝大部分是单音词，仅有 4 个双音词，即"天下/N"（频序号 32 位）、"君子/N"（频序号 59 位）、"诸侯/N"（频序号 69 位）和"可以/V"（频序号 95 位），尤其是"君子/N"和"诸侯/N"体现了上古汉语的时代特点。

表 3-3　上古汉语前 100 位高频词

频序号	词形	词类	词频（次/每万词例）
1	之	T	310.38
2	不	D	305.83
3	也	T	287.87
4	而	C	239.80
5	之	NH	198.76
6	以	P	180.22
7	其	NH	170.36
8	曰	V	169.62
9	于	P	140.66
10	有	V	111.55
11	者	NH	107.13
12	则	C	105.06
13	为	V	102.59
14	人	N	82.79
15	矣	T	64.85
16	所	NH	64.44
17	无	V	61.68
18	可	V	50.05
19	必	V	49.68
20	故	C	48.26
21	能	V	41.00
22	民	N	40.22
23	得	V	39.64
24	谓	V	38.65
25	此	NH	37.38
26	使	V	37.09
27	是	NH	35.48

续　表

频序号	词形	词类	词频（次/每万词例）
28	知	V	35.25
29	君	N	34.05
30	国	N	32.92
31	一	NE	32.49
32	天下	N	30.54
33	乎	T	28.56
34	行	V	28.40
35	三	NE	26.87
36	非	D	26.57
37	何	NH	26.12
38	见	V	26.07
39	欲	V	26.01
40	今	N	25.87
41	与	P	25.73
42	焉	NH	25.38
43	在	V	25.03
44	夫	NH	24.92
45	我	NH	24.91
46	吾	NH	24.72
47	王	N	24.37
48	者	T	23.96
49	上	N	22.55
50	皆	D	22.18
51	道	N	21.11
52	无	D	21.11
53	至	V	20.27
54	用	V	20.16

续　表

频序号	词形	词类	词频（次/每万词例）
55	闻	V	20.12
56	十	NE	19.86
57	事	N	19.84
58	出	V	19.78
59	君子	N	19.36
60	将	D	19.26
61	亦	D	19.06
62	子	N	18.86
63	二	NE	17.71
64	立	V	17.57
65	乃	D	17.16
66	如	V	16.80
67	未	D	16.45
68	言	V	16.25
69	诸侯	N	16.18
70	虽	C	15.97
71	死	V	15.76
72	言	N	15.49
73	敢	V	15.18
74	齐	N	15.16
75	问	V	14.92
76	子	NH	14.86
77	礼	N	14.49
78	为	P	14.32
79	入	V	14.29
80	治	V	14.26
81	莫	NH	14.25

续　表

频序号	词形	词类	词频(次/每万词例)
82	下	N	14.11
83	大	V	14.09
84	日	N	13.78
85	天	N	13.75
86	五	NE	13.65
87	从	V	13.62
88	生	V	13.59
89	自	D	13.58
90	事	V	13.37
91	成	V	13.27
92	兵	N	13.09
93	对	V	13.06
94	相	D	13.03
95	可以	V	12.96
96	楚	N	12.89
97	又	D	12.89
98	请	V	12.65
99	哉	T	12.63
100	心	N	12.58

若对高频词范围进一步扩展，在前 200 位高频词中，出现了 8 个双音词，新增了"天子/N""大夫/N""孔子/N""是以/C"，这些词同样存在鲜明的时代特征。若再扩展到前 500 位高频词，计有 37 个复音词；在前 1000 位高频词中，则有 98 个复音词，并出现了第一个高频的三音节词"如之何/V"。在不同的高频词统计范围内，复音词的数量分布如表 3-4 所示。因此，尽管最高频的词以单音词为主，但随着统计位次的扩展，复音词逐步占据了更多的比例。

表3-4 上古汉语不同范围高频词的复音词占比统计

高频统计位次	单音词数（个）	复音词数（个）	复音词占比（%）
前100位	96	4	4.00
前200位	192	8	4.00
前500位	463	37	7.40
前1000位	902	98	9.80
前2000位	1640	360	18.00

在不同位次范围的高频词中，各种词类的分布也存在差异，统计数据如表3-5所示。以名词为例，在前100位高频词中有22个，在前2000位高频词中则提升到934个。频位次从100到2000的变化过程中，名词占比从22.00%提升到46.70%，增长速度非常快，这表明名词在最高频和次高频词中都占有一定的比例。动词的情况与名词类似，在前1000位次之前，动词的占比甚至高于名词，但至2000位次名词则实现了反超。总体上，名词和动词是高频词的大宗，在最高频的范围内动词占比高于名词，在次高频的范围内名词逐步超过动词。

表3-5 上古汉语不同范围高频词按词类的统计数据

高频统计位次	对应词类的高频词数（个）										
	A	C	D	I	N	NE	NF	NH	P	T	V
前100位	0	4	11	0	22	5	0	13	4	6	35
前200位	0	8	17	0	56	8	1	16	6	6	82
前500位	2	15	33	0	168	14	1	24	8	9	226
前1000位	5	21	58	0	379	14	3	31	11	15	463
前2000位	5	27	101	0	934	18	7	42	11	21	834

在高频词中，副词和代词也占据较大的比例，并随着高频词统计范围的增加会有一定的发展。助词和介词等典型的虚词则主要出现在高频词的最前部，随着统计范围的增加在后期的增长并不显著。

不同词类高频词的复音化程度不同。以前2000位范围统计，其中不同词类的词种数量及其复音形式的占比如表3-6所示。其中，在

2000位高频词范围内,非谓形容词、定词、量词、介词没有出现复音形式。名词和动词的总词种数量相若,但名词的复音形式达到33.19%,而动词的复音形式占比只有3.36%。可见,复音名词相对容易进入高频词范围,但复音动词则比较困难。

表3-6 上古汉语前2000位高频词各词类的复音形式词种占比

词性大类	标记	词种数(个)	复音词种数(个)	复音形式词种占比(%)
非谓形容词	A	5	0	0.00
连词	C	27	10	37.04
副词	D	101	5	4.95
名词	N	934	310	33.19
定词	NE	18	0	0.00
量词	NF	7	0	0.00
代词	NH	42	6	14.29
介词	P	11	0	0.00
助词	T	21	1	4.76
动词	V	834	28	3.36
小计		2000	360	

此外,连词尽管在高频词中的总词种数不多,但复音形式占比接近40%,如"是以/C""是故/C""然后/C""然则/C""而后/C""于是/C""然而/C""从而/C"等。代词的复音形式也有较大的占比,例如"寡人/NH""先生/NH""吾子/NH""夫子/NH"等。

3.3 中古汉语高频词音节形式分析

中古时期存在中土文献和汉译佛经两类性质差异较大的文献,本节将对两类文献分别进行描写,讨论两类文献高频词音节形式的异同及特点。

3.3.1 中土文献高频词音节形式分析

中古时期中土文献的前 100 位高频词数据如表 3-7 所示，出现最多的是副词"不/D"，每百万次达到 192.21 次，随后依次是"之/T""之/NH""有/V""也/T"等，与上古文献相比既有不少重合的词，也存在较大的变化。

表 3-7 中古时期中土文献前 100 位高频词

频序号	词形	词类	词频（次/每万词例）
1	不	D	192.21
2	之	T	162.31
3	之	NH	135.76
4	有	V	128.15
5	也	T	116.65
6	以	P	102.40
7	者	T	98.04
8	为	V	92.29
9	曰	V	90.85
10	人	N	85.84
11	其	NH	84.29
12	而	C	77.18
13	一	NE	69.68
14	所	T	60.57
15	于	P	59.30
16	此	NH	56.82
17	得	V	49.36
18	则	D	49.29
19	可	V	44.45
20	无	V	43.46
21	中	N	43.07

续　表

频序号	词形	词类	词频（次/每万词例）
22	云	V	40.51
23	亦	D	40.39
24	皆	D	36.53
25	十	NE	34.82
26	见	V	33.71
27	作	V	32.69
28	大	V	31.65
29	三	NE	31.42
30	在	V	30.93
31	如	V	29.50
32	二	NE	29.16
33	是	V	29.16
34	至	V	28.46
35	时	N	28.07
36	多	V	27.50
37	自	D	27.03
38	能	V	26.67
39	乃	D	25.79
40	知	V	25.75
41	出	V	25.66
42	生	V	24.35
43	日	N	23.81
44	与	P	23.76
45	又	D	23.73
46	五	NE	23.70
47	上	N	22.99
48	事	N	22.77
49	未	D	21.22

续　表

频序号	词形	词类	词频（次/每万词例）
50	百	NE	21.17
51	谓	V	20.65
52	去	V	20.08
53	令	V	19.87
54	耳	T	19.47
55	行	V	19.25
56	入	V	18.87
57	名	N	18.40
58	矣	T	18.32
59	即	D	18.26
60	闻	V	18.05
61	若	C	17.89
62	年	N	17.56
63	便	D	17.51
64	相	D	17.18
65	非	D	16.93
66	水	N	16.50
67	为	P	16.49
68	言	V	16.47
69	后	N	16.44
70	复	D	16.30
71	遂	D	16.04
72	四	NE	15.98
73	故	C	15.86
74	子	N	15.62
75	成	V	15.21
76	欲	V	15.13
77	千	NE	15.10

续　表

频序号	词形	词类	词频（次/每万词例）
78	使	V	15.05
79	下	N	14.96
80	问	V	14.94
81	家	N	14.82
82	虽	C	14.75
83	地	N	14.34
84	当	V	14.21
85	诸	NE	14.14
86	死	V	14.02
87	用	V	13.14
88	常	D	13.07
89	数	NE	12.87
90	世	N	12.75
91	今	N	12.56
92	言	N	12.53
93	及	C	12.29
94	焉	T	12.21
95	必	V	12.10
96	道	N	11.74
97	来	V	11.68
98	取	V	11.49
99	甚	D	11.35
100	犹	D	11.24

值得注意的是，中古中土文献的前100位高频词均为单音词。当高频词统计位次逐步扩展，到了前200位时才出现了2个双音词，在统计前2000位时则出现了253个复音词，依词频顺序分别是"以为/V"（频序号第187位）、"如此/V"（频序号第193位）、"可以/V"（频序号第

260位)、"于是/V"(频序号第267位)、"天下/N"(频序号第279位)等。从前100至前2000位高频词中,随着统计范围的增加,复音词的数量逐次增长,如表3-8所示。

表3-8 中古时期中土文献不同范围高频词的复音词占比统计

高频统计位次	单音词数(个)	复音词数(个)	复音词占比(%)
前100位	100	0	0.00
前200位	198	2	1.00
前500位	481	19	3.80
前1000位	938	62	6.20
前2000位	1747	253	12.65

高频词中不同词类的分布也存在差异,前100位到前2000位的高频词范围的统计结果如表3-9所示。前100位高频词中,名词占比为18.00%,至前2000位时则提升到42.20%。前100位高频词中动词占比为36.00%,至前2000位时则提升到42.40%。总体上,动词在高频词中具有一定的先发优势,即占据更高频的范围,但在次高频的范围上增速弱于名词。其余词类的占比关系与上古汉语相似。

表3-9 中古时期中土文献不同范围高频词按词类的统计数据

高频统计位次	对应词类的高频词数(个)										
	A	C	D	I	N	NE	NF	NH	P	T	V
前100位	0	5	17	0	18	10	0	3	4	7	36
前200位	0	7	30	0	48	16	1	7	6	8	77
前500位	1	13	56	0	153	20	6	10	9	14	218
前1000位	5	15	101	0	331	26	14	20	16	17	455
前2000位	10	25	151	0	844	29	25	26	19	23	848

不同词类高频词的复音化程度不同,前2000位范围内不同词类的词种数量及其复音形式的占比见表3-10。其中,在前2000位高频词范围内,非谓形容词、量词和介词没有复音形式。名词和动词的总词种

数量相若，名词的复音形式达到 22.63%，而动词的复音形式占比只有 3.42%，高频复音名词更为常见，可见名词较动词更易发生复音化。

表 3-10　中古汉语中土文献前 2000 位高频词各词类的复音形式词种占比

词性大类	标记	词种数（个）	复音词种数（个）	复音形式词种占比（%）
非谓形容词	A	10	0	0.00
连词	C	25	9	36.00
副词	D	151	13	8.61
名词	N	844	191	22.63
定词	NE	29	3	10.34
量词	NF	25	0	0.00
代词	NH	26	4	15.38
介词	P	19	0	0.00
助词	T	23	4	17.39
动词	V	848	29	3.42
小计		2000	253	

中古汉语的连词也有一定的发展，在前 2000 位高频词范围内，连词的复音形式达到 36.00%，例如"所以/C""假令/C""因此/C""非直/C"等复音形式。类似的，高频的复音代词例如"他人/NH""陛下/NH""下官/NH""彼此/NH""各自/NH"等。此外，定词和副词也发生一定程度的复音化，如"多少/NE""其余/NE""少许/NE""莫不/D""然后/D""无不/D""无以/D""不过/D"等。

3.3.2　汉译佛经文献高频词音节形式分析

中古汉译佛经文献语言受到原典语言的影响，内容上承载着佛教文化和宗教教义，其词汇选用上也表现出汉译佛经语言自身的特征。汉译佛经文献中前 100 位高频词如表 3-11 所示。前 100 位高频词中，双音词有 7 个，分别是"菩萨/N""如是/V""一切/NE""众生/N""世尊/N""比丘/N""无有/V"，大部分与佛教概念有关。

表 3-11 中古时期汉译佛经文献前 100 位高频词

频序号	词形	词类	词频（次/每万词例）
1	不	D	191.00
2	有	V	121.28
3	佛	N	120.85
4	诸	NE	99.07
5	者	T	97.25
6	所	T	96.21
7	得	V	95.02
8	是	NH	90.50
9	为	V	83.92
10	其	NH	80.46
11	无	V	77.74
12	人	N	74.59
13	于	P	71.43
14	时	N	68.94
15	我	NH	63.94
16	之	T	59.85
17	见	V	57.42
18	法	N	56.66
19	以	P	55.55
20	中	N	54.83
21	言	V	52.41
22	一	NE	51.44
23	而	C	50.42
24	亦	D	50.24
25	说	V	49.86
26	如	V	48.80
27	此	NH	45.50

续　表

频序号	词形	词类	词频（次/每万词例）
28	心	N	43.85
29	作	V	41.74
30	行	V	41.18
31	身	N	40.97
32	生	V	38.96
33	之	NH	38.69
34	自	D	38.22
35	曰	V	38.11
36	当	V	37.77
37	二	NE	37.23
38	菩萨	N	37.20
39	大	V	36.90
40	如是	V	36.65
41	即	D	36.56
42	王	N	36.37
43	彼	NH	36.33
44	欲	V	35.45
45	十	NE	35.35
46	复	D	34.14
47	闻	V	33.74
48	知	V	33.38
49	若	C	33.37
50	为	P	33.16
51	可	V	32.92
52	意	N	32.76
53	能	V	31.90
54	皆	D	31.25

续　表

频序号	词形	词类	词频（次/每万词例）
55	今	N	31.05
56	至	V	29.88
57	四	NE	29.59
58	便	D	29.15
59	道	N	28.94
60	从	P	28.84
61	一切	NE	27.36
62	入	V	27.12
63	名	N	26.87
64	何	NH	26.21
65	令	V	25.50
66	在	V	24.95
67	来	V	24.83
68	三	NE	24.60
69	受	V	24.41
70	是	V	23.98
71	众生	N	23.86
72	尔	NH	22.60
73	百	NE	22.49
74	汝	NH	22.40
75	出	V	22.31
76	故	N	21.95
77	善	V	21.47
78	行	N	21.04
79	五	NE	20.86
80	世尊	N	20.79
81	已	D	20.39

续　表

频序号	词形	词类	词频(次/每万词例)
82	比丘	N	20.10
83	千	NE	18.80
84	众	NE	18.77
85	也	T	18.51
86	及	C	18.42
87	悉	D	18.30
88	念	V	18.06
89	天	N	17.75
90	无有	V	17.67
91	白	V	16.99
92	七	NE	16.72
93	已	T	16.40
94	事	N	16.29
95	告	V	16.19
96	着	V	15.90
97	处	N	15.80
98	问	V	15.78
99	求	V	15.74
100	成	V	15.64

将佛经文献与中土文献的前100位高频词进行比较，两者间的相同点如"不/D"在两者中均处于第1位，每万词例出现的次数也非常接近。然而两者的区别也很大，比较突出的是，汉译佛经文献复音高频词的数量要高于中土文献，中土文献前100位高频词中未出现复音形式。就单音高频词而言，两者也存在一定差异，如中土文献最高频的名词是"人/N"，而佛经文献是"佛/N"；中土文献最高频的代词是"之/NH"，而佛经文献为"是/NH"；中土文献最高频的定词是"一/NE"，而佛经文献是"诸/NE"。这些差异体现出不同性质文献的词汇特征。

在前100位到前2000位高频词范围内,汉译佛经中复音形式占比逐步增加,具体如表3-12所示。我们注意到在相同的统计范围内,汉译佛经文献中的高频复音词数量远高于同时期的中土文献。与表3-8对比可见,在前500位高频词范围内,汉译佛经的复音词占比为17.60%,而中土文献仅为3.80%;在前2000位高频词范围内,汉译佛经文献的复音词占比为38.35%,中土文献仅为12.65%。总体上,汉译佛经文献高频词中的复音词比例要远高于中土文献。

表3-12 中古汉译佛经文献不同范围高频词的复音词占比统计

高频统计位次	单音词数（个）	复音词数（个）	复音词占比（%）
前100位	93	7	7.00
前200位	183	17	8.50
前500位	412	88	17.60
前1000位	736	264	26.40
前2000位	1233	767	38.35

在不同位次范围的高频词中,各种词类的分布也存在差异,统计数据如表3-13所示。名词和动词仍是大宗,两者的数量随着高频词统计范围的增长均有较大的增加,不过直至前1000位范围内,名词数量始终低于动词数量。

表3-13 中古汉译佛经文献不同范围高频词按词类的统计数据

高频统计位次	对应词类的高频词数（个）										
	A	C	D	I	N	NE	NF	NH	P	T	V
前100位	0	3	9	0	21	12	0	9	4	5	37
前200位	0	7	21	0	54	17	0	10	6	6	79
前500位	2	9	44	0	178	25	1	17	9	12	203
前1000位	3	17	86	0	395	30	5	22	14	14	414
前2000位	7	26	137	1	877	35	11	31	18	24	833

汉译佛经文献不同词类高频词的复音形式占比也有自身的特点,

前2000位范围内不同词类的词种数量及其复音形式的占比见表3-14。值得注意的是,"唯/I"处于第1705位,这是感叹词首次进入高频范围。

表3-14 中古汉译佛经文献前2000位高频词各词类的复音形式词种占比

词性大类	标记	词种数（个）	复音词种数（个）	复音形式词种占比（%）
非谓形容词	A	7	1	14.29
连词	C	26	12	46.15
副词	D	137	36	26.28
感叹词	I	1	0	0.00
名词	N	877	457	52.11
定词	NE	35	9	25.71
量词	NF	11	1	9.09
代词	NH	31	11	35.48
介词	P	18	1	5.56
助词	T	24	4	16.67
动词	V	833	235	28.21
小计		2000	767	

其中,在前2000位高频词范围内,仅有感叹词未出现复音形式,其余词类均有不同数量的复音形式。名词和动词的总词种数量差不多,名词的复音形式达到52.1%,是同时期中土文献（复音形式占比为22.63%,见表3-10)的2倍多,动词的复音形式占比也达到了28.21%,均远高于同期中土文献,可见复音形式在高频动词中占有相当的比例,体现了汉译佛经文献的重要特征。其余连词、代词、定词、副词等也有较大的复音占比,在所涉词种上也与中土文献存在差异,如副词"亦复/D""云何/D""未曾/D""各各/D"等,定词"种种/NE""无数/NE""若干/NE"等,连词"假使/C""何况/C""虽复/C""况复/C""或复/C"等,代词"我等/NH""汝等/NH""吾等/NH"等均带有鲜明的汉译佛经语言特色。

3.4 近代汉语高频词音节形式分析

近代汉语的前100位高频词如表3-15所示,全部是单音节词,出现最多的是副词"不/D",词频为每万词例165.67次,随后依次是"了/T""是/V""一/NE"等。

表3-15 近代汉语前100位高频词

频序号	词形	词类	词频(次/每万词例)
1	不	D	165.67
2	了	T	150.52
3	是	V	126.48
4	一	NE	124.57
5	的	T	115.59
6	有	V	95.75
7	我	NH	90.69
8	人	N	84.78
9	个	NF	75.00
10	道	V	84.71
11	你	NH	79.12
12	来	V	73.21
13	他	NH	66.40
14	去	V	60.75
15	这	NH	59.10
16	见	V	57.20
17	说	V	56.09
18	之	T	53.91
19	那	NH	48.07
20	得	V	47.15

续　表

频序号	词形	词类	词频（次/每万词例）
21	曰	V	46.27
22	又	D	44.26
23	到	V	43.32
24	也	D	41.45
25	只	D	39.87
26	在	P	37.96
27	上	N	36.41
28	便	D	36.18
29	着	T	35.16
30	三	NE	32.44
31	大	V	30.69
32	中	N	30.20
33	看	V	29.87
34	十	NE	29.82
35	两	NE	29.65
36	出	V	29.00
37	里	N	28.89
38	为	V	28.29
39	问	V	26.36
40	此	NH	26.24
41	都	D	26.18
42	要	V	26.04
43	做	V	25.93
44	家	N	25.60
45	下	V	25.35
46	也	T	24.92
47	二	NE	24.33

续　表

频序号	词形	词类	词频（次/每万词例）
48	事	N	23.78
49	无	V	23.40
50	好	V	21.44
51	与	P	21.35
52	知	V	21.23
53	心	N	21.18
54	日	N	20.85
55	上	V	20.32
56	就	D	20.08
57	把	P	18.78
58	者	T	18.62
59	时	N	18.55
60	叫	V	18.44
61	之	NH	17.55
62	而	C	17.49
63	若	C	17.46
64	在	V	17.35
65	其	NH	16.83
66	前	N	16.47
67	五	NE	16.42
68	行	V	16.40
69	与	V	16.40
70	于	P	16.32
71	云	V	16.23
72	身	N	16.09
73	却	D	15.82
74	处	N	15.70

续　表

频序号	词形	词类	词频（次/每万词例）
75	过	V	15.12
76	走	V	14.91
77	打	V	14.82
78	起	V	14.80
79	百	NE	14.65
80	听	V	14.43
81	四	NE	14.37
82	相	D	14.04
83	还	D	14.00
84	入	V	13.97
85	请	V	13.94
86	住	V	13.91
87	马	N	13.65
88	可	V	13.61
89	将	P	13.58
90	几	NE	12.80
91	门	N	12.52
92	则	D	12.34
93	头	N	12.30
94	得	T	12.28
95	如	V	12.22
96	手	N	12.17
97	至	V	12.07
98	开	V	12.01
99	下	N	11.87
100	作	V	11.72

若进一步扩展统计范围,则在前200位高频词中出现了7个双音词,分别是"今日/N""甚么/NH""出来/V""如今/N""不得/V""说道/V"和"和尚/N"。若扩展到前2000位高频词中,则存在98个复音词,而且首次出现了三音节词,即"老人家/N"。不同高频词统计范围中复音词的具体数据如表3-16所示。考虑到近代汉语三音节及以上的多音节词种有较大的数量,但仅有一个进入前2000位范围,这表明多音节形式并不易被高频使用。

表3-16 近代汉语不同范围高频词的复音词占比统计

高频统计位次	单音词数(个)	复音词数(个)	复音词占比(%)
前100位	100	0	0.00
前200位	193	7	3.50
前500位	457	43	8.60
前1000位	855	145	14.50
前2000位	1557	443	22.15

在不同位次范围的高频词中,各种词类的分布也存在差异,统计数据如表3-17所示。在统计频位次从前100位扩展到前2000位的过程中,名词占比从17.00%提升到34.75%,动词占比从40.00%增加至42.05%,名词和动词是高频词的大宗。

表3-17 近代汉语不同范围高频词按词类的统计数据

高频统计位次	对应词类的高频词数(个)										
	A	C	D	I	N	NE	NF	NH	P	T	V
前100位	0	2	11	0	17	9	1	8	5	7	40
前200位	0	2	27	0	42	18	2	11	11	10	77
前500位	2	9	62	0	120	24	10	23	17	19	214
前1000位	7	18	105	0	300	32	31	35	23	28	421
前2000位	17	26	179	0	695	43	70	51	31	47	841

近代汉语前2000位范围内不同词类的词种数量及其复音形式的

占比见表3-18。动词词种的数量最多,其次是名词和副词,其他词种也均有相当的占比,发展相对均衡。

表3-18 近代汉语前2000位高频词各词类的复音形式词种占比

词性大类	标记	词种数（个）	复音词种数（个）	复音形式词种占比(%)
非谓形容词	A	17	0	0.00
连词	C	26	7	26.92
副词	D	179	48	26.82
名词	N	695	257	36.98
定词	NE	43	11	25.58
量词	NF	70	0	0.00
代词	NH	51	24	47.06
介词	P	31	1	3.23
助词	T	47	6	12.77
动词	V	841	89	10.58
小计		2000	443	

动词的词种数量略高于名词,但名词的复音形式占比达到36.98%,动词的复音形式占比仅为10.58%。其中,高频代词中的复音形式发展迅速,如"我们/NH""自己/NH""别人/NH""你们/NH"等。

3.5 上古至近代汉语高频词音节形式发展

上文从多个角度刻画了上古、中古和近代汉语高频词音节形式的特点,本节将对比分析不同时期、不同性质文献中的具体的高频词以及音节形式的统计数据,宏观呈现自上古至近代高频词音节形式的发展趋势。

3.5.1 上古至近代汉语高频词的动态性

从上古到中古,高频词并不是固定的,而是存在词频涨落、位次变化和新进或退出的变化。以不同时期、不同性质语料的前 10 位高频词为例,具体词种罗列在表 3-19 中。其中,标注向上的箭头表明该词在前一个时期也处于前 10 为高频词,在本时期排序有所升高;标注向下的箭头标识该词的排序有所下降;标注水平的箭头表示排序不变。

表 3-19　上古至近代汉语前 10 位高频词的变化

频序号	上古文献	中古 中土文献	中古汉译 佛经文献	近代文献
1	之/T	不/D↗	不/D↗	不/D→
2	不/D	之/T↘	有/V↗	了/T↗
3	也/T	之/NH↗	佛/N↗	是/V↗
4	而/C	有/V↗	诸/NE↗	一/NE↗
5	之/NH	也/T↘	者/T↗	的/T↗
6	以/P	以/P→	所/T↗	有/V↘
7	其/NH	者/T↗	得/V↗	我/NH↗
8	曰/V	为/V↗	是/NH↗	人/N↗
9	于/P	曰/V↘	为/V↗	个/NF↗
10	有/V	人/N↗	其/NH↘	道/V↗

从表 3-19 可以发现高频词发生了较为剧烈的变化,仅有两个词"不/D"和"有 V"从上古到近代始终处于前 10 位,但其排序也存在波动。最早的"之/T"在上古处于首位,到了中古中土文献中降低至第 2 位,在中古佛经文献中甚至退出了前 10 位的范围,到了近代汉语,与之功能相同的"的/T"进入到第 5 位。类似的,"曰/V"在上古处于第 8 位,在中古中土文献中处于第 9 位,到了中古佛经文献中则退出了前 10 位,在近代文献中出现了与之语义相近的"道/V"。这表明,词汇系统中的词存在着复杂的分工协作、竞争演化的关系,在语言发展过程中,即使一些高频使用的核心词也会发生变化,渐渐边缘化甚至被其他词替代。如果表达相同概念且存在竞争关系的两个词在音节形式上不同,就会产生音节形式的选择。本书将在第四章详细讨论。

在音节形式上,高频复音词比高频单音词更能体现时代和文献性质特征,尤其以名词为甚。表3-20和表3-21分别是各时期词频最高的前10位单音名词和复音名词。除了中古汉译佛经文献中的"佛/N"能突出反映文献类型特征外,其余高频单音词并没有明显的时代特点。

表3-20　上古至近代汉语前10位高频单音节名词

位次	上古文献	中古中土文献	中古汉译佛经文献	近代文献
1	人/N	人/N	佛/N	人/N
2	民/N	中/N	人/N	上/N
3	君/N	时/N	时/N	中/N
4	国/N	日/N	法/N	里/N
5	今/N	上/N	中/N	家/N
6	王/N	事/N	心/N	事/N
7	上/N	名/N	身/N	心/N
8	道/N	年/N	王/N	日/N
9	事/N	水/N	意/N	时/N
10	子/N	后/N	今/N	前/N

表3-21　上古至近代汉语前10位高频复音名词

位次	上古文献	中古中土文献	中古汉译佛经文献	近代文献
1	天下/N	天下/N	菩萨/N	今日/N
2	君子/N	兄弟/N	众生/N	如今/N
3	诸侯/N	时人/N	世尊/N	和尚/N
4	天子/N	世人/N	比丘/N	银子/N
5	大夫/N	左右/N	如来/N	先生/N
6	孔子/N	天地/N	梵志/N	这里/N
7	圣人/N	圣人/N	世间/N	那里/N
8	百姓/N	今日/N	沙门/N	行者/N
9	先王/N	弟子/N	因缘/N	天下/N
10	父母/N	侍中/N	弟子/N	明日/N

表3-21高频的复音名词大都富有时代气息,如上古汉语的"君子/N""诸侯/N""天子/N",中古汉译佛经文献中的"菩萨/N""世尊/N""比丘/N"以及近代文献中的"银子/N""先生/N""和尚/N"等。其中非常有意思的是,宗教名词"比丘"和"和尚"分别是中古汉译佛经和近代汉语的高频名词。"比丘"是梵文bhikṣu的音译,指已受具足戒的男性,俗称"和尚"。中村元(1988)、丁福保(2011)、储泰松(2002)等均认为"和尚",印度俗语音译作"乌社""殟社",标准梵文upādhyāya音译记作"郁波第耶""邬波第耶",后来语音发生讹变,变成"和尚"。其本义是指导自己的教师,在佛教中指具有招收弟子资格的僧人。自宋代开始,"和尚"由尊称变成通称,常指出家修行的男佛教徒,与"比丘"指称对象基本相同。"比丘"和"和尚"同是宗教术语,反映了不同时期的文化和语言的差异。前者音译色彩浓厚,更具异域特色,而且明确指男性出家僧人,女性出家僧人则有"比丘尼"(梵文bhikṣuṇī的音译)。"和尚"在汉传佛教中相对更为常见,其音译色彩已经不明显,本土色彩更加凸显,而且可以用来泛指所有的出家僧人,不论男女。不同时期、不同性质文献中高频复音词存在着较大差异,这表明音节形式选择不仅具有鲜明的时代性,同时也会受到语料性质的影响。

3.5.2 上古至近代汉语高频词中复音形式占比的量化发展

从高频词的视角看,自上古到近代汉语给定位次范围内的高频词中复音形式占比大体上呈上升趋势,具体数据如表3-22所示。

表3-22 上古至近代不同高频词范围的复音形式占比

高频词范围	复音形式占比(%)			
	上古文献	中古中土文献	中古汉译佛经文献	近代文献
前100位	4.00	0.00	7.00	0.00
前200位	4.00	1.00	8.50	3.50
前500位	7.40	3.80	17.60	8.60

续 表

高频词范围	复音形式占比(%)			
	上古文献	中古中土文献	中古汉译佛经文献	近代文献
前1000位	9.80	6.20	26.40	14.50
前2000位	18.00	12.65	38.35	22.15

仅考虑中土文献,在相对较小的高频词范围内(如前200位),上古到近代汉语的复音形式占比发展不明显,尤其是中古中土文献,复音形式占比甚至低于上古,这主要是由于中古中土文献收录的语料规模不大。在相对较大的前2000位统计范围内,尤其是近代汉语时期,复音词占比才有一定的发展。因而高频词的总体发展态势大体上是:最高频的部分一直以单音词为主,次高频部分逐步有部分复音形式进入。这种情况一直延续到现代汉语。李如龙(2009)根据1986《现代汉语频率词典》的统计数据,在前500位现代汉语高频词中,单音词有333个,双音词有165个,因此现代汉语时期的复音形式占比为33%左右。越是常用的词,单音词所占比例越大。这符合人类语言行为的一个基本原则——"省力原则"(The Principle of Least Effort),即人们在语言交际中总是想以最小的代价换取最大的收益、用最短的词表达最多的意义。因此该原则造成了人类语言中只有极少数的词被经常使用,而且最常用的词汇都是最短的、最简单的。即使典型的多音节语言——英语,其高频词也都是单音节的。利奇(Leech)等(2001)对1亿词的英国国家语料库(British National Corpus,BNC)做了全面统计,结果发现,频次大于1000次的词共计8000个,覆盖语料库中95%的词次,而且高频词都是单音节的,例如"the""be""of""and""in""to"等。

值得注意的是同处于中古时期的中土文献和佛经文献存在较大的差异。相同范围内的汉译佛经高频词的复音形式占比要显著高于中土文献,甚至高于近代汉语,有7个复音词"菩萨/N""如是/V""一切/NE""众生/N""世尊/N""比丘/N""无有/N"进入到前100位的高频词范围。这表明汉译佛经文献从一开始就表现出程度较高的复音化,语言接触对词汇音节形式选择产生了重要的影响。

3.5.3 上古至近代汉语各词类的高频词复音形式的量化发展

高频前100位的词在词汇系统中通常处于非常核心的地位,不同时期这些核心地位词语在各词类中的分布如表3-23所示。大体上,自上古至近代汉语,各词类的比例基本是相似的,动词处于相对主导的地位,其次是名词,其余介词、助词、连词、副词、定词也都占有一定的比例。

表3-23 上古至近代汉语前100位高频词按词类的统计数据

语料范围	对应词类的高频词数(个)										
	A	C	D	I	N	NE	NF	NH	P	T	V
上古文献	0	4	11	0	22	5	0	13	4	6	35
中古中土文献	0	5	17	0	18	10	0	3	4	7	36
中古汉译佛经文献	0	3	9	0	21	12	0	9	4	5	37
近代文献	0	2	11	0	17	9	1	8	5	7	40

从上古至近代汉语,不同词类的高频词展示出以下几方面的变化。一是在近代汉语中,量词开始进入前100位高频范围,例如"个/NF"的快速发展。二是定词在中古时期得到较大发展,前100位高频词中的定词自上古至近代几乎翻倍。三是代词有所降低,上古汉语高频代词中的"者/NH""所/NH"等逐步退出高频范围,中古时期佛经文献中人称代词"我/NH""尔/NH"等逐步前移,到了近代汉语"我/NH""你/NH""他/NH""这/NH""那/NH"等成为最核心的高频代词。

前2000位高频词在词汇系统中亦处于相当主要的地位。以上古汉语为例,前2000位高频词可以覆盖上古汉语文献中约77%的词例。不同词类统计的具体数据见表3-24。

表 3‑24　上古至近代汉语前 2000 位高频词按词类的统计数据

语料范围	对应词类的高频词数（个）									
	A	C	D	I	N	NE	NF	NH	P	T	V
上古文献	5	27	101	0	934	18	7	42	11	21	834
中古中土文献	10	25	151	0	844	29	25	26	19	23	848
中古汉译佛经文献	7	26	137	1	877	35	11	31	18	24	833
近代文献	17	26	179	0	695	43	70	51	31	47	841

数据表明，上古至近代的前 2000 位高频词中各词类的比例大体相似。动词数量在各时期均保持在 840 个左右，近代汉语已经稳居高频词中占比最高的词类。高频词中的名词在上古时期数量最多，中古时期下降到与动词接近，近代则进一步降低到动词的 80% 左右。其余词类中，数量相对显著发展的有副词、非谓形容词、量词、介词和助词；数量略有增长的是代词；数量几乎不变的是连词和叹词。

在前 2000 位高频词中，复音形式大量出现，不同词类的复音形式的高频词数量汇总于表 3‑25。

表 3‑25　上古至近代前 2000 位高频词中复音词按词类的统计

词性大类	标记	上古文献	中古中土文献	中古汉译佛经文献	近代文献
非谓形容词	A	0	0	1	0
连词	C	10	9	12	7
副词	D	5	13	36	48
感叹词	I	0	0	0	0
名词	N	310	191	457	257
定词	NE	0	3	9	11
量词	NF	0	0	1	0
代词	NH	6	4	11	24
介词	P	0	0	1	1

续 表

词性大类	标记	上古文献	中古中土文献	中古汉译佛经文献	近代文献
助词	T	1	4	4	6
助词	V	28	29	235	89
	小计	360	253	767	443

从上古到近代,复音词数量总体在发展,前 2000 位高频词中复音词从上古时期的 360 个发展到近代汉语的 443 个。中古时期比较复杂,所选中土文献中的高频复音词仅有 253 个,甚至低于上古时期,但汉译佛经文献中的高频复音词达到 767 个,甚至远高于近代汉语。这表明不同性质文献中复音程度差异较大。

在高频复音词中,各时期均以名词数量最多,动词紧随其后。从趋势上看,复音名词从上古时期的 310 个降低到近代汉语的 257 个,动词则从 28 个增长到 89 个。其余词类中,副词和代词的高频复音词数量较多,值得关注。

3.6 小结

本章首先从"高频"和"普现"的两个需求,界定了稳健平均词频指标,基于语料库获取了上古、中古和近代汉语中高频词,进而对不同时期高频词的音节形式面貌进行了刻画,最后对比分析上古、中古和近代高频词中的音节形式,揭示高频词的发展趋势和特点。

高频词在很大程度上代表着词汇系统的核心部分或主体部分,数据分析表明,上古至近代汉语词汇系统的高频词音节形式发展具有下述特点。

第一,在相对大位次范围(前 2000 位)的高频词统计中,上古汉语到近代汉语的复音词比例是不断提升的。然而,在相对小位次范围的高频词统计中,各时期均仍以单音节词为主,这表明处于词汇系统最核心部分的是单音词，在次高频的位次上复音形式才随着时间逐步发展提升。

第二，不同时期的高频词并非一成不变，而是显露出高度的动态性，不仅存在着词频涨落、位次变化的情况，还可能有新词进入或旧词退出高频范围。高频复音词尤其是名词具有显著的时代特点，不同时期的高频复音名词差异较大。这是由于词汇对于社会的变化最为敏感，政治和经济、文化和教育、科学和技术、思想和道德各方面的变化无一不在词汇中有所反映，而表示人、事、物、地点或抽象概念名称的名词自然就是所有词类中最为直观、最具时代特色的。

第三，不同词类的高频词数量和复音形式占比是不均衡的。高频词中名词和动词均是大宗，但名词自上古至近代呈现逐步降低的态势，动词则逐步提升，到近代汉语，动词取代名词成为高频词中数量最多的词类。然而，尽管高频词中的动词数量在发展，其复音形式的比例也在逐步提升，但直到近代汉语高频动词中的复音形式比例仍然不高。相反，高频名词中的复音形式占比始终处于较高的水平，名词较动词更易发生复音化。

第四，语言接触对高频词中的复音形式有显著的影响。中古汉译佛经文献高频词中复音词的数量不仅高于同期的中土文献，甚至高于近代文献。此外，中古汉译佛经文献高频词的具体词种与中土文献也存在明显差异。这些均表明，汉译佛经作为翻译的产物，以梵语为代表的原典语言与汉译佛经文献的高度复音化及其自身语言特色有着密切的联系。

因此，后续章节将着重围绕高频名词、高频动词、中古汉译佛经的词汇语音形式展开详细描写和具体讨论。

第四章 | 典型单音词音节形式历时演变

汉语词汇复音化（主要是双音化）过程是复杂的，并不是简单一对一的复音词与单音词替换关系。古代汉语单音词的义位通常较为丰富，高频单音名词和动词尤甚。上古汉语单音词的不同义位到了中古与近代时期就可能存在不同的语音形式历时演变，有的义位可能仍以单音形式出现，有的则以复音形式出现。这就会形成一种错综复杂的局面，即原来的一个单音词并不只是简单对应后来的一个双音词，而往往是一对多、多对一甚至是多对多的情况。

本章将以上古汉语典型的高频单音名词和单音动词为具体个案，以它们的常用义位为研究单位，具体描写这些名词和动词不同义位在不同历史时期的演变情况，分别归纳并对比名词和动词单复音形式演变的情况及特点，探讨汉语词汇音节形式的选择机制。

4.1 典型单音名词不同义位音节形式的历时演变

根据李佐丰（2003）对先秦名词的分类，本节选取的典型高频单音名词分别是有生名词"人""民""兵"、无生名词"地""车""水"、集体名词"国""师""家"、时间名词"今""日""时"和抽象名词及衍生名词"道""事""礼"。上古时期词的不同义位到了中古与近代时期存在复杂的情况。例如，上古汉语高频名词"人"，上古时期有三个常用义位：1. 能制造和使用工具进行劳动,并能用语言进行思维的高级动物;2. 人人,每人;3. 人才,杰出人物。第一个义位到了现代汉语中仍使用单音形式"人",后面两个义位则分别使用双音形式"人人"和"人才"。因此,下文将参照《汉语大字典》《汉语大词典》(以下分别简称《大字典》《大词典》)和《现代汉语词典》(第七版)(以下简称《现汉》),国内BCC和CCL等语料库,对比古今词义,筛选符合条件的义位,以义位为单位,详细描写不同义位在汉语不同发展阶段的语音形式演变情况。义位筛选条件和标准说明如下:

第一,只分析使用频率较高常用名词义位。如意义使用频率很低的生僻意义或者非名词意义,则不在本节考察范围内。例如"人"有"男女交合之事",《史记·樊郦滕灌列传》:"荒侯市人病不能为人。"该义使用频率很低。再如"车"除了表示交通工具的名词义位之外,还有表示乘车的动词义位,例如《战国策·秦策》:"寡人欲车通三川,以窥周室。"该动词义位不在讨论范围之内。

第二,只考虑上古汉语时期产生的义位。若义位出现在近代现代汉语时期,则不在本节考察范围内。例如"人"指人的身体或意识,例如"这两天人不大舒服",近现代汉语时期才产生,这种意义不在本书考察范围之内。

4.1.1 单音名词"人"音节形式的历时演变

"人"是上古汉语中有生名词使用频率最高的单音名词。《说文解字·人部》:"人,天地之性最贵者也。"从古至今,"人"的意义十分丰富,根据工具书,筛选出符合本书研究要求的3个义位,分别为使用频率最高的义位1:能制造和使用工具进行劳动,并能用语言进行思维的高级动物,下文简称"$人_1$"(以此类推);义位2:人人,每人,下文简称"$人_2$";义位3:人才,杰出人物,下文简称"$人_3$"。表4-1统计了"人"的主要义位及首见用例。

表 4-1 "人"的主要义位及首见用例

义位	首见用例
人$_1$:能制造和使用工具进行劳动,并能用语言进行思维的高级动物。	《易·说卦》:"立人之道,曰仁与义。"
人$_2$:人人,每人。	《史记·平准书》:"非遇水旱之灾,民则人给家足,都鄙廪庾皆满。"
人$_3$:人才,杰出人物。	《左传·文公十三年》:"子无谓秦无人,吾谋适不用也。"

4.1.1.1 "人$_1$"的历时发展变化

高频名词"人"义位 1,即"人"的本义,该义从古至今没有发生任何变化,其词义古今完全一致,具有很强的稳定性。下面将从各个时期对"人$_1$"进行举例介绍。

上古汉语时期,"人$_1$"的使用情况例如:

越之在吴,犹人之有腹心之疾也。(《国语·吴语》)
相鼠有齿,人而无止。(《诗经·鄘风·相鼠》)
王乃大息曰:"此古之人也。今之人,焉能有之耶?"(《战国策·楚策》)

该义和单音形式一直延续到中古汉语和近现代汉语时期,例如:

谢太傅于东船行,小人引船,或迟或速,或停或待,又放船从横,撞人触岸。(《世说新语·尤悔》)
设用十方天下人故,何能忍是谦苦?(《道行般若经》卷一)
又告五人:"汝观吾身,何如树下?"(《中本起经》)
其人所见,有我有命有身,见世间,言:"命无限人有限,在人腹中时,死后葬埋同等,从初生受身四分,七反生死后得道。"(《大楼

炭经》卷三)

  天听感化<u>人</u>何倦,圣德陪从日更多。(《敦煌变文集新书·双恩记》)

  后代之<u>人</u>,得道者恒河沙。(《祖堂集·弘忍和尚》)

  猴王道:"你既认不得我,怎么差<u>人</u>来勾我?"(《西游记》第三回)

"人"作为世界上所有语言中共有的基本核心词,其在表达"高级动物"这一概念时,从古至今都说"人",词义没有发生变化,也未受到汉语词汇复音化的影响,具有很强的稳定性,因此"人$_1$"并没有发生复音化。

4.1.1.2 "人$_2$"的历时发展变化

"人$_2$"义为"人人,每人","人$_2$"首见于《史记》,从释义的角度来看,"人$_2$"在该义位上对应的复音形式有"人人"或"每人",但《现汉》中并未收录"每人",而收录了"人人",因而本书选择"人人"作为"人$_2$"的双音表达形式。

双音词"人人"一词首见于《礼记·表记》"子曰:'仁之难成久矣。人人失其所好,故仁者之过易辞也'",表"所有的人,每人"的意思。由此可知,"人$_2$"和相应的双音形式"人人"均在上古时期产生,例如:

  <u>人人</u>皆以我为越逾好士,然故士至,士至而后见物,见物然后知其是非之所在。(《荀子·尧问》)

  予之人百金,令之昆弟博,俄又益之<u>人</u>二百金。(《韩非子·外储说》)

"人$_2$"和"人人"在上古汉语语料库中共有 61 个用例,其中"人$_2$"共有 47 个用例,占比为 77.05%;"人人"仅有 14 个用例,占比为 22.95%。

虽然"人₂"和"人人"同在上古时期产生,但"人₂"的使用频率远高于"人人",单音形式"人₂"占据主导地位。

中古汉语时期,双音形式"人人"开始活跃,使用频率超过了"人₂",中土文献和汉译佛经中"人₂"和"人人"的使用情况例如:

长沙王亲近小人,远外君子,凡在朝者,人怀危惧。(《世说新语·言语》)

假使春月药果熟时,人皆采取。(《生经》卷一)

今四郊多垒,宜人人自效;而虚谈废务,浮文妨要,恐非当今所宜。(《世说新语·言语》)

喻如月蚀时,人人皆忧惧。(《大庄严论经》卷十一)

人人各以无量无边吉祥之言,称赞太子。(《佛本行集经》卷十一)

本书对近代汉语语料库进行检索,发现"人₂"和"人人"共有 2548 个用例,其中"人₂"共有 573 个用例,占比为 22.49%;"人人"共有 1975 个用例,占比为 77.51%,双音形式"人人"占绝对优势的地位,例如:

各装美貌逞逶迤,尽出玉颜夸艳态;个个尽如花乱发,人人皆似月娥飞。从天降下闭乾坤,出彼宫中遮宇宙;乍见人人魂胆碎,初观个个尽心惊。(《敦煌变文集新书·维摩诘经讲经文》)

这道理,非独舜有之,人皆有之;非独舜能为,人人皆可为。(《朱子语类》卷五十八)

人人手执鞭枪铁链,守护两边。(《水浒传》第五十八回)

综上,同义的"人₂"和"人人"均产生于上古汉语时期,但上古汉语时期单音形式的"人$_2$"的使用频率明显高于双音形式"人人",单音形式"人$_2$"占据主导地位;到中古汉语时期,双音形式"人人"的使用频率迅速增加,近现代汉语时期成为主导词。尤其是到了现代汉语,"人$_2$"已基本不能独立使用,只能作为构词语素存在于一些固定结构中,例如"人所共知"。

4.1.1.3 "人$_3$"的历时发展变化

"人$_3$"义为"人才,杰出人物",对应现代汉语双音形式"人才"一词。"人才"在《大词典》中最早的用例是东汉王充《论衡·累害》"人才高下,不能钧同",值得注意的是,"人才"虽成词于东汉时期,但其产生之初指代"人的才能",并非现代汉语所指的"有才学的人"之义。下面从历时的角度看两词的发展变化。

上古汉语时期,"人$_3$"的使用情况,例如:

子无谓秦无<u>人</u>,吾谋适不用也。(《左传·文公十三年》)
臣闻之,君子哀无<u>人</u>,不哀无贿;哀无德,不哀无宠;哀名之不令,不哀年之不登。(《国语·晋语》)

上古汉语时期,双音形式的"人才"尚未成词,因此单音形式"人$_3$"独立承担"人才,杰出人物"这一义位。双音形式"人才"成词于东汉时期,但其产生之初表示"人的才能"的意思,直到晋代才发展出"有才学的人"之义,例如:

褒贤贵德,乐育<u>人才</u>。(《抱朴子·逸民》)

近代汉语时期,双音形式"人才"的使用频率大幅增加,据统计在近代汉语语料库中"人才"共有 481 个用例,而"人$_3$"仅有 37 个用例。由此可知，近代汉语中双音形式"人才"已经取代"人$_3$"而成为主导词。

若以今世论之，则<u>人才</u>之可数者，亦可见矣，果然足以致大治乎？（《朱子语类》卷一百零八）

叔宝道："天下<u>人才</u>甚多，据兄所见，止于此乎？"（《隋唐演义》第三十七回）

也敬僧，也敬道，也养育<u>人才</u>。（《西游记》第四十七回）

综上，单音形式"人$_3$"一直是上古和中古汉语的主导词，双音形式"人才"虽于东汉时期成词，但其最初表达的是"人的才能"的意思，直到晋代才发展出"有才学的人"之义；近代汉语时期，"人才"已经取代"人$_3$"成为主导词；到现代汉语时期，"人$_3$"单独使用的情况非常少，在表达"人才，杰出人物"这一概念时主要由双音形式"人才"来承担。由此，"人$_3$"在汉语词汇演变过程中发生了复音化，其复音形式为"人才"。

4.1.1.4 小结

"人"是上古汉语有生名词中使用频率最高的单音名词，其义位较为复杂。本节选取"人"的本义即"人$_1$"、表"人人，每人"的"人$_2$"和表"人才，杰出人物"的"人$_3$"，对这三个义位的历时发展变化及其复音化情况进行分析。

表"能制造和使用工具进行劳动，并能用语言进行思维的高级动物"的"人$_1$"在上古时期产生，从古至今没有发生任何变化，表现出很强的稳定性；表"人人，每人"义的"人$_2$"，其双音形式"人人"在上古汉语中就已经产生，到了中古时期，使用频率超过单音形式；表"人才，杰出人物"的"人$_3$"，其双音形式"人才"则是在中古汉语时期产生，并成为近现代汉语时期的主导词，以上总结为表 4-2。

表 4-2 "人"的单复音形式演变情况

高频名词	义位	复音选择形式	复音形式产生时间
人	人$_1$	无	无
	人$_2$	人人①	上古
	人$_3$	人才	中古

4.1.2 单音名词"民"音节形式的历时演变

"民"是上古汉语有生名词中使用频率较高的单音名词,《说文解字·民部》:"民,众萌也。从古文之象。""民"在上古汉语中主要有两个义位,分别为义位 1:人,泛指人类,下文简称"民$_1$";义位 2:平民,百姓,人民,下文简称"民$_2$"。表 4-3 统计了主要义位及首见用例。

表 4-3 "民"的主要义位及首见用例

义位	首见用例
民$_1$:人,泛指人类。	《诗经·大雅·生民》:"厥初生民,时维姜嫄。生民如何,克禋克祀。"
民$_2$:平民,百姓,人民。	《易·系辞下》:"上古结绳而治,后世圣人易之以书契,百官以治,万民以察,盖取诸夬。"

4.1.2.1 "民$_1$"的历时发展变化

"民$_1$"在《大词典》中的释义为"人,人类",但在《现汉》中未收,结合现代汉语可知,在表达"人,人类"这一概念时,主要是由单音"人$_1$"表达。下文将从历时的角度探讨这两个词的发展变化情况。

上古汉语时期,"民$_1$"和"人$_1$"的使用情况如下:

民受天地之中以生。(《左传·成公十三年》)

---

① 有些双音形式在产生之初,其意义与相应的单音词并不完全相同。考虑到本节着眼于双音形式的产生时间,因此均以最早用例为准。以下皆同。

困而不学,民斯为下矣。(《论语·季氏》)

窃人之财,犹谓之盗,况贪天之功以为己力乎?(《左传·僖公二十四年》)

分人以财谓之惠,教人以善谓之忠,为天下得人者谓之仁。(《孟子·滕文公上》)

以上古文献《孟子》为范围,对该部文献中"民$_1$"和"人$_1$"的出现次数进行统计,数据表明在表达"人,人类"这一概念时,"民$_1$"共出现了13次,而"人$_1$"共出现了279次,可见上古汉语中表示"人,人类"这一概念时虽然既可以用"民$_1$",也可以用"人$_1$",但两者的使用频率存在较大差异,"人$_1$"是表达"人,人类"这一概念的主导词,这种情况一直延续到中古和近现代汉语时期。

综上,"民$_1$"和"人$_1$"均始见于上古时期,在表示"人,人类"这一概念时,上古汉语中既可以用"民$_1$",也可以用"人$_1$",但两者的使用频率相差较大,"人$_1$"一直是主导词;中古和近代汉语时期仍维持"人$_1$"为主导词的这一局面;到了现代汉语时期,"人$_1$"已经完全取代了"民$_1$","民$_1$"表"人,人类"这一用法基本消失。因此,"民$_1$"在上古汉语中虽可表"人,人类",但从使用频率上来看,"民$_1$"的地位远不能和"人"相提并论。

4.1.2.2 "民$_2$"的历时发展变化

"民"的第二个义位为"平民,百姓,人民",该义位可对应现代汉语中的"人民,平民,百姓"三个双音形式。这三个双音形式产生时间不同,其中双音形式"百姓"产生时间最早,《大词典》最早用例为《书·泰誓中》:"百姓有过,在予一人。""人民"最早的用例是《诗·大雅·抑》:"质尔人民,谨尔侯度,用戒不虞。""平民"最早的用例为《书·吕刑》:"蚩尤惟始作乱,延及于平民。"孔传:"延及于平善之人。"值得注意的是"平民"在产生之初并非表示现代汉语中的"普通老百姓"之义,而是指代"平善之人"。"民₂"以及双音形式的"人民""平民""百姓"在上古时期均已出现,下面具体来看这些词的发展变化。

上古汉语时期主要使用单音形式的"民₂",例如:

卫嗣君欲重税以聚粟,民弗安,以告薄疑曰:"民甚愚矣。"(《吕氏春秋·审应览》)

吾入关,秋豪不敢有所近,籍吏民,封府库,而待将军。(《史记·项羽本纪》)

双音形式"百姓"不仅成词早,而且使用频率很高,共出现 661 次,例如:

百姓足,君孰与不足? 百姓不足,君孰与足?(《论语·颜渊》)
如是,则百姓莫不安其处,乐其乡,以至足其上矣。(《荀子·乐论》)
秦襄王病,百姓为之祷。(《韩非子·外储说》)

双音形式"人民"和"平民"使用频率都不高,例如:

质尔人民,谨尔侯度,用戒不虞。(《诗经·大雅·抑》)
昔者昊英之世,以伐木杀兽,人民少而木兽多。(《商君书·画策》)

"平民"在上古汉语中仅有两例,表"平善之人"的意思,并非表"普通老百姓"之义。通过对语料库的检索,"民₂""百姓""人民"三个词,"民₂"的使用频率非常高,共出现 2361 次,其次是双音形式"百姓",共 661 次,而"人民"仅出现了 69 次。上古汉语时期单音形式"民₂"占据主导地位,双音形式"百姓"也已经十分成熟。

中古汉语时期,单音形式"民₂"和"百姓"继续沿用,例如:

朱邑栾巴于公,有功惠于民,百姓皆生为之立庙祠。(《抱朴子内篇·极言》)

阎罗王曰:"卿作太守之日,曲理枉法,劫夺民财,假作此寺,非卿之力,何劳说此!"(《洛阳伽蓝记》卷二)

今察民心,普注迦叶,卒未可回。(《中本起经》卷上)

民之不善,咎在我身。(《六度集经》卷一)

至期,遣妻,百姓号泣追呼者数万人。(《世说新语·方正》)

调发百姓多得财物,望得灭罪而得福报。(《百喻经》卷一)

双音形式的"人民"使用频率急剧增长,尤其是在汉译佛经文献中,共出现587次:

教化人民,令持五戒。(《中本起经》卷下)

是故怛萨阿竭为转法轮,沙门、婆罗门、天上天下及诸人民,莫能当者。(《光赞经》卷八)

何从得千光明善因缘,以何致之,用照天下,令人民见其光明?(《大楼炭经》卷六)

"平民"在中古汉语时期发展出"普通老百姓"之义,但使用频率极低,在语料库中未见用例。数据统计表明,单音形式"民₂"在中古汉语时期依旧占据主导地位,共出现2119次,"人民"出现了595次,双音形式"百姓"仅有32次,可见,单音形式"民₂"和双音形式"人民"在中古汉语时期成为主导词。

到了近代汉语时期,单音形式"民₂"和双音形式"百姓"占据主导地位,前者出现1248次,后者出现594次,双音形式"人民"有78次,"平

民"使用频率更低,仅有 9 次,具体用例如下:

微臣看得近今天下太平,风调雨顺,万民乐业。(《清平山堂话本》卷二)
百姓皆诣子胥之门。(《敦煌变文集新书·伍子胥变文》)
你那诈害百姓的腌臢泼才,怎敢骂我!(《水浒传》第十四回)
时天下灾荒,人民饿殍,一国殆尽。(《云笈七签》卷一百一)
那里人民丰富,钱粮广有。(《水浒传》第二回)
您是军将,怎得妄杀平民?(《五代史平话·五代周史平话》)

到了现代汉语时期,"民$_2$"降格为语素,在句子中不能单独使用,双音形式"人民"使用频率又超过了"百姓",前者为 1162 次,后者出现 129 次,"平民"使用频率仍然很低,仅 45 次,这主要是由于"平民"的词义中带有阶层之分,使用情况比较有限,因此其使用频率远不及双音形式的"人民"和"百姓"。

综上,"民$_2$""百姓""人民"和"平民"均产生于上古汉语时期,但其使用频率存在较大差异,单音形式"民$_2$"在上古和中古汉语时期一直占据主导地位,双音形式"百姓"在上古占据主导地位,但是到了中古汉语时期,双音形式"人民"在汉译佛经文献中占据主导地位。近代汉语时期,单音形式"民$_2$"使用频率降低,到了现代汉语中,单音形式"民$_2$"已不能独立使用,只能作为构词语素组合成词,如"国泰民安""为民除害"等。双音形式"百姓""人民"的使用频率不断增加变化,双音形式"人民"成为现代汉语中的主导词。

4.1.2.3 小结

"民"是上古汉语有生名词中使用频率较高的单音名词,本书选取义位 1"人,人类"和义位 2"平民,百姓,人民",对这两个义位的历时发展变化及其替换情况进行描写。

表"人,人类"的"民₁"在上古时期产生,与"人₁"意义相同,在现代汉语中"民₁"已不再使用,主要由单音词"人"来表示。

表"平民,百姓,人民"的"民₂"可对应现代汉语中的"百姓""人民"和"平民"三个词,三者均产生于上古时期,但"平民"受限于其语义,从古至今的使用频率都比较低,双音形式"百姓""人民"使用频率较高,具体情况总结如表4-4。

表4-4 "民"的单复音形式演变情况

高频名词	义位	复音选择形式	复音形式产生时间
民	民₁	无	无
	民₂	人民	上古
		百姓	上古
		平民	上古

4.1.3 单音名词"兵"音节形式的历时演变

"兵"是上古汉语有生名词中使用频率较高的单音名词,《说文解字·収部》:"兵,械也。从廾持斤,并力之皃。""兵"在上古汉语中主要有两个义位,分别为义位1:兵器,下文简称"兵₁";义位2:兵卒,军队,下文简称"兵₂"。表4-5统计了主要义位及首见用例。

表4-5 "兵"的主要义位及首见用例

义位	首见用例
兵₁:兵器。	《诗·秦风·无衣》:"王于兴师,修我甲兵,与子偕行。"
兵₂:兵卒,军队。	《左传·襄公元年》:"败其徒兵于洧上。"

4.1.3.1 "兵₁"的历时发展变化

"兵₁"在《大词典》中的释义为"兵器",对应现代汉语双音形式"兵器"一词。双音形式"兵器"在《大词典》中最早的用例是《周礼·地官·

小司徒》:"及大比六乡四郊之吏,平教治,正政事,考夫屋,及其众寡、六畜、兵器,以待政令。"由此可知,"兵$_1$"和"兵器"均在上古时期产生,例如:

> 凡四时之田,前期,出田法于州里,简其鼓铎、旗物、兵器,修其卒伍。(《周礼·地官·乡师》)
> 填然鼓之,兵刃既接,弃甲曳兵而走。(《孟子·梁惠王上》)
> 衅鼓旗甲兵。(《吕氏春秋·慎大》)

"兵$_1$"和"兵器"在上古汉语语料库中共有 87 个用例,其中"兵$_1$"共有 75 个用例,占比为 86.21%;"兵器"仅有 12 个用例,占比为 13.79%。虽然"兵$_1$"和"兵器"同在上古时期产生,语义相同,但"兵$_1$"的使用频率远高于"兵器",单音形式"兵$_1$"占据主导地位。

中古汉语时期,双音形式"兵器"在语料库中仅有 5 个用例,其中中土文献 1 例、汉译佛经中 4 例。可见双音形式"兵器"在中古时期仍不活跃,单音形式"兵$_1$"依旧占据主导地位。中古时期"兵$_1$"和"兵器"使用情况例如:

> 其兵有矛、楯、木弓,竹矢或以骨为镞。(《后汉书·东夷传》)
> 兵凶战危,非安全之道。(《颜氏家训·风操》)
> 吾以不复用兵器,等行慈心却魔怨;世用兵器动人心,而我以等如众生。(《普曜经》卷六)

到了近代汉语时期,"兵器"用例显著上升。本书对近代汉语语料库进行检索,发现"兵$_1$"和"兵器"共有 231 个用例,其中"兵$_1$"仅有 14 个用例,占比 6.06%;"兵器"共有 217 个用例,占比 93.94%,双音形式"兵器"占绝对优势的地位,例如:

三员大将,手持兵器,都骑黑马,立于阵前。(《水浒传》第七十六回)

那怪物因来赴会,不曾带得兵器,空手在云端里问道:"你是那方和尚,到此欺人,破了我的香火,坏了我的名声!"(《西游记》第四十八回)

到了三更夜静,便拿了短兵器,带了些闷香,跳上高墙。(《红楼梦》第一百十二回)

综上,"兵$_1$"和"兵器"均产生于上古汉语时期,但其使用频率存在较大差异,单音形式"兵$_1$"在上古和中古汉语时期一直占据主导地位,双音形式"兵器"一直都不活跃。近代汉语时期,单音形式"兵$_1$"使用频率降低,到了现代汉语中,"兵$_1$"已不能独立使用,只能作为构词语素组合成词,如"短兵相接""秣马厉兵"等。双音形式"兵器"的使用频率不断增加变化,成为现代汉语中的主导词。

4.1.3.2 "兵$_2$"的历时发展变化

"兵"的第二个义位为"兵卒,军队",该义位可对应现代汉语中的"兵卒""军队"两个双音词形式。"兵卒"是"士兵"的旧称,现代汉语语料库中"兵卒"仅有2个用例,因此本书选取"士兵"作为研究对象。"士兵"和"军队"的产生时间不同,"士兵"产生于中古汉语时期,《大词典》中最早用例为《后汉书·窦融传》:"伏惟将军国富政修,士兵怀附。亲遇厄会之际,国家不利之时,守节不回,承事本朝。""军队"最早的用例为《宋书·二凶列传》:"(太子劭)使秀与屯骑校尉庞秀之对掌军队。"值得注意的是"士兵"在产生之初并非表示现代汉语中的"战士,兵"之义,而是指代"士大夫和军队"。下面从历时的角度看这组词的发展变化。

上古和中古汉语时期,"兵$_2$"的使用情况,例如:

必以长安君为质,兵乃出。(《战国策·赵策四》)

及公子返晋邦,举兵伐郑,大破之,取八城焉。(《韩非子·喻老》)

赵简子按兵而不动。凡谋者,疑也。(《吕氏春秋·恃君览》)

帝过愒之,谓姥曰:"王敦举兵图逆,猜害忠良,朝廷骇惧,社稷是忧。"(《世说新语·假谲》)

城外园中,有好池水,其王日日,至彼洗浴。诸臣储兵,安伏园中。(《贤愚经》卷十一)

上古和中古汉语时期,双音形式的"士兵""军队"均未成词,因此在单音形式"兵$_2$"在上古汉语时期独立承担"兵卒,军队"这一义位。双音形式"士兵"虽成词于中古时期,但其产生之初是表示"士大夫和军队"的意思,直到现代汉语才发展出"战士,兵"之义,例如:

这里的干部士兵啊,对于他都是格外亲切。(《木瓜树的风波》)

近代汉语时期,双音形式"军队"产生,但其用例非常少,使用频率不高。单音形式"兵$_2$"仍然占据主导地位,"兵$_2$"和"军队"的用例如:

先王兵强,战胜之时,生此祇陀,傧立此名,号曰祇陀,此名"战胜"。(《敦煌变文集新书·祇园图记》)

广明元年正月,沙陀攻忻、代等州,兵逼近晋阳田地。(《五代史平话·五代唐史平话》)

闻达措手不及,领兵便回飞虎峪。(《水浒传》第六十三回)

武举中选人,或除京东抵贼,或边上任使,或三路沿边试用,或经略司教押军队,准备差使。(《续资治通鉴·宋纪》)

综上,单音形式"兵$_2$"是上古汉语主导词,"士兵"和"军队"分别成词于中古时期,但是"士兵"在产生之初表示"士大夫和军队"之义,并非现代汉语中所指的"战士,兵",因而单音形式"兵$_2$"在上古和中古汉语时期独立承担"兵卒,军队"这一义位;发展到近代汉语时期,"军队"虽已成词,但其用例较少;到现代汉语时期,虽有"士兵"等同义复音词,但"兵$_2$"仍旧能够单独使用。

4.1.3.3 小结

"兵"是上古汉语有生名词中使用频率较高的单音名词,本书选取义位1"兵器"和义位2"兵卒,军队",对这两个义位的历时发展变化及其替换情况进行描写和分析。

"兵$_1$"和"兵器"同在上古时期产生,现代汉语中"兵$_1$"已不再使用,在表达"兵器"义时主要由双音词"兵器"来表示。

表"兵卒,军队"的"兵$_2$"可对应现代汉语中的"士兵"和"军队"两个词,两个词均在中古时期产生,但"士兵"产生之初并非今日所指的"战士,兵"之义。两个双音形式直至现代汉语中才成为主导词,参见表4-6。

表4-6 "兵"的单复音形式演变情况

高频名词	义位	复音选择形式	复音形式产生时间
兵	兵$_1$	兵器	上古
	兵$_2$	士兵	中古
		军队	中古

4.1.4 单音名词"地"音节形式的历时演变

"地"是上古汉语无生名词中使用频率最高的单音名词,《说文解字·土部》:"地,元气初分,轻、清、阳为天;重、浊、阴为地。万物所陈列也。从土,也声。"本书重点考察"地"的两个义位,分别为义位1:大地,与"天"相对,下文简称"地$_1$";义位2:土地、田地,下文简称"地$_2$"。表

4-7列出了主要义位及首见用例。

表4-7 "地"的主要义位及首见用例

义位	首见用例
地₁：大地，与"天"相对。	《易·系辞下》："仰则观象于天，俯则观法于地。"
地₂：土地；田地。	《周礼·地官·载师》："以廛里任国中之地，以场圃任园地。"

下文将以"地"的这两个义位为单位，对高频无生名词"地"的复音化情况进行分析。

4.1.4.1 "地₁"的历时发展变化

"地"的第一个义位为"大地，与'天'相对"，作为表earth这一概念的核心词，"地₁"从古至今并没有发生太大的变化，在汉语发展过程中也没有发生复音化，现代汉语中，虽有"陆地""大地"同义双音词，但仍无法取代单音词"地₁"，"地₁"具有较强的稳定性。根据《大词典》，"陆地"最早见于《管子·山至数》："故币乘马者，布币于国，币为一国陆地之数。谓之币乘马。""大地"最早的用例为北魏温子升《寒陵山寺碑序》"虽复高天销于猛炭，大地沦于积水，固以传之不朽，终亦记此无忘"。

上古汉语时期，表"大地，与'天'相对"的"地₁"共出现827次，因而表"大地"这一概念是"地"的核心用法，"地₁"占据主导地位。

> 祭天，扫地而祭焉，于其质而已矣。(《礼记·郊特牲》)
> 故天无伏阴，地无散阳，水无沈气，火无灾燀，神无闲行，民无淫心，时无逆数，物无害生。(《国语·周语下》)

双音形式"陆地"尽管在上古时期已经产生，但是使用频率很低，除《大词典》中所举《管子》1例之外，在《史记》中还有1例：

衣食之欲，恣所好美矣，故曰陆地牧马二百蹄。(《史记·货殖列传》)

中古汉语时期，双音形式"陆地"继续使用，在汉译佛经文献中共出现40次，例如：

陆地有占匐华，如是众华数千百种。(《道行般若经》卷九)
吾处陆地，卿在水中。(《生经》卷一)
如鱼堕陆地。(《大庄严论经》卷七)
宁出水中浮草木上着陆地，不出无反复人也。(《六度集经》卷六)

此外，双音形式"大地"也在中古时期产生，但是使用频率很低，例如：

日月尊如来为虚空印菩萨说陀罗尼门已，尔时大地亦六种震动，亦有无量微妙光明，遍照十方无量无边诸佛世界，见诸佛刹，地平如掌。(《悲华经》卷一)
转轮圣王，统四天下海等大地。(《佛本行集经》卷五)

从使用频率上看，"地₁"的使用频率远高于双音形式"陆地"和"大地"，因而中古汉语时期"地₁"为表"大地"义的主导词，这种情况一直延续到近现代汉语时期，双音形式"陆地"和"大地"使用频率一直都不高。

综上，单音形式"地₁"表现出较强的稳定性，其所指虽然发生了一些变化，但并未受到汉语词汇复音化的影响。虽有"陆地""大地"同义双音形式出现，但其使用频率从古至今都无法与单音形式"地₁"抗衡。

4.1.4.2 "地₂"的历时发展变化

"地₂"对应现代汉语中的"土地""田地"两个双音词。根据《大词典》,"土地"最早见于《周礼·地官·小司徒》:"乃经土地,而井牧其田野。""田地"最早见于《史记·萧相国世家》:"今君胡不多买田地,贱贳贷以自污?"两个双音形式均产生于上古汉语时期。两个双音词在语义上略有不同,"土地"有两个义位,一为土壤,耕田用的土地,与"田地"为同义词,例如《周礼》中"乃经土地"。还有一个义位是领土、疆域,例如《国语·吴语》:"凡吴土地人民,越既有之矣,孤何以视于天下。"《孟子·梁惠王上》:"然则王之所大欲可知已,欲辟土地,朝秦楚,莅中国而抚四夷也。"因此上古汉语时期,双音形式"土地"的使用频率要高于"田地",据语料库统计,前者出现 56 次,后者仅有 5 次。

这种情况一直延续到中古汉语时期,无论是中土文献还是汉译佛经文献,双音形式"土地"的使用频率均高于"田地"。

> 王武子、孙子荆、各言其土地人物之美。(《世说新语·言语》)
> 土地肥美,人物丰饶。(《洛阳伽蓝记》卷五)
> 所有土地,则为佛身,于彼经行。(《正法华经》卷八)
> 譬如三千大千世界,山川溪谷土地所生卉木丛林及诸药草,种类若干,名色各异。(《妙法莲华经》卷三)
> 将来之世,此阎浮提,土地方正,平坦广博,无有山川,地生濡草,犹如天衣。(《贤愚经》卷十二)
> 其间道陌,土地坦平。(《佛本行集经》卷二十四)
> 此足娶妇,复无田地奴婢牛马,计复不足,是以息意也。(《法句譬喻经》卷三)

到了近代汉语时期,"土地"又产生了一个新义,即指掌管、守护某个地方的神,例如:

原来行者打了一路，打出两个老头儿来，——一个是山神，一个是土地。(《西游记》第八十一回)

宝玉下了马，贾母的轿刚至山门以内，见了本境城隍土地各位泥塑圣像，便命住轿。(《红楼梦》第二十九回)

双音形式"田地"也产生了一个新义，即地步、程度，例如：

敬是彻上彻下功夫，虽做得圣人田地，也只放下这敬不得。(《朱子语类》卷七)

而今又弄了这个疯女人来，在家闹到这个田地。(《儒林外史》第二十七回)

从使用频率上来看，据近代汉语标记语料库，"土地"共出现286次，"田地"使用频率也有所提高，共出现257次，两词的使用频率相差不大。需要指出的是，"土地""田地"在近代汉语时期产生的新义，与"地$_2$"的意思已经相差很远了。

4.1.4.3 小结

"地"是上古汉语无生名词使用频率最高的单音名词，表"大地，与'天'相对"的"地$_1$"作为"地"的核心词义，"地$_1$"具有超强的稳定性。在现代汉语中，虽有"陆地""大地"同义双音词，但并未取代单音词"地$_1$"。

表"土地、田地、土壤"的"地$_2$"对应于现代汉语中的"土地"和"田地"两个双音形式，"土地"和"田地"均产生于上古时期，但是在语义范围上，前者要大于后者，因此使用频率上，"土地"也要高于"田地"。需要指出的是，到了近代汉语时期，双音形式"土地"和"田地"都各自引申发展出了新义，这些新义都是"地$_2$"所不具备的。"地"的语音形式演变情况如表4-8所示。

表 4-8 "地"的单复音形式演变情况

高频名词	义位	复音选择形式	复音形式产生时间
地	地$_1$	陆地	上古
		大地	中古
	地$_2$	土地	上古
		田地	上古

4.1.5　单音名词"车"音节形式的历时演变

"车"是上古汉语无生名词中使用频率较高的单音名词,《说文解字·车部》:"车,舆轮之总名。夏后时奚仲所造。象形。""车"在上古的高频义位为"车子,陆地上有轮子的交通运输工具",本节称为"车$_1$"。

"车$_1$"首见于《诗经·秦风》:"有车邻邻,有马白颠。""车$_1$"的古今所指没有发生任何变化,现代汉语有双音名词"车子"为其替换形式。双音形式"车子"一词首见于宋代陆游《老学庵笔记》卷二:"成都诸名族妇女,出入皆乘犊车。惟城北郭氏车最鲜华,为一城之冠,谓之'郭家车子'。"单音形式"车$_1$"在上古和中古汉语时期独立承担"车子,陆地上有轮子的交通运输工具"这一义位,举例如下:

> 不明于化,而欲变俗易教,犹朝揉轮而夕欲乘车。(《管子·七法》)
> 一法度衡石丈尺,车同轨,书同文字。(《史记·秦始皇本纪》)
> 乃使元方将车,季方持杖后从。长文尚小,载著车中。(《世说新语·德行》)
> 梁朝全盛之时,贵游子弟,多无学术,至于谚云:"上车不落则著作,体中何如则秘书。"(《颜氏家训·勉学》)
> 尔时太子,遥见父王,下车步进,头面礼拜,问讯父母;父母亦下,便共抱持,别久念想与子相见,一悲一喜。(《贤愚经》卷九)

正偶出到诸署别观,万姓谓王御者言:"令车徐行,我欲视王无厌极也。"(《大楼炭经》卷三)

到近代汉语时期,双音形式"车子"一词出现,但其并没有对"车$_1$"的使用造成影响,单音形式"车$_1$"的使用频率仍远远高于双音的"车子",举例如下:

只见空中坠下一辆车来,有数个鬼使。(《清平山堂话本》)
日间所处之地,或堂或庑,或舟或车,总无一定之地,而夜间所处,则止有一床。(《闲情偶记》)
公只是每日硬用力推这车子,只见费力。(《朱子语类》卷一百二十)
那客人推那车子,直到郑州东门外,问永儿道:"你爹爹、妈妈家在那里住?"(《三遂平妖传》第六回)
同走了半天,庄绍光行李轻便,遂辞了萧、孙二人,独自一辆车子先走。(《儒林外史》第三十四回)

随着社会的发展进步,"汽车、洋车、火车、电车、缆车"等大量新词涌现,单音形式"车$_1$"的使用频率有所下降。据统计,"车$_1$"在现代汉语语料库中共出现了 219 次,而双音形式"车子"共出现了 402 次,虽然在现代汉语中与"车"有关联的新词不断涌现,并有同义双音词"车子"与其同时使用,但单音形式"车$_1$"仍可单独使用。

综上,"车$_1$"作为"车"的核心义,其所指从古至今没有发生变化,尽管近代汉语中出现了双音名词"车子",但并不影响单音形式"车$_1$"的稳定性,其单音形式和双音形式在现代汉语中同时使用。"车"的语音形式演变情况如表 4-9 所示。

表 4-9 "车"的单复音形式演变情况

高频名词	义位	复音选择形式	复音形式产生时间
车	车$_1$	车子	近代

4.1.6 单音名词"水"音节形式的历时演变

"水"是上古汉语无生名词中使用频率较高的单音名词,《说文解字·水部》:"水,准也。北方之行。象众水并流,中有微阳之气也。凡水之属皆从水。""水"在上古的高频义位为"由两个氢原子和一个氧原子结合而成的氢氧化合物,是无色、无臭、无味的液体。在一定条件下,也以固态或气态存在。水是生物机体不可缺少的组成部分"。本节称为"水$_1$"。

"水$_1$"首见于《易·比》:"地上有水。""水$_1$"的古今所指没有发生变化,也没有产生相应的复音形式,这是"水"作为核心词的一个重要表现。各个时期的用例如下:

冰,水为之,而寒于水。(《荀子·劝学》)

炎帝为火师,姜姓其后也。水胜火,伐姜则可。(《左传·哀公九年》)

公都子曰:"冬日则饮汤,夏日则饮水,然则饮食亦在外也?"(《孟子·告子上》)

近水则寒,近火则温。(《论衡·寒温》)

地无良薄,水清则稻美也。(《齐民要术·水稻》)

诸经法无所从生无形计,如幻无形,如水中见影。(《道行般若经》卷九)

直到潭州,过大溪次,师伯先过,洞山离这岸、未到彼岸时,临水睹影,大省前事,颜色变异,呵呵底笑。(《祖堂集·云岳和尚》)

你想,乡下挑水的几时见过两只大元宝呢,自然欢欢喜喜的打

了手印。(《老残游记》第十九回)

  幸得不是骤然发水,那样暴雨震雷,山崩地裂,所以人人都不敢睡觉,身上都穿得衣裳。(《醒世姻缘》第二十九回)

  这二十年之中,他每天照样早出晚归,在打铁炉旁边干活,他老婆周杨氏也每天照样打水、破柴、洗衣、煮饭,跟老铁匠周大夫妇在世的时候一模一样过日子。(《三家巷》)

综上,"水$_1$"作为"水"的核心义,其所指和内涵从古至今没有发生变化,在形式上一直由单音形式"水"来表达,这也印证了"水"作为重要的核心词之一,具有很强的稳定性。

4.1.7 单音名词"国"音节形式的历时演变

"国"是上古汉语集体名词中使用频率最高的单音名词,《说文解字·口部》:"国,邦也。从口,从或。"本书筛选上古时期的2个义位,分别为:国家,下文简称"国$_1$";国都,下文简称"国$_2$"。表4-10统计了主要义位及首见用例。

表4-10 "国"的主要义位及首见用例

义位	首见用例
国$_1$:国家。	《诗·小雅·节南山》:"秉国之均,四方是维。"
国$_2$:国都。	《左传·隐公元年》:"先王之制,大都不过参国之一。"

4.1.7.1 "国$_1$"的历时发展变化

"国"的基本常用义位是"国家",该义位对应现代汉语中的双音形式"国家"一词。《大词典》中"国家"最早的用例为《易·系辞下》:"君子安而不忘危,存而不忘亡,治而不忘乱,是以身安而国家可保也。"值得注意的是古代诸侯的封地称国、大夫的封地称家,也以国家为国的通称,如《孟子·离娄上》:"人有恒言,皆曰天下国家,天下之本在国,国之本在家,家之本在身。"赵岐注:"国谓诸侯之国,家谓卿大夫家。"

上古汉语时期,"国$_1$"和"国家"的用例如:

秉国之均,四方是维。(《诗经·小雅·节南山》)

夫子华既为大子,而求介于大国以弱其国,亦必不免。(《左传·僖公七年》)

夫管子,天下之才也,所在之国,则必得志于天下。(《国语·齐语》)

君有过谋过事,将危国家陨社稷之惧也。(《荀子·臣道》)

今惟毋在乎王公大人说乐而听之,即必不能蚤朝晏退,听狱治政,是故国家乱而社稷危矣。(《墨子·非乐上》)

实扩虚,垦田畴,修墙屋,则国家富。(《管子·五辅》)

本节选取上古汉语 5 部代表性著作,对著作中"国$_1$"和"国家"的使用比例进行统计,统计结果如表 4-11 所示。

表 4-11　上古代表性著作"国$_1$"和"国家"的使用情况

著作 词语	老子	国语	孟子	荀子	庄子	总计	百分比
国$_1$	11	293	69	255	52	680	91.89%
国家	2	27	7	21	3	60	8.11%

由表 4-11 可知,"国$_1$"和"国家"虽都成词于上古汉语时期,但在使用频率上,单音形式"国$_1$"明显高于双音形式的"国家",单音形式"国$_1$"占据主导地位。

中古汉语时期,双音形式的"国家"开始活跃,使用频率提高,但仍不及单音形式的"国$_1$",中古时期具体用例如:

治家者欲一家之庆,治国者欲一国之良,仆妾臣民,与身竟何亲也,而为勤苦修德乎?(《颜氏家训·归心》)

初发京师,西行四十日,至赤岭,即国之西疆也。(《洛阳伽蓝记》卷五)

于时国家殷富,库藏盈溢,钱绢露积于廊者,不可校数。(《洛阳伽蓝记》卷四)

非常有意思的是,汉译佛经中只有单音形式的"国$_1$",未见双音形式的"国家":

其余慧侣分布诸国,四出周行亦雨七宝。(《正法华经》卷五)
国中树木寻时亏落,无诸华实。(《普曜经》卷四)

近代汉语标记语料库中,双音形式"国家"共出现 240 次,仍然远远低于单音形式"国$_1$"(1866 次),具体用例如:

当时不在诸余国,示现获居兜率天。(《敦煌变文集新书·八相变》)
当国将危乱时,凡所见者无非不好底景象也。(《朱子语类》卷八十一)
此时国富民安,士农乐业。(《水浒传》第七十二回)
倘到西邦诸国,不灭善缘。(《西游记》第二十九回)
国家每年放五百人及第,朝堂门下还得好也无?(《祖堂集·大光和尚》)
即目盗贼猖狂,国家用人之际。(《水浒传》第十二回)

综上,"国$_1$"和"国家"均产生于上古汉语时期,但从上古汉语到近代汉语时期,在表达"国家"这一概念时,单音形式"国$_1$"一直占据主导地位;双音形式"国家"的使用频率从上古汉语至近代汉语一直保持着上升的态势。现代汉语时期,"国$_1$"依旧可以单独使用,组成"国内""国外""我国"等短语。在现代汉语中表达"国家"这一概念时,既可使用"国$_1$",也可使用"国家",单音和复音形式同时使用。

4.1.7.2 "国$_2$"的历时发展变化

"国"的第二个义位为"国都"之义,其双音形式"国都"最早见于上古汉语时期,具体使用情况如下:

先王之制,大都不过参国之一,中五之一,小九之一。(《左传·隐公元年》)

愿君顾先王之宗庙,姑反国统万人乎!(《战国策·齐策》)

度呼沱,涉易水,不至四五日,而距国都矣。(《战国策·燕策》)

凡立国都,非于大山之下,必于广川之上。(《管子·乘马》)

对上古汉语语料库进行检索,"国$_2$"和"国都"共有46个用例,其中"国$_2$"共有31个用例,占比为67.39%;"国都"仅有15个用例,占比为32.61%。虽然单双音形式"国$_2$"和"国都"同在上古时期出现,但单音形式"国$_2$"的使用频率高于双音形式"国都",占据主导地位。

双音形式"国都"在中古文献中的用例也不多,一直延续到近代汉语时期:

旦至广明东都门,遂曰:"礼,奔丧望见国都哭。此长安东郭门也。"(《汉书·昌邑哀王刘髆传》)

八月,令诸侯王皆立太上皇庙于国都。(《汉书·高帝纪》)

忽至一个地方,舟中望去,人烟凑聚,城郭巍峨,晓得是到了甚么国都了。(《初刻拍案惊奇》卷一)

故宋时,东京果是天下第一国都,繁华富贵,出在道君皇帝之时。(《水浒传》第七十二回)

现代汉语时期,表"国都"义的"国$_2$"已经消失,表达该概念时主要由双音名词"国都"和"首都"来表示。在 CCL 语料库中,"国都"和"首都"共有 43477 个用例,其中"国都"有 1639 个用例,占比为 3.77%;而"首都"的用例达 41838 条,占比为 96.23%,"首都"成为主导词。究其原因,一是政治因素的影响,1927 年中华民国定都南京,并称南京为"首都",至此在行政领域上"首都"占据主导地位;二是语体因素的影响,"国都"相较于"首都"来说更具有书面语色彩,"国都"通常会作为历史词使用。

国王被犬戎所杀,国都被犬戎所破。(《安徽俗话报》)
北平人已失去他们自己的城,现在又失去了他们的国都!(《四世同堂》)
我们为了维持首都治安,必要时,当然要制止你们。(《青春之歌》)
因为首都所有机关工作同志和万千市民,都曾经热情兴奋在灯火下,和工人、农民、解放军一道,为这个有历史性的广场和两旁宏伟建筑出过一把力。(《过节和观灯》)

综上,"国$_2$"及其双音形式"国都"在上古汉语时期均已产生,但在上古和中古汉语时期"国$_2$"的使用频率高于"国都",单音形式"国$_2$"占据主导地位;发展到近代汉语时期,"国都"逐渐活跃;现代汉语时期,"国$_2$"消失,"首都"一词产生并迅速发展,其使用频率远超"国都",成为现代汉语主导词。

4.1.7.3 小结

"国"是上古汉语集体名词中使用频率最高的单音名词,表"国家"义的"国$_1$"相应的复音形式为"国家",表"国都"义的"国$_2$"相应的复音形式为"国都"和"首都",具体演变形式如表 4-12 所示。

表 4‑12 "国"的单复音形式演变情况

高频名词	义位	复音选择形式	复音形式产生时间
国	国$_1$	国家	上古
	国$_2$	国都	上古
		首都	现代

4.1.8 单音名词"师"音节形式的历时演变

"师"是上古汉语集体名词中使用频率较高的单音名词,《说文解字·帀部》:"师,二千五百人为师。从帀,从自。自,四帀众意也。"本书选择"师"的两个义位作为研究对象,分别为:老师,教师,下文简称"师$_1$";军旅,军队,下文简称"师$_2$",这两个义位及其首见用例如表 4‑13 所示。

表 4‑13 "师"的主要义位及首见用例

义位	首见用例
师$_1$:老师,教师。	《论语·为政》:"温故而知新,可以为师矣。"
师$_2$:军旅,军队。	《诗·秦风·无衣》:"王于兴师,修我戈矛,与子同仇。"

4.1.8.1 "师$_1$"的历时发展变化

"师"的第一个义位是传授知识的人,该义位对应于现代汉语的双音形式"老师"和"教师"两个双音词。《大词典》中"老师"最早的用例为《史记·孟子荀卿列传》:"田骈之属皆已死,齐襄王时而荀卿最为老师。"表示"年老辈尊的传授学术的人",这里的"老师"与现代汉语中对"师"的内涵上稍有差异。"教师"在《大词典》中最早见于元张国宾《罗李郎》第三折:"人都道你是教师,人都道你是浪子。上长街百十样风流事,到家中一千场五代史。"本指教授歌曲、戏曲、武术等技艺的人,后来才发展为表示向学生传授知识、执行教学任务的人。《大词典》首见书证为清刘献廷《广阳杂记》卷一:"永乐取举人、监生年少者入翰林院,习夷字,以通事为教师。"

上古汉语时期,"师₁"和"老师"的使用情况如下:

温故而知新,可以为师矣。(《论语·为政》)
夫人虽有性质美而心辩知,必将求贤师而事之。(《荀子·性恶》)
田骈之属皆已死,齐襄王时而荀卿最为老师。(《史记·孟子荀卿列传》)

双音形式"老师"虽成词于上古汉语时期,但使用范围有限,特指"年老辈尊的传授学术的人",用例屈指可数,仅有 2 例,因而在上古汉语时期,单音形式"师₁"独立承担"老师,教师"这一义位。

中古汉语时期,本书所依据的语料中,未见双音形式的"老师",在一定程度上说明,中古汉语时期仍由单音形式"师₁"承担"老师,教师"这一义位,例如:

师在深宫尊贵教,敬当如敬佛无有异。(《道行般若经》卷九)
入于山中,求道无师,能得道不?(《中本起经》卷上)

近代汉语时期,"师₁"和"老师"的使用情况发生了较大的转变。宋代,"老师"的词义发生拓展,泛称传授文化、技艺的人,"老师"的使用频率极速增加,据统计,"老师"在近代汉语语料库中共出现了 473 次,而"师₁"仅出现了 57 次。由此可见,近代汉语中双音形式"老师"已逐步取代单音形式"师₁"而成为表"老师,教师"义的主导词。

不瞒老师说,这两个字,上头的,礼上还当。(《西游记》第二十四回)
想是才学画几笔,难入老师的法眼。(《儒林外史》第一回)

"教师"在近代汉语语料库中用例不多,且均是指教授戏曲、武术等技艺的人。例如:

原来你却是林教师的徒弟。你的师父被高太尉陷害,落草去了。如今见在梁山泊。(《水浒传》第十七回)
原是奉了家主盛希侨之命,下苏州署办戏衣,顺便请来了两个昆班老教师。(《歧路灯》第四十四回)

综上,单音形式"师$_1$"及其双音形式"老师"虽都成词于上古汉语时期,但"老师"一词的用例非常少,上古和中古汉语时期"老师,教师"这一义位主要由"师$_1$"承担;到近代汉语时期,"老师"开始活跃并逐步取代"师$_1$"成为主导词,现代汉语中"师$_1$"已不能单独使用,只能作为构词语素组合成词。双音形式"教师"产生较晚,且与"老师"不尽相同,存在感情色彩上的差异。"教师"侧重于指从事教授知识这一职业的人,带有中性感情色彩。"老师"则是与"学生"相对,带有尊敬的感情色彩。

4.1.8.2 "师$_2$"的历时发展变化

"师$_2$"义为"军旅,军队",该义位可对应于现代汉语中的"军旅"和"军队"两词。《大词典》中"军旅"最早的用例是《周礼·地官·小司徒》"五人为伍,五伍为两,四两为卒,五卒为旅,五旅为师,五师为军,以起军旅,以作田役",表"部队"的意思;"军队"最早的用例是《宋书·二凶列传》"(太子劭)使秀与屯骑校尉庞秀之对掌军队"。

上古汉语时期,"师$_2$"和"军旅"共有 1449 个用例,其中"师$_2$"共有 1379 个用例,占比为 95.17%;"军旅"共有 70 个用例,占比为 4.83%。因此,单音形式"师$_2$"在上古汉语占据主导地位。具体使用情况如下:

十年春,齐师伐我。(《左传·庄公十年》)
公子友帅师败莒师于犁。(《左传·僖公元年》)

今家人之治产也,相忍以饥寒,相强以劳苦,虽犯军旅之难,饥馑之患,温衣美食者必是家也。(《韩非子·六反》)

孔子曰:"俎豆之事则尝闻之,军旅之事未之学也。"(《史记·孔子世家》)

中古汉语延续了上古汉语的情况,单音形式"师₂"仍占据主导地位,双音形式"军旅"使用频率不高,例如:

延伯出师于洛阳城西张方桥,即汉之夕阳亭也。(《洛阳伽蓝记》卷四)

既代之后,公私扰乱,周师一举,此镇先平。(《颜氏家训·慕贤》)

朝廷宪章,军旅誓诰,敷显仁义,发明功德,牧民建国,施用多途。(《颜氏家训·文章》)

近代汉语时期,"师₂"的使用频率已经明显下降,双音形式的新词"军队"产生,和"军旅"一同开始占据主导地位。

司马懿受了巾帼女衣,看了书札,并不嗔怒,只问丞相寝食及事之烦简,绝不提起军旅之事。(《三国演义》第一百零三回)

望招讨整顿军旅,时刻打通。(《三遂平妖传》第四十四回)

武举中选人,或除京东抵贼,或边上任使,或三路沿边试用,或经略司教押军队、准备差使。(《续资治通鉴·宋纪》)

直到现代汉语时期,单音形式"师₂"只能作为构词语素,不再单独使用,例如"出师""班师",双音形式"军队"一词开始大规模使用,使用频率迅速增加。统计结果显示,现代汉语语料库中"军队"的用例达43859条,而"军旅"的用例仅809条。

综上,"师₂"和"军旅"同成词于上古汉语时期,但在上古和中古汉语时期一直是单音形式"师₂"占据主导地位;中古时期,双音形式"军队"出现,到了近代汉语时期,"师₂"的使用频率迅速下降,双音词"军旅"和"军队"占据主导地位;发展到现代汉语时期,"军队"迅速活跃并逐步替换"师₂",占据主导地位并沿用至今。

4.1.8.3 小结

"师"是上古汉语中使用频率较高的集体名词,表"老师,教师"义的"师₁"在现代汉语中主要用复音形式"老师""教师"表示;表"军旅,军队"义的"师₂",现代汉语主要使用双音形式"军队"和"军旅"。具体演变情况如表 4-14 所示。

表 4-14 "师"的单复音形式演变情况

高频名词	义位	复音选择形式	复音形式产生时间
师	师₁	老师	上古
		教师	近代
	师₂	军旅	上古
		军队	中古

4.1.9 单音名词"家"音节形式的历时演变

"家"是上古汉语集体名词中使用频率较高的单音名词,《说文解字·宀部》:"居也。从宀,豭省声。"本书选择"家"的两个义位作为研究对象,分别为:人所居,住房,下文简称"家₁";家族;家庭,下文简称"家₂",这两个义位及其首见用例如表 4-15 所示。

表 4-15 "家"的主要义位及首见用例

义位	首见用例
家₁:人所居,住房。	《易·丰》:"丰其屋,蔀其家,窥其户,阒其无人。"
家₂:家族,家庭。	《诗·周颂·桓》:"天命匪解,桓桓武王,保有厥士,于以四方,克定厥家。"

4.1.9.1 "家₁"的历时发展变化

"家"的第一个义位是"人所居,住房",该义位在现代汉语中仍然使用单音形式"家"。下面将从各个时期对"家₁"进行举例介绍:

上古汉语时期,"家₁"的使用情况例如:

> 夫子出于山,舍于故人之<u>家</u>。(《庄子·山木》)
> 侄其从姑,六年其逋,逃归其国,而弃其<u>家</u>,明年其死于高梁之虚。(《左传·僖公十五年》)
> 人与人相畴,<u>家</u>与<u>家</u>相畴,世同居,少同游。(《国语·齐语》)

该单音形式一直延续到中古汉语和近现代汉语时期,例如:

> 若行异域有蛊毒之乡,每于他<u>家</u>饮食,则常先以犀搅之也。(《抱朴子内篇·登涉》)
> 王祥事后母朱夫人甚谨,<u>家</u>有一李树,结子殊好,母恒使守之。(《世说新语·德行》)
> 其父答曰:"吾<u>家</u>堂柱,每现光明,试破看之,傥有异物?"(《贤愚经》卷一)
> 经时放牛人遍体观望,人相有异。即语言:"我<u>家</u>在近,当供养汝。"(《敦煌变文集新书·双恩记》)
> 贾奕道:"我从今后再不敢踏上你<u>家</u>门儿来。咱两个瓶坠簪折,恩断义绝!"(《新刊大宋宣和遗事》)
> "我<u>家</u>的六顺,"四爷忽然严肃而且悲哀地说,声音也有些发抖了。(《长明灯》)

"家₁"在表达"人所居,住房"这一概念时,从古至今都用单音形式"家",未受到汉语复音化的影响,具有较强的稳定性。

4.1.9.2 "家₂"的历时发展变化

"家₂"义为"家族,家庭",该义位可对应于现代汉语中的"家庭"和"家族"两词。《大词典》中"家庭"最早的用例是《后汉书·郑均传》:"均好义笃实,养寡嫂孤儿,恩礼敦至。常称病家廷,不应州郡辟召。""家族"最早的用例是《管子·小匡》:"公修公族,家修家族,使相连以事,相及以禄。"值得注意的是,"家庭"在产生之初,并不是指现代汉语中的"以婚姻和血统关系为基础的社会单位,包括父母、子女和其他共同生活的亲属在内"之义,而是指代家中。直到近代汉语《史通·辨职》:"班固之成书也,出自家庭;陈寿之草志也,创于私室。"中才表示现代汉语中的"家庭"之义。

上古汉语时期,双音形式"家族"虽已产生,但仅有 2 个用例,其使用频率远不及单音形式"家₂"。因此,上古汉语单音形式"家₂"占据主导地位。举例如下:

> 持戈之士,顾不见亲,家族失而不分。(《管子·轻重甲》)
> 客有道曰:"孔子曰:'周公其盛乎! 身贵而愈恭,家富而愈俭,胜敌而愈戒。'"(《荀子·儒效》)
> 齐桓公微服以巡民家,人有年老而自养者,桓公问其故,对曰:"臣有子三人,家贫,无以妻之,佣未反。"(《韩非子·外储说右下》)

中古汉语延续了上古汉语的情况,即表达"家族、家庭"这一义位时,"家₂"仍占据主导地位,双音形式"家族"在本书所用标记语料库中未见用例,在其他补充语料库中用例也非常少,例如:

> 按董仲舒所撰李少君家录云,少君有不死之方,而家贫无以市其药物,故出于汉,以假涂求其财,道成而去。(《抱朴子内篇·论仙》)

寿蹻捷绝人,踰墙而入,家中莫知。(《世说新语·惑溺》)

既出,得送父母妻子归乡里,不逢邪恶到家,莫不欢欣者。(《道行般若经》卷七)

近代汉语时期,双音形式"家庭"有了"以婚姻和血统关系为基础的社会单位,包括父母、子女和其他共同生活的亲属在内"之义,但这个时期仍是以"家$_2$"占据主导地位,"家庭"和"家族"在语料库中的用例分别为93次和61次。举例如下:

老爷便吩咐道:"家庭欢聚,不必这等竞持,你只管照常喝。"(《儿女英雄传》第三十七回)

从此家庭和睦,当无间言。须臾之间,转祸为福。(《警世通言》卷三十二)

黛玉从不闻袭人背地里说人,今听此话有因,心里一动,便说道:"这也难说。但凡家庭之事,'不是东风压了西风,就是西风压了东风。'"(《红楼梦》第八十二回)

玄德又言:"我妻儿必为吕布所杀,可以写书见吕布,可保家族。"(《全相平话五种·三国志平话》)

谏官欧阳修言:"臣窃见近日盗贼纵横,盖由威令不行。昨王伦既败之后,不诛家族。"(《续资治通鉴》卷四十六)

现代汉语中,"家$_2$"依旧能单独使用,双音形式"家庭"和"家族"的使用频率也迅速增加。双音形式"家庭"一词开始大规模使用,CCL语料库数据显示,语料库中"家庭"的用例达53276条,而"家族"的用例为7666条。

综上,双音形式"家族"与"家庭"分别产生于上古和中古时期,但单音形式"家$_2$"一直占据主导地位。直到近代汉语时期,尽管双音形式"家族"与"家庭"的使用频率有所上升,但单音形式"家$_2$"依旧可以单独使用,与双音形式共同活跃在词汇系统中。

4.1.9.3 小结

"家"是上古汉语中使用频率较高的集体名词,表"人所居,住房"义的"家$_1$"在现代汉语中仍然采用单音形式"家"来表达这一概念;表"家族,家庭"义的"家$_2$",现代汉语主要使用双音形式"家庭"和"家族"。具体演变情况如表 4-16 所示。

表 4-16 "家"的单复音形式演变情况

高频名词	义位	复音选择形式	复音形式产生时间
家	家$_1$	无	无
	家$_2$	家族	上古
		家庭	中古

4.1.10 单音名词"今"音节形式的历时演变

"今"是上古汉语时间名词中使用频率最高的单音名词,《说文解字·亼部》:"今,是时也。从亼,从㇆。""今"的本义"今$_1$"即"现在"为本书的研究对象。

"今$_1$"首见于《诗·鲁颂·有駜》:"自今以始,岁其有。"现代汉语双音形式有"如今""现在"和"现今"三个。下面结合语料库具体分析三词的发展变化。

上古汉语时期,"今$_1$"独立承担"现在"这一义位,例如:

<u>今</u>君分之土而官之,是左之也。(《国语·晋语一》)
<u>今</u>天下溺矣,夫子之不援,何也?(《孟子·离娄上》)
臣为韩王送沛公,沛公<u>今</u>事有急,亡去不义,不可不语。(《史记·项羽本纪》)

双音形式"如今"在上古汉语时期也已经产生，但是用例很少，例如：

樊哙曰："大行不顾细谨，大礼不辞小让。如今人方为刀俎，我为鱼肉，何辞为？"(《史记·项羽本纪》)

中古汉语时期，单音形式的"今₁"继续沿用，大量见于中土文献和汉译佛经文献，例如：

吾今知仙之可得也，吾能休粮不食也，吾保流珠之可飞也，黄白之可求也，若责吾求其本理，则亦实复不知矣。(《抱朴子内篇·对俗》)

褚太傅有知人鉴，罢豫章还，过武昌，问庾曰："闻孟从事佳，今在此不？"(《世说新语·识鉴》)

今故复来，一麻一米，我等不堪，今起求食，奈何能办？(《中本起经》卷上)

女誓后世生，随君所施与，儿子及我身，今佛知我意。(《修行本起经》卷上)

中古汉语时期，双音形式"现在"产生，但其本义为"目前存在"的意思，与佛经中的时间名词"现在"有较大差别。王力先生曾在《汉语史稿》中指出："'现在'本作'见在'，'夫《尚书》灭绝于秦，其见在者二十九篇。'(《论衡·正说篇》)这里的'见在'是'目前存在'的意思。翻译佛经的人利用这个仿语翻译梵语一个单词，于是'现在'就有了新义。"由此可见，现代汉语中表时间义的"现在"来源于汉译佛经文献，在当时为佛教专用词汇，与"过去""未来"这两个词语构成了整个佛教因果轮回的系统，是佛教用来表示因果轮回、个体一生的存在时间名称。双音形式"如今"和"现在"主要见于汉译佛经文献中，前者出现 48 次，后者出现

317次,而且常与"今"并列连用,例如:

我极贫困,如今我身,无手许完纳。(《贤愚经》卷五)
如今世尊乃演斯教,于是佛法无逮泥洹,虽说此经,吾等不解谊之所趣。(《正法华经》卷一)
如今国王贪欲无道。(《出曜经》卷二)
过去、当来、今现在佛经身等无异。(《道行般若经》卷九)
此染衣者,过去未来现在三世圣人标相,我若害之,则为恶心趣向三世诸贤圣人。(《贤愚经》卷十三)
如来现在有闻斯典,多有诽谤,何况如来灭度之后,难得值遇,所欲志愿而见覆盖,观族姓子女为如此也。(《正法华经》卷六)
外道等执于常见,便谓过去、未来、现在,唯是一识,无有迁谢。(《百喻经》卷三)

到了近代汉语时期,根据标记语料库的数据统计,双音形式"如今"的使用频率高达4069次,"现在"的使用频率为131次,但是范围已经扩大,并不仅仅限于佛经文献,例如:

我虽年老,现在并无病痛。(《儒林外史》第三十九回)
现在应天府案下审理。(《红楼梦》第三回)

双音形式"现今"产生于近代汉语时期,《大词典》最早书证为元无名氏《渔樵记》第一折:"幼年颇习儒业,现今于本庄刘二公家作赘。"引例晚。以近代汉语标记语料库为范围,"现今"有110多例,且最早见于《敦煌变文集新书·降魔变文》:"国相之女,总有三人;两个已仕皇孙,一个现今在室。"再如:

现今占了我的江山,暗侵了我的国土。(《西游记》第三十

七回)

  现今考选科道在即,你我的资格,都是有指望的。(《儒林外史》第七回)

  如今且说媳妇这病,你到那里寻一个好大夫来与他瞧瞧要紧,可别耽误了。现今咱们家走的这群大夫,那里要得,一个个都是听着人的口气儿,人怎么说,他也添几句文话儿说一遍。(《红楼梦》第十回)

  到了现代汉语时期,单音形式"今$_1$"基本不能单独使用,双音形式的"现在"远远超过了双音形式"如今"和"现今",根据现代汉语标记语料库,前者出现4228次,"如今"和"现今"分别为557次和220次。

  综上,上古汉语时期单音形式"今$_1$"独立承担"如今、现在"这一义位;双音形式"如今"产生于上古汉语时期,在中古汉语时期双音形式"现在"产生,但是大量见于汉译佛经文献。近代汉语时期,双音形式"如今"迅速发展,同时新产了双音形式"现今";到了现代汉语,"今$_1$"能独立使用的情况非常少,一般作为构词语素组合成词,双音形式"现在"成为主导词。具体演变情况如表4-17所示。

表4-17 "今"的单复音形式演变情况

高频名词	义位	复音选择形式	复音形式产生时间
今	今$_1$	如今	上古
		现在	中古
		现今	近代

4.1.11 单音名词"日"音节形式的历时演变

  "日"是上古汉语时间名词中使用频率较高的单音名词,本书选取义位1"日$_1$"即"太阳"为研究对象。

"日₁"成词于上古汉语时期,首见于《易·系辞下》"日往则月来,月往则日来",表示"太阳"的意思,该义位对应于现代汉语双音形式"太阳"一词。王力(1980)指出:"'日'转变为'太阳'是汉语词汇演变史中一个很有趣、很典型的例子。"《大词典》中"太阳"最早的用例为《尚书大传》卷五:"遂人以火纪;火,太阳也。"值得注意的是,"太阳"在产生之初并不专指"太阳",而是指"旺盛的阳气"。

上古汉语时期还有一个双音形式"白日"表示太阳义,但是使用频率不及单音形式的"日₁",且多用于诗歌文体,具体使用情况如下:

若<u>日</u>之光,若月之明,与天地同常。(《墨子·尚贤中》)
<u>日</u>居月诸,东方自出。(《诗经·邶风·日月》)
<u>白日</u>晼晚其将入兮,明月销铄而减毁。(《楚辞·九辩》)

上古汉语时期,双音形式"太阳"尚未成词,因而"日₁"在上古汉语时期主要承担"太阳"这一义位,这种情况一直延续到中古汉语,例如:

天有霜,若白霜下,以平明时,令两人持长索相对,各持一端以概禾中,去霜露,<u>日</u>出乃止。(《齐民要术·种谷》)
常思护诸根,其意不乐余;如<u>日</u>震光明,不用无数问。(《普曜经》卷三)
澡洗放光,障蔽<u>日</u>月。(《佛本行集经》卷八)

中古汉语时期,双音形式"白日"语义主要表示白天,并不是太阳义。例如:

有参军见鼠<u>白日</u>行,以手板批杀之。(《世说新语·德行》)
<u>白日</u>燃灯,无益时用。(《贤愚经》卷三)

双音形式"太阳"出现频率很低：

王公曰："使太阳与万物同晖，臣下何以瞻仰？"(《世说新语·宠礼》)

此草雾而不濡，太阳气盛也，铄玉烂石。(《齐民要术·五谷、果蓏、菜茹非中国物产者》)

"太阳"成词于阴阳五行说最盛行的汉代，在产生之初"太阳"中的"阳"是"阴阳二气"中的"阳"，"太阳"指旺盛的阳气，如《淮南子·天文训》"日者阳之主也……月者阴之宗也"，这就是"日"称"太阳"、"月"称"太阴"的来源。"太阳"和"太阴"是一组相对的词语，王力(1980)指出："'月'称'太阴'在后代只用于特殊的场合，没有在全民语言中生根，算是失败了；'日'称'太阳'却成功了。"

近代汉语新产了"日头"双音表达形式，最早见于唐代，例如：

午时庵内坐，始觉日头暾。(寒山《以我栖迟处》)

师云："老僧要坐却日头，天下黯黑忙然皆匝地普天。"(《祖堂集·夹山和尚》)

近代汉语时期，"日$_1$""太阳""日头"的使用情况发生了较大的转变，双音形式"太阳"的使用频率极速增加，在近代汉语语料库中共出现372次，而"日$_1$"出现297次、"日头"出现127次。由此可见，近代汉语时期，双音形式"太阳"逐步活跃，并开始取代"日$_1$"成为表"太阳"义的主导词。例如：

且中国之于夷狄，犹太阳之对列星，理无降尊，俯同藩服。(《旧唐书·东夷传》)

太阳出而冰雪自消，睿泽敷而黔黎尽泰。(《全唐文·哀帝降表》)

现代汉语中,"日₁"单独使用的情况已不多见,"太阳"占据主导地位,"日头"则主要在方言区使用。

综上,"日₁"在上古汉语时期独立承担"太阳"这一义位;中古汉语时期"太阳"成词,指"旺盛的阳气",由于阴阳五行说的影响,"太阳"成为"日"的通称,但单音形式"日₁"依旧占据主导地位;发展到近代汉语,"太阳"逐渐活跃并开始取代"日₁"成为主导词。"日"的复音化发展情况参见表4-18。

表4-18 "日"的单复音形式演变情况

高频名词	义位	复音选择形式	复音形式产生时间
日	日₁	白日	上古
		太阳	中古
		日头	近代

4.1.12 单音名词"时"音节形式的历时演变

"时"是上古汉语时间名词中使用频率较高的单音名词,《说文解字·日部》:"时,四时也。从日寺声。"本书选择"时"的两个义位作为研究对象,分别为:时节,季节,下文简称"时₁";时候,时间,下文简称"时₂",这两个义位及其首见用例如表4-19所示。

表4-19 "时"的主要义位及首见用例

义位	首见用例
时₁:时节,季节。	《书·尧典》:"乃命羲和,钦若昊天,历象日月星辰,敬授民时。"
时₂:时候,时间。	《论语·季氏》:"少之时,血气未定,戒之在色。"

4.1.12.1 "时₁"的历时发展变化

"时"的第一个义位表"一年中按气候、农事等划分的某个有特点的时期"的意思,可对应于现代汉语中的"时节""季节"两个双音形式。"时节"产生于上古时期,最早见于《管子·君臣下》:"故能饰大义,审时节,上以礼神明,下以义辅佐者,明君之道。"《大词典》中"季节"最早的用例是晋夏侯湛的《雷赋》:"伊朱明之季节兮,暑熏赫以盛兴。"由此可知,双音形式"时节"产生于上古汉语时期,"季节"产生于中古汉语时期,下文将从历时的角度探讨这三个词的历时发展情况。

上古汉语时期,"季节"尚未成词,"时₁"和"时节"承担"季节"这一义位,但是双音形式"时节"用例很少,例如:

天有四<u>时</u>,春秋冬夏,风雨霜露,无非教也。(《礼记·孔子闲居》)
奉盛以告曰:"洁粢丰盛",谓其三<u>时</u>不害而民和年丰也。(《左传·桓公六年》)
是以神降之福,<u>时</u>无灾害,民生敦庞,和同以听,莫不尽力以从上命,致死以补其阙,此战之所由克也。(《左传·成公十六年》)
积微:月不胜日,<u>时</u>不胜月,岁不胜时。(《荀子·强国》)

双音形式"季节"虽已在中古时期成词,但在本书所用标记语料库中均未见用例,仅在其他补充语料中偶见用例。双音形式的"时节"用例也不多,因此在中古和近代汉语时期,单音形式"时₁"占据主导地位。举例如下:

积日为月,积月为<u>时</u>,积时为岁,千五百三十九岁为一统。(《论衡·谰时》)
千岁之鹤,随<u>时</u>而鸣,能登于木,其未千载者,终不集于树上也,色纯白而脑尽成丹。(《抱朴子内篇·对俗》)
得<u>时</u>之和,适地之宜,田虽薄恶,收可亩十石。(《齐民要术·耕田》)
地正月中冻解者,<u>时节</u>既早,虽浸,牙不生。(《齐民要术·种胡荽》)
菩萨在胎,自然天乐而相和鸣,雨天香花常以<u>时节</u>,春秋冬夏

自然降矣。(《普曜经》卷二)

到了现代汉语时期,表"季节"的"时₁"已不再单用,成为构词语素,如"四时""农时""应时"等。在 CCL 语料库中,"季节"共有 8568 条用例,"时节"共有 3620 条用例,双音形式"季节"占据主导地位。例如:

姑母一家人自然是很快乐的。只有他(还有她)底心有若在严冬的<u>季节</u>。(《灭亡》第三章)
正是苍松翠绿,百花争艳的<u>季节</u>。(《万水千山》第四幕)
母亲并不责怪,也不收拾,这些天再洗也洗不掉,只待杨梅<u>季节</u>一过,渍迹自然消退,把衣服往河水里轻轻一搓便什么也看不见了。(《乡关何处》)
桃花时节,也是万物繁生的<u>时节</u>。(《海市》)
上次他来的时候,也是初春<u>时节</u>,路边上繁花似锦,现在那些花都不见了。(《寻找无双》)
中秋又是北京一年中气候最好的<u>时节</u>:晴空万里,纤尘不飞,金风送爽,瓜果飘香。(《皇城根》)

综上,双音形式"时节"产生于上古汉语时期,"季节"成词于中古汉语时期,但是用例都非常少,因此从上古一直到近代汉语时期,单音形式"时₁"一直占据主导地位。现代汉语时期,"时₁"不再单独使用,成为构词语素。在表达"季节"这一概念时,主要由双音形式"季节"和"时节"来表达。

4.1.12.2 "时₂"的历时发展变化

"时₂"义为"时候,时间",该义位可对应于现代汉语中的"时候"和"时间"两词。《大词典》中"时候"最早的用例是《公羊传·庄公二十二年》:"冬,公如齐纳币。"汉何休注:"凡婚礼皆用雁,取其知时候。"

"时间"在《大词典》中的最早用例是宋李之仪的《南乡子》:"万事已成灰,只这些儿尚满怀。刚被北风吹晓角,相催,不许时间入梦来。"表示"眼下,一时"的意思,用例晚。下面从历时的角度探讨这三个词的发展变化。

上古汉语时期,双音形式"时候"和"时间"均未产生,因此上古汉语在表达"时候,时间"这一义位时,单音形式"时$_2$"占据主导地位。举例如下:

少之时,血气未定,戒之在色。(《论语·季氏》)
秋水时至,百川灌河。(《庄子·秋水》)
今天下之人曰:方今之时,天下之正长犹未废乎天下也,而天下之所以乱者,何故之以也?(《墨子·尚同中》)

中古汉语时期,双音形式"时候"和"时间"均已产生,但用例不多,"时$_2$"仍占据主导地位,例如:

白日正中时,天下共明光。(《学刘公幹体》)
又射工虫冬天蛰于山谷间,大雪时索之,此虫所在,其雪不积留,气起如灼蒸,当掘之,不过入地一尺则得也,阴干末带之,夏天自辟射工也。(《抱朴子内篇·登涉》)
稗中有米,熟时捣取米,炊食之,不减粱米。(《齐民要术·种谷》)
是诸菩萨摩诃萨,从初踊出,以诸菩萨种种赞法而赞于佛,如是时间,经五十小劫。(《妙法莲花经》卷五)
王第一夫人,名须梨波罗满,经数时间,便觉有娠。(《贤愚经》卷二)

近代汉语时期,"时候"有了"起点和终点的一段时间"和"时间里的某一点"之义,用例迅速增加,在语料库中共有 607 个用例,双音形式

"时间"仅有 10 个用例。单音形式"时₂"仍是近代汉语主导词。举例如下:

　　日月相会时,日在月上,不是无光,光都载在上面一边,故地上无光。(《朱子语类》卷二)
　　道吾云:"尖时亦不尖,圆时亦不圆。"(《祖堂集·石室和尚》)
　　王观察听了,教打开他房门看时,只有些旧衣旧裳和些被卧在里面。(《水浒传》第三回)
　　到这时候,合当如此变。(《朱子语类》卷七六)
　　黄昏时候,披挂已了,马摘鸾铃,人披软战,军卒衔枚疾走,一齐乘马。(《水浒传》第六十四回)
　　时间尚在白衣,目下风云未遂。(《西厢记诸宫调》卷一)
　　虽则时间受窘,久后必然发迹。(《剪发待宾》第一折)
　　霎时间大火竟起,烈焰飞天,四分五落,都穿在大缸内。(《水浒传》第七十九回)
　　如若不依,时间就打上灵霄宝殿,教他龙床定坐不成。(《西游记》第四回)

　　现代汉语中,"时₂"单独使用的情况非常少见,双音形式"时候"和"时间"的使用频率迅速增加,两词开始大规模使用,CCL 语料库数据显示,语料库中"时候"的用例达 144967 条,"时间"的用例达 166226 条。
　　综上,双音形式"时候"和"时间"成词于中古汉语时期,但用例非常少,因此在上古和中古汉语时期表达"时候,时间"这一义位时,单音形式"时₂"占据主导地位;近代汉语时期,双音形式"时候"的使用频率有所上升,但依旧是"时₂"占据主要优势;发展到现代汉语时期,"时₂"单独使用的情况非常少见,双音形式"时候"和"时间"占据主导地位。

4.1.12.3　小结

　　"时"是上古汉语中使用频率较高的时间名词,表"季节"义的"时₁"

在上古时期产生,现代汉语中主要采用双音形式"季节"来表达这一概念;表"时候,时间"义的"时₂",现代汉语中主要使用双音形式"时候"和"时间",具体演变情况如表4-20所示。

表4-20 "时"的单复音形式演变情况

高频名词	义位	复音选择形式	复音形式产生时间
时	时₁	时节	上古
		季节	中古
	时₂	时候	中古
		时间	中古

4.1.13 单音名词"道"音节形式的历时演变

"道"是上古汉语抽象名词及衍生名词中使用频率最高的单音名词,《说文解字·辵部》:"所行道也。从辵从首。一达谓之道。"本书选择"道"的三个义位作为研究对象,分别为:道路,下文简称"道₁";方法,途径,下文简称"道₂";道德,道义,下文简称"道₃",这三个义位及其首见用例如表4-21所示。

表4-21 "道"的主要义位及首见用例

义位	首见用例
道₁:道路。	《诗·小雅·大东》:"周道如砥,其直如矢。"
道₂:方法,途径。	《商君书·更法》:"治世不一道,便国不必法古。"
道₃:道德,道义。	《左传·桓公六年》:"所谓道,忠于民而信于神也。"

4.1.13.1 "道₁"的历时发展变化

"道"的第一个义位是表地面上供人或车马通行的部分,该义位对应于现代汉语的双音形式"道路"一词。《大词典》中"道路"最早的用例为《周礼·夏官·司险》:"司险掌九州之图,以周知其山林川泽之阻,而达其道路。"双音形式"道路"在上古时期已经成词,下面从历时的角度加以分析。

上古汉语时期,"道$_1$"和"道路"的使用情况如下:

> 子大叔之庙在道南,其寝在道北,其庭小,过期三日,使除徒陈于道南庙北,曰:"子产过女,而命速除,乃毁于而乡。"(《左传·昭公十八年》)
>
> 通韩之上党于共、莫,使道已通,因而关之,出入者赋之,是魏重质韩以其上党也。(《战国策·魏策》)
>
> 今赵欲聚兵士卒,以秦为事,使人来借道,言欲伐秦,其势必先韩而后秦。(《韩非子·存韩》)
>
> 今陈国火朝觌矣,而道路若塞,野场若弃,泽不陂障,川无舟梁,是废先王之教也。(《国语·周语中》)
>
> 四会诸侯,令曰:"修道路,偕度量,一称数,薮泽以时禁发之。"(《管子·幼官第八》)

本节选取上古汉语 5 部代表性著作,对文献中的"道$_1$"和"道路"的使用比例进行统计,统计结果如表 4-22 所示。

表 4-22 上古代表性著作"道$_1$"和"道路"的使用情况

著作 词语	左传	战国策	孟子	韩非子	吕氏春秋	总计	百分比
道$_1$	36	28	6	31	23	124	93.94%
道路	2	1	2	0	3	8	6.06%

从表 4-22 中可以看出,5 部代表性著作中"道$_1$"和"道路"共有 132 个用例,其中"道路"仅有 8 个用例,占比为 6.06%。上古汉语时期,单音形式"道$_1$"占据主导地位。

中古汉语时期,在标记语料库中双音形式的"道路"仅有 100 个用例,使用频率仍不及单音形式的"道$_1$",中古具体用例如:

孔车骑与中丞共行,在御道逢匡术,宾从甚盛,因往与车骑共语。(《世说新语·方正》)

种法:使行阵整直,两行微相近,两行外相远,中间通步道,道外还两行相近。(《齐民要术·种瓜》)

阿耆达取供养余具,遍散道中,欲令佛蹈上而过。(《中本起经》卷下)

而余贫苦无财力,又遭多难之运,有不已之无赖,兼以道路梗塞,药物不可得,竟不遑合作之。(《抱朴子内篇·黄白》)

皆共侍送至邻鞞树,修治道路香汁洒地,以散天华,一切诸树皆生华实,木蜜栴檀香流十方,是诸树者诸天所化。(《普曜经》卷二)

近代汉语时期,双音形式"道路"在标记语料库中共出现 104 次,仍低于单音形式"道$_1$"(447 次),具体用例如:

烟焰山上愁今日,红粉楼前念昔年,八水三川如掌内,大道青楼若眼前。(《敦煌变文集新书·王昭君变文》)

行河东者,多流黄泥地中,故只管推洗,泥汁只管凝滞淤塞,故道渐狭。(《朱子语类》卷七十九)

三藏道:"悟空,你看那日落西山藏火镜,月升东海现冰轮。幸而道傍有一人家,我们且借宿一宵,明日再走。"(《西游记》第二十回)

会天大雨,道路不通,度已失期,乃召令徒属曰:"公等皆失期,当斩。"(《全相平话五种·秦并六国平话》)

原来这没头帖子,却是神行太保戴宗,打听得卢员外、石秀都被擒捉,因此虚写告示,向没人处撒下,及桥梁道路上贴放。(《水浒传》第六十三回)

李纨道:"昨日姨妈说,琴妹妹见的世面多,走的道路也多,你

正该编谜儿,正用着了。你的诗且又好,何不编几个我们猜一猜?"(《红楼梦》第五十回)

综上,双音形式"道路"产生于上古汉语时期,但从上古汉语到近代汉语时期,在表达"道路"这一概念时,单音形式"道$_1$"一直占据主导地位;"道路"的使用频率从上古汉语至近代汉语一直保持着较为平稳的态势。到了现代汉语时期,"道$_1$"已不再单独使用,表达"道路"这一概念时,主要使用双音形式"道路"。

4.1.13.2 "道$_2$"的历时发展变化

"道$_2$"义为"方法,途径",该义位可对应于现代汉语中的"方法"和"途径"两词。《大词典》中"方法"最早的用例是《墨子·天志中》:"中吾矩者谓之方,不中吾矩者谓之不方,是以方与不方,皆可得而知之。此其故何?则方法明也。"直到中古汉语时期,"方法"才衍生出"办法,门径"之义。"途径"最早的用例是明沈德符的《野获编·内阁三·浙闽同时柄政》:"前后浙闽四公,俱同乡同年并相,而为首者俱见扼不展,盖途径趋向,本不相谋,即桑梓犹胡越也。"表"路径"之义。双音形式"方法"和"途径"分别成词于上古和近代,下面从历时的角度探讨这三个词的发展变化。

上古汉语时期,"方法"虽已成词,但表示"测定方形之法",因此在上古汉语时期,单音形式"道$_2$"独立承担"方法,途径"这一义位,举例如下:

治世不一<u>道</u>,便国不必法古。(《商君书·更法》)
如是弗定,则非与人交之<u>道</u>。(《韩非子·十过》)
故攻有<u>道</u>,外绝其交,内逐其谋臣。(《战国策·楚策》)

中古汉语时期,"方法"有了"办法,门径"之义,但在本书所用标记语料库中"方法"仅有 9 个用例。因此,中古汉语时期在表达"方法,途径"这一义位时,"道$_2$"占据主导地位,双音形式"方法"使用频率不高,例如:

万物云云,何所不有,况列仙之人,盈乎竹素矣。不死之<u>道</u>,曷为无之?(《抱朴子内篇·论仙》)
养苗之<u>道</u>,锄不如耨,耨不如铲。(《齐民要术·耕田》)
此长者子善诵入海捉船<u>方法</u>:"若入海水漩洑洄流矶激之处,当如是捉,如是正,如是住。"(《百喻经》卷四)
摩那婆亦悉受得。复更重白彼梵志言:"我今已得和上咒术<u>方法</u>尽解。复更何作。"(《佛本行集经》卷三)

近代汉语时期,新的双音形式"途径"成词,但使用频率相对较低。"道$_2$"的使用频率也已下降,"方法"的使用频率迅速增加,在标记语料库中共有 47 例,"方法"一词开始占据主导地位。举例如下:

就是这个尊衔,也只好借为<u>途径</u>。(《玉搔头·缔盟》)
〔韩重华〕使耕其傍便近地……又为之奔走经营,相原隰之宜,指授<u>方法</u>,故连二岁大熟。(《送韩侍御归所治序》)
伯丰有才气,为学精苦,守官治事,皆有<u>方法</u>。(《朱子语类》卷一一七)
后来见薛蝌吹灯自睡,大觉扫兴,回来告诉金桂,看金桂有甚<u>方法</u>,再作道理。(《红楼梦》第九十一回)

直到现代汉语时期,单音形式"道$_2$"只能作为构词语素,不再单独使用,且多出现在成语或习语中,如"志同道合""头头是道""以其人之道,还治其人之身"等。双音形式"方法"一词开始大规模使用,使用频率迅速增加。统计结果显示,CCL 现代汉语语料库中"方法"的用例达 61994 条,而"途径"的用例为 19154 条。

综上,双音形式"方法"成词于上古汉语时期,但"方法"在产生之初表"测定方形之法",直到中古汉语时期才产生"办法,门径"之义,且在中古时期使用频率非常低。因此,在上古和中古汉语时期表达"方法,途径"这一义位时,单音形式"道$_2$"占据主导地位;近代汉语时期,双音形式"途径"出现,"道$_2$"的使用频率迅速下降,双音词"方法"占据主导地位;发展到现代汉语时期,"道$_2$"已不再单独使用,"方法"迅速活跃并替换"道$_2$",占据主导地位。

4.1.13.3 "道$_3$"的历时发展变化

"道$_3$"可对应于现代汉语中的"道德"和"道义"两词。《大词典》中"道德"表社会意识形态之一,最早的用例是《韩非子·五蠹》:"上古竞于道德,中世逐于智谋,当今争于气力。""道义"最早的用例是《易·系辞上》:"成性存存,道义之门。"表"道德义理"之义。由此可知,双音形式"道德""道义"均成词于上古汉语时期,下面从历时的角度探讨这组词的发展变化。

上古汉语时期,"道$_3$""道德"和"道义"的用例如:

> 蔡泽曰:"质仁秉义,行道施德于天下,天下怀乐敬爱,愿以为君王,岂不辩智之期与?"(《战国策·秦策》)
>
> 上古竞于道德,中世逐于智谋,当今争于气力。(《韩非子·五蠹》)
>
> 志意修则骄富贵,道义重则轻王公;内省而外物轻矣。(《荀子·修身》)

在上古汉语标记语料库中,"道德"共有 176 个用例,"道义"共有 15 个用例。"道$_3$"的用例较多,因此本书选取了上古汉语时期两本代表性著作《庄子》和《战国策》,对其中"道$_3$""道德"和"道义"的用例进行统计，发现在《庄子》中"道₃"共出现 103 次、"道德"16 次、"道义"0 次，在《战国策》中"道₃"共出现 21 次、"道德"4 次、"道义"0 次。从这两部文献的使用情况来看，"道₃"使用频率最高，"道德"的使用频率在 15% 左右，而"道义"的使用频率最低。因此，在上古汉语时期，表达"道德，道义"这一义位时，单音形式"道₃"占据主导地位。

中古汉语时期，语料库中"道德"共出现 194 次，"道义"共出现 35 次，虽然使用频率较上古汉语有所提高，但仍不及单音形式的"道₃"，中古具体用例如下：

四险之地，六达之庄，恃德则固，失道则亡。(《洛阳伽蓝记》卷三)
行仁义为室宇，修道德为广宅。(《世说新语·赏誉》)
佛语须菩提："菩萨道德之人，当知过去、当来、今现在，法无所取，亦无所舍，亦无所知，亦无所得。"(《道行般若经》卷三)
心自生念："有诤起者不可近，我求索佛道义，不可随是瞋恚语，使我疾逮好心。"(《大明度经》卷二)

近代汉语时期，"道义"在语料库中共出现 95 次，但其中有 92 例均出自《朱子语类》，"道德"共出现 68 次。但是，单音形式"道₃"依旧占据主导地位，具体用例如下：

吾闻鸟有凤者，恒出于有道之国。(《送何坚序》)
道义是虚底物，本自孤单。(《朱子语类》卷五十二)
城中诸儒士讲习礼乐，弦歌之声不绝；儒者乐圣人之道义，虽乱世，鼓琴而乐声不绝。(《全相平话五种·前汉书平话》)
道义之交，只此已足，何必更为介介。(《歧路灯》第三十八回)
那押牢节级禁子，都知罗真人道德清高，谁不钦服，都来问李逵："你端的是甚么人？"(《水浒传》第五十三回)
后知火焚草亭，下鄢深为惶恐。今日幸得相逢，益叹老仙翁道

德高深。奈鄙人下愚不移,致有今日。(《红楼梦》第一百二十回)

直到现代汉语时期,单音形式"道₃"只能作为构词语素,不再单独使用。双音形式"道德"大规模使用,使用频率迅速增加。统计结果显示,在CCL现代汉语语料库中"道德"的用例达24159条,而"道义"的用例为1401条。

综上,"道₃""道德"和"道义"同成词于上古汉语时期,但从上古到近代汉语均是单音形式"道₃"占据主导地位。直到现代汉语时期,"道₃"不再单独使用,"道德"迅速活跃并替换"道₃",占据主导地位。

4.1.13.4　小结

"道"在上古时期主要有三个常见义位:"道路""方法,途径"和"道德,道义",不同义位及其相应复音形式的具体演变情况总结如表4-23所示。

表4-23　"道"的单复音形式演变情况

高频名词	义位	复音选择形式	复音形式产生时间
道	道₁	道路	上古
	道₂	方法	上古
		途径	近代
	道₃	道德	上古
		道义	上古

4.1.14　单音名词"事"音节形式的历时演变

"事"是上古汉语抽象名词及衍生名词中使用频率较高的单音名词,《说文解字·史部》:"职也。从史,之省声。""事"的基本义"事₁"即"事情"为本书的研究对象。"事₁"的最早用例为《书·益稷》:"股肱惰哉,万事堕哉!""事₁"可对应现代汉语中的"事儿""事情"两个双音形式,但是《现汉》及《大词典》中均未收录"事儿",因此本书以"事情"作为

"事₁"的对应形式。《大词典》中"事情"的首见用例为《战国策·秦策二》:"公孙衍谓义渠君曰:'道远,臣不得复过矣,请谒事情。'"高诱注:"谒,告也;情,实也。言义渠君道里长远,不能复得相见也,请告事之情实。"因此"事情"成词于上古汉语时期,但是产生之初表示"事物的真相,实情"之义,并非现代汉语中的"人类生活中的一切活动和所遇到的一切社会现象"。下面结合语料库从历时的角度看两词的发展变化。

上古汉语时期,双音形式"事情"表示"事物的真相,实情"之义,单音形式"事₁"独立承担"事情"这一义位,例如:

物有本末,事有终始。(《礼记·大学》)

卢蒲姜谓癸曰:"有事而不告我,必不捷矣。"(《左传·襄公二十八年》)

曰:"小人学射于尹公之他,尹公之他学射于夫子。我不忍以夫子之道反害夫子。虽然,今日之事,君事也,我不敢废。"(《孟子·离娄下》)

故古人为之不然:使民夏不宛暍,冬不冻寒,急不伤力,缓不后时,事成功立,上下俱富。(《荀子·富国》)

中古汉语时期,双音形式"事情"有了"人类生活中的一切活动和所遇到的一切社会现象"之义,首见于南朝梁刘勰《文心雕龙·书记》:"陈列事情,昭然可见也。"但在本书所用标记语料库中双音形式"事情"的用例非常少,仅有10例,且均见于汉译佛经文献。因此,在中古汉语时期,在表达"事情"这一义位时,依旧为单音形式"事₁"占据主导地位。具体用例如:

夫苦心约己,以行无益之事,镂冰雕朽,终无必成之功。(《抱朴子内篇·论仙》)

后绥为太学博士,因事见谢公,公即取以为主簿。(《世说新

语·方正》)

子云叹曰:"此人后生无比,遂不为世所称,亦是奇事。"(《颜氏家训·慕贤》)

由是之故烧灭外典不行于世,如彼偷金事情都现,亦复如是。(《百喻经》卷二)

王今加害,复不能伤,事情如是,何酷之甚!(《贤愚经》卷一)

作如是言,迦叶汝见何事情。先在河边修苦行,为我及众说此意。(《佛本行集经》卷四十四)

发展到近代汉语时期,"事情"在语料库中共有 256 个用例,而单音形式的"事$_1$"仅在《水浒传》一本专著中就有 1127 个用例。由此可见,近代汉语时期在表达"事情"这一义位时依旧是单音形式"事$_1$"占据主导地位。例如:

太尉寻思道:"这小的如何尽知此事?想是天师分付他。已定是了。"(《水浒传》第一回)

就使这地不干我事,都是晁近仁自己的地,放着晁为仁亲叔伯兄弟,你们"山核桃——差着一格子"哩!(《醒世姻缘》第五十三回)

各州官多有先行被贼胁从、以后归正者,都着陈瓘分别事情轻重,便宜处分。其征讨有功正偏将佐,俱俟还京之日,论功升赏。(《水浒传》第一百十回)

行者笑道:"兄弟,你莫怪他,还是我们不曾说出取经的事情与姓名耳。"(《西游记》第二十二回)

争奈有许多事情羁绊,他如今在济州住札。(《金瓶梅》第六十五回)

到了现代汉语时期,单音形式"事$_1$"可以单独使用,并有同义双音词"事情"与其同时使用。例如:

青年小伙子们,有<u>事</u>没<u>事</u>,总想跟小芹说句话。(《小二黑结婚》)
祥子知道<u>事情</u>要坏。(《骆驼祥子》)

综上,"事₁"作为"事"的基本义,从古至今都十分稳定,虽然现代汉语口语中有儿化的"事儿"以及上古汉语中出现了双音形式"事情",但并不影响"事₁"的稳定性。在现代汉语中,单音形式"事₁"和双音形式"事情"同时使用。"事₁"的音节形式演变情况如表4-24所示。

表4-24 "事"的单复音形式演变情况

高频名词	义位	复音选择形式	复音形式产生时间
事	事₁	事情	上古

4.1.15 单音名词"礼"音节形式的历时演变

"礼"是上古汉语抽象名词及衍生名词中使用频率较高的单音名词,《说文解字·示部》:"履也。所以事神致福也。从示从豊,豊亦声。"本书选择"礼"的两个义位作为研究对象,分别为:社会生活中由于风俗习惯而形成的行为准则、道德规范和各种礼节,下文简称"礼₁";礼物,下文简称"礼₂",这两个义位及其首见用例如表4-25所示。

表4-25 "礼"的主要义位及首见用例

义位	首见用例
礼₁:社会生活中由于风俗习惯而形成的行为准则、道德规范和各种礼节。	《晏子春秋·谏上》:"凡人之所以贵于禽兽者,以有<u>礼</u>也。故《诗》曰:'人而无礼,胡不遄死。'礼,不可无也。"
礼₂:礼物。	《礼记·表记》:"无<u>礼</u>,不相见也。"

4.1.15.1 "礼₁"的历时发展变化

"礼"的常用义位是指社会生活中由于风俗习惯而形成的行为准则、道德规范和各种礼节,该义位对应现代汉语中的双音形式"礼仪"一词。《大词典》中"礼仪"最早的用例为《诗·小雅·楚茨》"献酬交错,礼仪卒度",表示"礼节和仪式"。下面从历时的角度看"礼$_1$"和"礼仪"的发展变化。

上古汉语时期,语料库中"礼仪"共有 45 个用例,而单音形式"礼$_1$"仅在《仪礼》中就有 75 个用例。因此,上古汉语时期,单音形式"礼$_1$"占据主导地位。"礼$_1$"和"礼仪"的用例如:

博我以文,约我以<u>礼</u>。(《论语·子罕》)
宾揖就席,主人以觯适西阶上酬大夫,大夫降席,立于主人之西,如宾酬主人之<u>礼</u>。(《仪礼·乡射礼》)
凡国之大事,治其<u>礼仪</u>,以佐宗伯。(《周礼·春官·肆师》)
至秦有天下,悉内六国<u>礼仪</u>,采择其善,虽不合圣制,其尊君抑臣,朝廷济济,依古以来。(《史记·礼书》)

中古汉语时期,在标记语料库中双音形式"礼仪"仅有 7 个用例。因而在中古时期,仍旧是"礼$_1$"占据主导地位。具体用例如:

或曰:"审其神仙可以学致,翻然凌霄,背俗弃世,烝尝之<u>礼</u>,莫之修奉,先鬼有知,其不饿乎!"(《抱朴子内篇·对俗》)
雄曰:"古之君子,进人以<u>礼</u>,退人以<u>礼</u>;今之君子,进人若将加诸膝,退人若将坠诸渊。"(《世说新语·方正》)
昨至洛阳,始知衣冠士族并在中原,<u>礼仪</u>富盛,人物殷阜,目所不识,口不能传。(《洛阳伽蓝记》卷二)
我等今者若取此形阎浮檀金,不观彼家钱财多少,又不谙悉其国<u>礼仪</u>法则高下。(《佛本行集经》四十五)

到了近代汉语时期,双音形式"礼仪"在整个标记语料库中共有 34 个用例,而单音形式"礼$_1$"仅在《朱子语类》中就出现 1523 次,因此,近代汉语时期,仍是单音形式"礼$_1$"占据主导地位。近代汉语中用例如:

先生问曰:"这个禁止不行,与那非礼勿视听言动底'勿'字,也只一般。何故那个便是为仁?"(《朱子语类》卷四十四)

庄绍光道:"我们与山林隐逸不同;既然奉旨召我,君臣之礼是傲不得的。"(《儒林外史》第三十四回)

与子娶妇,自纳为妃,共子争妻,可不惭于天地!此乃混沌法律,颠倒礼仪。(《敦煌变文集新书·伍子胥变文》)

众人都道:"要如此方是。虽然贵妃崇节尚俭,天性恶繁悦朴,然今日之尊,礼仪如此,不为过也。"(《红楼梦》第十七回)

综上,"礼₁"和"礼仪"均见于上古汉语时期,但从上古汉语到近代汉语时期,在表达"社会生活中由于风俗习惯而形成的行为准则、道德规范和各种礼节"这一概念时,单音形式"礼₁"一直占据主导地位;"礼仪"的使用频率从上古汉语至近代汉语一直保持着较为稳定的态势。直到现代汉语时期,"礼₁"才不再单独使用,而是组成"婚礼""丧礼"等词。

4.1.15.2 "礼₂"的历时发展变化

"礼"的第二个义位为"礼物",可对应于现代汉语中的"礼物"一词。《大词典》中"礼物"的最早用例为《书·微子之命》:"统承先王,修其礼物。"孔传:"言二王之后各修其典礼正朔物色。"值得注意的是,上古汉语时期"礼物"的所指并不是现代所说的"为了表示尊敬或庆贺而赠送的物品,泛指赠送的物品",而是指"典礼文物"。直到近代汉语时期《东周列国志》第六回:"卫宣公受了礼物,遣右宰丑率兵同孔父嘉从间道出其不意,直逼荥阳。""礼物"才发展出"赠送的物品"之义。因此,在上古和中古汉语时期,都是由"礼₂"独立承担"礼物"这一义位,两个时期的具体用例如:

无礼,不相见也。(《礼记·表记》)

公曰:"善。"于是厚其礼而留其封,敬见不问其道,仲尼乃行。(《晏子·外篇第八》)

发展到近代汉语时期,双音形式"礼物"有了"赠送的物品"之义,在近代汉语标记语料库中,"礼物"共有 192 个用例。同时,单音形式"礼₂"亦有使用。举例如下:

守备看了礼帖儿,说道:"多承你奶奶费心,又送礼来。"(《金瓶梅》第九十七回)

直等赵鹤松回来方才写了帖子,日西时分才打发送了礼去。薛家收了礼,回了枕顶、男女鞋脚。(《醒世姻缘》第三十三回)

老娘那边送了礼来,他不说在外头张罗,他倒坐着骂人,礼也不送进来。(《红楼梦》第四十五回)

晁天王请我们吃酒了,送些礼物与我。(《水浒传》第十四回)

西门庆前边乱着,收人家礼物,发柬请人,不在话下。(《金瓶梅》第十二回)

一面叙些家常,一面收看带来的礼物,一面命留酒饭。(《红楼梦》第四十九回)

本节选取近代汉语 5 部代表性著作,对著作中"礼₂"和"礼物"的使用情况进行统计,统计结果如表 4-26 所示。

表 4-26　近代代表性著作"礼₂"和"礼物"的使用情况

词语\著作	水浒传	西游记	红楼梦	金瓶梅	儒林外史	总计	百分比
礼₂	33	1	39	45	1	119	44.07%
礼物	36	2	10	96	7	151	55.93%

从表 4-26 可知,"礼₂"和"礼物"在近代汉语时期,在使用频率上有了较大的变化。总体来看,在近代汉语时期双音形式"礼物"的使用频率已经超过了单音形式"礼₂"。

综上,"礼₂"及其双音形式"礼物"均见于上古汉语,但双音形式"礼物"是指"典礼文物"之义,与单音形式"礼₁"语义不同。在上古汉语和中古汉语时期,单音形式"礼₂"占据主导地位;发展到近代汉语时期,"礼物"有了"赠送的物品"之义,并开始逐渐活跃,到现代汉语时期,单音形式"礼₂"与双音形式"礼物"分工不同,同时活跃在词汇系统中。

4.1.15.3 小结

"礼"是上古汉语抽象名词及衍生名词中使用频率较高的单音名词,表"社会生活中由于风俗习惯而形成的行为准则、道德规范和各种礼节"义的"礼₁"在现代汉语中用双音形式"礼仪"表达;表"礼物"义的"礼₂",现代汉语中"礼物"为其复音形式,具体演变形式如表 4-27 所示。

表 4-27 "礼"的单复音形式演变情况

高频名词	义位	复音选择形式	复音形式产生时间
礼	礼₁	礼仪	上古
	礼₂	礼物	上古

4.1.16 单音名词语音形式演变的总括分析

本章选取了上古汉语中使用频率较高的 15 个单音名词,以义位为单位,对这些高频单音名词不同义位的语音形式的历史演变进行了细致的描写和分析,总结如表 4-28 所示。这些名词及其音节形式的演变路径极具典型性,有助于较为准确、全面地理解汉语词汇复音化进程与具体的音节选择机制。

表 4-28 典型名词不同义位的复音选择形式

典型名词	义位	复音选择形式	复音形式产生时间
人	人$_1$	无	无
	人$_2$	人人	上古
	人$_3$	人才	中古
民	民$_1$	无	无
	民$_2$	人民	上古
		百姓	上古
		平民	上古
兵	兵$_1$	兵器	上古
	兵$_2$	士兵	中古
		军队	中古
地	地$_1$	陆地	上古
		大地	中古
	地$_2$	土地	上古
		田地	上古
车	车$_1$	车子	近代
水	水$_1$	无	无
国	国$_1$	国家	上古
	国$_2$	国都	上古
		首都	现代
师	师$_1$	老师	上古
		教师	近代
	师$_2$	军旅	上古
		军队	中古
家	家$_1$	无	无
	家$_2$	家族	上古
		家庭	中古

续 表

典型名词	义位	复音选择形式	复音形式产生时间
今	今$_1$	如今	上古
		现在	中古
		现今	近代
日	日$_1$	白日	上古
		太阳	中古
		日头	近代
时	时$_1$	时节	上古
		季节	中古
	时$_2$	时候	中古
		时间	中古
道	道$_1$	道路	上古
	道$_2$	方法	上古
		途径	近代
	道$_3$	道德	上古
		道义	上古
事	事$_1$	事情	上古
礼	礼$_1$	礼仪	上古
	礼$_2$	礼物	上古

由表 4-28 可见，高频单音名词发生复音化有如下特点：

第一，高频单音名词使用频率高，义位丰富，与其相应的双音形式呈现出一对多的特点。词频与词义之间存在正相关性，即越是常用的词，多义化的程度越高，这是世界语言的普遍共性之一。齐普夫 1932 年在研究英文单词出现的频率时，就发现义位与词的频率有关，即"frequently occurring words tend to be polysemous"（高频词往往比低频词包含更多的义项）。这是由于词汇里生命力强、全民性大、使用频率高的词，称谓的事物、概念与其他事物、概念的联系广泛多面的词，多义的机会自然就较多。（武占坤、王勤 1983）本章选择的名词均是上古汉语的高频名词,语义十分丰富,尽管选择的是典型义位,但是绝大多数的高频单音名词至少也有两到三个典型意义,而且这些意义到了现代汉语时期基本上都有相应的双音形式,因此上古高频单音名词发展到现代汉语阶段,呈现出一单音名词对应多个双音名词的特点。换言之,现代汉语的不同双音词将上古汉语单音词的不同义位进行具体化表征。《大词典》《大字典》《现汉》等大型工具书中对单音词的释义模式之一,即采用双音同义词来解释单音词的某一意义,就是强有力证明。例如"人",《大字典》分别用"人人;每人"和"人才"等双音同义词来进行释义。

第二,绝大多数的高频名词都发生了复音化,复音形式产生的时间有早有晚,不同词不同义位的复音形式产生时间不同。此处,所考察的单音名词均在上古时期处于相对高频的地位,但对应的复音形式则可能产生于上古或中古时期,甚至到近现代汉语时期才出现,或早或晚,呈现出异步特征。由表 4 - 28 可见,产生于上古时期的双音形式有 23 个,产生于中古和近代汉语时期的双音形式分别为 11 个和 5 个。从音节形式的使用上,通常到了近现代汉语时期,复音词才逐渐占据主导地位,原先单音形式较少独立使用,但也并未退出语言系统,而是作为构词语素出现在固定结构中。

第三,音节选择形式的演进路径不同,不同名词不同义位的复音形式有不同的选择。在汉语词汇复音化的大趋势下,具体词语在不同义位上的发展存在显著差异,有些以原有的单音形式作为构词语素拓展为新复音词,如"人$_3$"→"人才";有些存在着与原单音形式无关的新复音词,在现代汉语中替换为一个新兴的复音形式,如"日$_1$"→"太阳"、"师"→"军旅""军队";有些长期保持单音形式而未复音化,如"人$_1$"和"家$_1$";有些还可能经历更复杂的演进路径,如"国"→"国都"→"首都"等。

第四,表达同一义位的不同音节形式的词在词汇系统中共处,音节形式选择反映了它们之间的复杂竞争与合作行为。语音形式的演进并不是"非彼即此"的替换关系，而是在特定上下文、语义、语体色彩、韵律等因素的共同影响下的对表达同一义位的不同音节形式的一组词间选用倾向程度的涨落，单音和复音形式既相互竞争，又互为补充。词汇的复音化也并不意味着单音形式退出词汇系统，而是给定的义位上复音词更倾向被使用，取得了一定的竞争优势。例如单音形式"国"，尽管工具书释义为双音形式"国家"，但实际上单音形式"国"和双音形式"国家"受到语境的影响和制约，使用上并不完全相同。可以说"我们的国家""一个国家"，但是不能说"我们的国""一个国"，这是由于单音形式"国"在现代汉语层面无法在句子中独立运用，需要得到其他单音词或者语素的支持，组合构成"我国""国内""外国""祖国"等，才能在句法中作为词独立使用。

4.2 典型单音动词不同义位音节形式的历时演变

本节是前节的姊妹篇，主要针对典型的上古时期高频单音动词展开研究，所选动词分别是"伐""杀""受""赐""知""见""闻""言""曰""问"。根据李佐丰（2003）的分类，先秦动词先分为"具体动词"和"抽象动词"两大类，再细分为小类。本节所研究的动词具有良好的典型性，它们分别隶属于不同的小类，即：人事动词"伐""杀"，主要表示存在于人与人之间的行为、活动；赐予动词"受""赐"，主要表示相关的双方之间，存在某种得失关系；感知动词"知""见""闻""言"，主要表示与感知、思维、言语有关的行为、活动；引语动词"曰""问"，主要表示言语行为。

本节对动词义位的筛选分析标准遵循与前节一致，仅考虑上古汉语时期出现的常见的动词义位。

4.2.1 单音动词"伐"音节形式的历时演变

"伐"是上古汉语人事动词中使用频率最高的单音动词，《说文解字·人部》："伐，击也。从人持戈。"本节筛选出2个义位，分别为义位

1：砍伐，下文简称"伐₁"；义位 2：征讨，攻打，下文简称"伐₂"。表 4-29 列举了主要义位及其用例。

表 4-29 "伐"的主要义位及首见用例

义位	首见用例
伐₁：砍伐。	《诗经·召南·甘棠》："蔽芾甘棠,勿翦勿伐。"
伐₂：征讨,攻打。	《孟子·梁惠王下》："汤放桀,武王伐纣。"

下文将以"伐"的义位为单位，对高频人事动词"伐"的复音化情况进行分析。

4.2.1.1 "伐₁"的历时发展变化

"伐"的第一个义位是"砍伐"，对应于现代汉语中的"砍"和"砍伐"两个形式。"砍"和"砍伐"均产生于近代汉语时期，根据《大字典》，最早用例为《水浒传》第五十三回："李逵拔出大斧,先砍翻一堵壁。"根据《大词典》，双音形式"砍伐"最早见于《元典章新集·刑禁·禁奸恶》："程震孙打死亲兄程六四,幸遇原免,又复挟雠砍伐伊叔程公震松木,胁诈钱物。"

上古汉语时期，"伐₁"和单音形式"斫"同义，均表示用刀斧砍削。从使用频率上看，"伐₁"使用频率要高于"斫"，是上古时期的主导词，具体使用情况如下：

  坎坎伐檀兮,置之河之干兮。(《诗经·魏风·伐檀》)
  伐木丁丁,鸟鸣嘤嘤。(《诗经·小雅·伐木》)
  伐冰之家,不畜牛羊。(《礼记·大学》)
  崔子之徒以戈斫公而死之,而立其弟景公。(《韩非子·奸劫弑臣》)
  马陵道陕,而旁多阻隘,可伏兵,乃斫大树白而书之曰：……(《史记·孙子吴起列传》)

到了中古时期,"伐₁"使用频率降低,单音形式的"斫"使用频率有所提高,共出现 105 次:

斫诸屋柱,悉割半为薪。(《世说新语·贤媛》)

诚感神应,现身语之:"斫去一枝,所须当出。"诸人欢喜,便斫一枝,美饮流出。斫第二枝,种种食出,百味具足,咸共承接,各得饱满。斫第三枝,出诸妙衣,种种备具。斫第四枝,种种宝物,悉皆具足,庄严悉备,所须尽办。(《贤愚经》卷九)

寻拔利剑斫右手断,次斫左手,复斫右脚,次斫左脚。(《出曜经》卷二十三)

近代汉语时期,新兴单音形式"砍"产生,使用频率远远超过单音动词"斫"和"伐₁",例如:

师云:"刀斧斫不入。"(《祖堂集·曹山和尚》)

正如关羽擒颜良,只知有此人,更不知有别人,直取其头而归。若使既要砍此人,又要砍那人,非惟力不给,而其所得者不可得矣。(《朱子语类》卷五十二)

恶狠狠,望大圣着头就砍。(《西游记》第六回)

萧云仙将五百人合在一处,喊声大震,把那几百个番子,犹如砍瓜切菜,尽数都砍死了,旗帜器械,得了无数。(《儒林外史》第三十九回)

双音形式"砍伐"也于近代汉语时期产生,但是语义范围缩小,与其搭配的对象只能是树木等植物,例如:

武士领帝旨,各人手持斧刀砍伐树。(《全相平话五种·秦并六国平话》)

他如今都把白杨树木砍伐去了,将何为记?(《水浒传》第四十八回)

刘梦龙和党世雄急回船时,原来经过的浅港内,都被梁山泊好汉用小船装载柴草,砍伐山中木植,填塞断了。(《水浒传》第七十八回)

萧云仙见无船只可渡,忙叫五百人旋即砍伐林竹,编成筏子。(《儒林外史》第三十九回)

综上,"伐$_1$"和"斫"产生于上古时期,"伐$_1$"为主导词;中古时期,单音词"斫"使用频率提高,成为主导词;近代汉语时期,单音形式"砍"产生,并取代"伐$_1$"和"斫",成为主导词。双音形式"砍伐"也产生于近代汉语时期,但是搭配对象有限,不及"砍"搭配对象范围广。

4.2.1.2 "伐$_2$"的历时发展变化

"伐"的第二个义位是"征讨,攻打",这是在上古汉语中较为常见的义位。"伐$_2$"可对应于现代汉语中的"征伐""征讨"和"攻打"。根据《大词典》,"征讨"产生时间最早,最早用例为《国语·周语上》:"有攻伐之兵,有征讨之备。""征伐"最早用例为唐邵谒《战城南》诗:"武皇重征伐,战士轻生死。"年代晚,在中古汉译佛经中已有用例。"攻打"产生时间最晚,最早的用例为明代唐顺之《三沙报捷疏》:"初十日早,各船奋勇齐进……并力攻打。"

上古汉语时期,"伐$_2$"和"征讨"的使用情况如下:

是故天子讨而不伐,诸侯伐而不讨。(《孟子·告子下》)

其后秦伐赵,拔石城。(《史记·廉颇蔺相如列传》)

于是乎有刑罚之辟,有攻伐之兵,有征讨之备,有威让之令,有文告之辞。(《国语·周语上》)

上古汉语时期,双音形式"征讨"用例不多,仅有 2 次,因此上古汉语时期,"征讨,攻打"这一义位主要由单音形式"伐$_2$"来承担。

中古汉语时期,"征讨"使用频率不高,语料库中仅有 1 例:

后复生儿,值王出军征讨得胜。(《贤愚经》卷六)

但是双音形式"征伐"在汉译佛经文献中已经出现,共有 6 例:

时长者妻,生一男儿,值出军征伐余国,因字其儿,号曰羡那。(《贤愚经》卷六)
是时王家更被暴象,皆着器仗有所征伐。(《出曜经》卷七)
邻国征伐得九十九王。(《出曜经》卷二十五)

据统计,"伐$_2$"在中古汉语语料库共出现了 159 次,仍是中古汉语时期的主导词。

近代汉语时期,双音形式"攻打"产生,共出现 121 次,超过了双音形式"征伐"(57 次)和"征讨"(35 次),例如:

我等聚众数百为强人,若不攻打州县,如何能致富贵?(《五代史平话·五代梁史平话》)
只宜白日进兵去攻打,黑夜不可进去。(《水浒传》第四十八回)
正都上门攻打,忽听得八戒与土地、阴兵嚷嚷而至。(《西游记》第六十一回)

到了现代汉语时期,单音形式"伐$_2$"的使用频率已经非常低了,而且基本不能独立使用,双音形式"攻打"成为主导词。

4.2.1.3 小结

"伐"是上古汉语中使用频率最高的人事动词,本书选取了表"砍斫"义的"伐₁"和表"攻打,征伐"的"伐₂"两个义位,对这两个义位的音节形式历时演变情况进行了描写和分析,具体演变情况如表 4-30 所示。

表 4-30 "伐"的单复音形式演变情况

高频动词	义位	复音选择形式	复音形式产生时间
伐	伐₁	砍伐	近代
	伐₂	征讨	上古
		征伐	中古
		攻打	近代

4.2.2 单音动词"杀"音节形式的历时演变

"杀"是上古汉语人事动词中使用频率较高的单音动词,《说文解字·殳部》:"杀,戮也。从殳,杀声。"本节选取"杀"的本义"杀₁"作为研究对象。现代汉语中对"杀"的定义为"使人或动物失去生命;弄死",与之对应的双音形式有"杀戮""杀害"。根据《大词典》,双音形式"杀戮"最早用例是《书·吕刑》"杀戮无辜,爰始淫为劓、刵、椓、黥","杀害"最早见于《后汉书·董卓传》:"遂等稍争权利,更相杀害,其诸部曲并各分乖。"下面将对这三个词进行历时描写。

上古汉语时期,"杀₁"的词义与现代汉语不同,既包含动作,也包含结果,具有"终结"的特征。"杀₁"和"杀戮"在上古时期的使用情况如下:

　　武王胜殷<u>杀</u>纣,环天下自立以为王,事成功立,无大后患,因先王之乐,又自作乐,命曰《象》。(《墨子·三辩》)

　　<u>杀</u>人以梃与刃,有以异乎?(《孟子·梁惠王上》)

　　子罕<u>杀</u>宋君而夺政。(《韩非子·外储说右下》)

　　故无攻战之乱,无<u>杀戮</u>之刑者,由此道也。(《庄子·达生》)

惠赦加于民,而囷囹虽实,杀戮虽繁,奸不胜矣。(《管子·法法第十六》)

"杀$_1$"和"杀戮"在上古汉语语料库中共有 1084 个用例,其中"杀$_1$"共有 1057 个用例,占比为 97.51%;"杀戮"共有 27 个用例,占比为 2.49%。因此,单音形式"杀$_1$"是上古汉语的主导词。

中古汉语时期,双音形式"杀害"产生,且大量见于汉译佛经文献,例如:

人自爱身者,不当杀害于命、不当诽谤有道。(《中本起经》卷上)

杀害父母兄弟姊妹。(《出曜经》卷四)

转复前行,见诸屠儿,杀害畜生,稍割称卖。(《贤愚经》卷九)

其于彼时,作可畏形,欲杀害我。(《佛本行集经》卷三十一)

中古时期,出现了"杀 X"或"X 杀"等结构,这使得"杀$_1$"从上古汉语中表"动作+结果"转变为表"动作"和"动作+结果"这两分格局。且单音形式"杀$_1$"仍是中古时期的主导词:

答曰:"昔晋文王杀嵇康,而嵇绍为晋忠臣。从公乞一弟以养老母。"(《世说新语·德行》)

齐有一奉朝请,家甚豪侈,非手杀牛,噉之不美。(《颜氏家训·归心》)

于时诸魅,共于佛前说此颂曰:"犯头破七分,犹如华菜剖,当致杀母罪,亦得害父殃。"(《正法华经》卷十)

汝甚无智,王今何必苦我杀人。(《大庄严论经》卷八)

近代汉语时期,随着动补结构和体标记的发展,单音形式"杀$_1$"不

再表示结果,而只表具体性的动作,且使用频率远高于双音形式的"杀戮"和"杀害":

> 淮水暴长,堰坏,奔流于海,杀数万人。(《南史·康绚传》)
> 此时他父亲在河南,听得说江西宁王作乱,杀了一个都堂,一个副使。(《型世言》第一回)
> 因本处势豪倚势凌人,被吾杀了,逃难江湖,五六年矣。(《三国演义》第一回)
> 小子子胥,深当不孝,父兄枉被杀戮,痛切奈何!(《敦煌变文集新书·伍子胥变文》)
> 一旦见故主遭人杀戮,宗社为墟,宁不动心!(《朱子语类》卷七十九)
> 汝母在生之日,都无一片善心,终朝杀害生灵,每日期凌三宝。(《敦煌变文集新书·目连缘起》)
> 定要问他手执利刃,故入节堂,杀害本官。(《水浒传》第八回)

综上,单音形式"杀$_1$"从上古到近代汉语表现出很强的稳定性,虽然词义发生了一定的变化,但一直占据主导词的地位。上古时期和中古时期分别产生了双音形式"杀戮"和"杀害",但使用频率均不及单音形式"杀$_1$"。演变情况总结为表4-31。

表4-31 "杀"的单复音形式演变情况

高频动词	义位	复音选择形式	复音形式产生时间
杀	杀$_1$	杀戮	上古
		杀害	中古

4.2.3 单音动词"受"音节形式的历时演变

"受"是上古汉语赐予动词中使用频率最高的单音动词,《说文解字·叉部》:"受,相付也。从叉,舟省声。"基于文章篇幅和筛选标准,本书仅选取表"接受"义的"受₁"为研究对象。

"受₁"首见于《诗·小雅·天保》:"天保定尔,俾尔戬谷。罄无不宜,受天百禄。"现代汉语中"承受""接受"为其双音形式。根据《大词典》,"承受"首见于《左传·隐公八年》:"寡君闻命矣,敢不承受君之明德。""接受"产生时间较晚,最早的用例为《元典章·刑部十·回钱》:"若拟全科,终是未曾接受文状,即与兰溪州知州贾也先所犯无异。"

从上古到中古汉语时期,单音形式"受₁"一直为主导词:

景员维河,殷受命咸宜,百禄是何。(《诗经·商颂·玄鸟》)

司马、司空、舆帅、候正、亚旅皆受一命之服。(《左传·成公二年》)

臣修身洁行数十年,终不以监门困故而受公子财。(《史记·魏公子列传》)

所历九郡义故,怀其德惠,相率致赙数百万,戎悉不受。(《世说新语·德行》)

帝问曰:"朕应天受命,卿何以不乐?"(《世说新语·方正》)

设无所闻、无说法者,由是之故,则无有人而无所受。(《光赞经》卷十)

双音形式"承受"在上古语料库中仅出现 1 次,中古时期出现 43 次,均见于汉译佛经文献,例如:

若其一旦崩亡之后,诸王臣民,不相承受。(《贤愚经》卷二)
若有众生事我为尊,承受教诫,当习五法。(《出曜经》卷十六)
今可速来,承受我位。(《佛本行集经》卷五十一)

此外,汉译佛经文献中还新产了一个双音形式"受持",共出现 235

次,表示接受在心、持久不忘,语义侧重上与"承受"不同,例如:

最后末俗世受持是经,功德如是。(《正法华经》卷十)
诸如是等禁戒斋法,我当受持。(《佛本行集经》卷七)

近代汉语时期,双音形式"接受"产生,但在近代汉语语料库中仅有 6 个用例,双音形式"承受"用例也不多,共出现 24 次,因此在近代汉语时期单音形式"受₁"依旧为表"接受,承受"义的主导词。具体使用如下:

那知府是个赃官,接受了贿赂,便差人常常下牢里来闹看。(《水浒传》第三十回)
这些小劳,岂敢接受银两?(《金瓶梅》第八十八回)
爷爷们都去承受皇恩,等我们在此看守。(《西游记》第六十二回)
你养活着孩子,承受他的产业,这可有名。(《醒世姻缘》第五十七回)

到了现代汉语时期,"受₁"依旧可以单独使用,如"受教育、受到帮助"等,双音形式"接受"的使用频率大大提高,与单音"受₁"同时并用。具体演变情况如表 4-32 所示。

表 4-32 "受"的单复音形式演变情况

高频动词	义位	复音选择形式	复音形式产生时间
受	受₁	承受	上古
		接受	现代

4.2.4 单音动词"赐"音节形式的历时演变

"赐"是上古汉语赐予动词中使用频率较高的单音动词,《说文解字·贝部》：''赐，予也。从贝，易声。''本书选取义位1"赏赐，给予"即"赐₁"为研究对象。

"赐₁"首见于《礼记·少仪》："其以乘壶酒、束脩、一犬赐人。"郑玄注："于卑者曰赐"，表示"赏赐，给予"的意思，从郑玄的注解中可以看出，"赐"必须是地位高的人或长辈把财物送给地位低的人或晚辈，也就是上对下的关系。现代汉语中"赏赐"的释义为"指地位高的人或长辈把财物送给地位低的人或晚辈"，因而"赏赐"为"赐₁"的复音形式。《大词典》中"赏赐"最早的用例为《周礼·春官·小宗伯》："掌衣服、车旗、宫室之赏赐。"郑玄注："王以赏赐有功者"，表示"尊长把财物送给卑幼者"的意思。此外，上古时期还有同义的双音形式"赐予"与"赐与"，最早用例分别为《荀子·大略》："赐予其宫室，犹用庆赏于国家也。"《韩非子·外储说右下》："司城子罕谓宋君曰：'庆赏赐与，民之所喜也，君自行之。杀戮诛罚，民之所恶也，臣请当之。'"

上古汉语时期，"赐₁"共出现197次，是上古汉语的主导词，具体使用情况例如：

> 若从君惠而免之，三年将拜君赐。(《左传·僖公三十三年》)
> 王赐之甲、剑铍。(《左传·哀公十一年》)
> 数使人行劳，赐守边城关塞、备蛮夷之劳苦者，举其守率之财用有余、不足，地形之当守边者，其器备常多者。(《墨子·号令》)

双音形式"赏赐"和"赐予"在上古时期均已形成，但是使用频率都不及单音形式的"赐"，"赏赐"出现42次，"赐予"/"赐与"出现7次：

> 王者得治民之至要，故不待赏赐而民亲上，不待爵禄而民从事，不待刑罚而民致死。(《商君书·农战》)
> 赏赐刑罚，主之节也。(《管子·形势解》)
> 大将军、骠骑大出击胡，得首虏八九万级，赏赐五十万金，汉军

马死者十余万匹。(《史记·平准书》)

　　为人臣者,有侈用财货赂以取誉者,有务庆赏赐予以移众者。(《韩非子·说疑》)

中古汉语时期,双音形式的"赏赐"用例不多,在汉译佛经中仅有10次,"赐与"出现7次:

　　譬如强力,转轮之王,兵战有功,赏赐诸物,象马车乘,严身之具,及诸田宅,聚落城邑,或与衣服,种种珍宝,奴婢财物,欢喜赐与。(《妙法莲华经》卷五)
　　犹如勇健丈夫能却外敌摧败彼众,乃名勇健加得赏赐过出众人。(《出曜经》卷十八)
　　王大欢喜,命令就座,赐与饮食。(《贤愚经》卷十二)
　　父先所许玩好之具,羊车、鹿车、牛车,愿时赐与。(《妙法莲花经》卷二)

近代汉语时期,双音形式"赐予"/"赐与"几乎不见,"赏赐"的使用频率增加,共出现114次:

　　楚王捕逐于子,捉获赏赐千金。(《敦煌变文集新书·伍子胥变文》)
　　且如今赏赐人,与之百金为多,五十金为少,与七十金为中。(《朱子语类》卷六十七)
　　梁中书叫取两锭白银,两副表里来赏赐二人。(《水浒传》第十三回)

综上,"赐$_1$"及其双音形式"赏赐""赐与""赐予"在上古汉语均已产生,在表达"赏赐"这一概念时,"赐$_1$"从古至今占据着主导地位。现代汉语中,单音形式"赐"和双音形式"赏赐"共存于词汇系统中。具体演变过程如表4-33所示。

表4-33 "赐"的单复音形式演变情况

高频动词	义位	复音选择形式	复音形式产生时间
赐	赐₁	赏赐	上古
		赐与/赐予	上古

4.2.5 单音动词"知"音节形式的历时演变

"知"是上古汉语感知动词中使用频率最高的单音动词,《说文解字·矢部》:"知,词也。从口,从矢。"结合本书的筛选标准,选取义位1"晓得,了解"即"知₁"为研究对象。

"知₁"首见于《易·乾》:"知进退存亡而不失其正者,其唯圣人乎!"表示"晓得,了解"的意思,对应于现代汉语中的"知道"一词。"知道"在《大词典》中最早的用例是《管子·戒》:"闻一言以贯万物,谓之知道。"但值得注意的是"知道"虽成词于上古汉语时期,但其产生之初是主谓结构,表示"谓通晓天地之道,深明人世之理"的意思,并非现代汉语"晓得,谓对事物有所了解、认识"之义。

上古汉语时期,"知₁"的使用情况如下:

> 王如知此,则无望民之多于邻国也。(《孟子·梁惠王上》)
> 及其至也,虽圣人亦有所不知焉。(《礼记·中庸》)
> 留侯曰:"陛下不知乎?此谋反耳。"(《史记·留侯世家》)
> 凡知道者,势、数也。(《商君书·禁使》)
> 知道者必达于理,达于理者必明于权,明于权者不以物害己。(《庄子·秋水》)

上古汉语时期,双音形式"知道"成词,但其词义为"谓通晓天地之道,深明人世之理"的意思,其中"道"指"道理,道义"。因此,在上古汉语时期,单音形式"知₁"独立承担"知道,晓得,了解"这一义位。

中古汉语时期,"知₁"仍是主导词,例如:

  当斯之时,桂树焉知泰山之高,渊泉之深,不知有功德与无也!(《世说新语·德行》)
  志性通敏,风情雅润,下帷覃思,温故知新。(《洛阳伽蓝记》卷三)
  菩萨知之故复发问,问其犁曰:"此何所设?"(《普曜经》卷三)
  佛知其本忧所念,即谓梵志言:"世有五事,不可得避,亦无脱者。"(《义足经》卷上)

中古汉语时期,双音形式"知道"仍为动宾关系,语义发生了变化,表示"认识道路",例如晋干宝《搜神记》卷十五:"娥语曰:'伯文,我一日误为所召,今得遣归,既不知道,不能独行,为我得一伴否?'"因此,在中古汉语时期,仍主要由"知₁"独立承担"知道,晓得,了解"这一义位。

中古汉译佛经文献中新产了一个双音形式"得知",表示了解、知道的意思,共有 31 例:

  如自得知,佛便教弟子所说应行。(《道地经》卷一)
  克诚积报经十二年,其大夫人便觉有娠,聪明女人,能得知此,自知所怀,必是男儿,即以情事白婆罗门。(《贤愚经》卷八)

以上例句中"得知"与单音"知"前后呼应,应为同义关系。

近代汉语时期,双音形式"得知"继续使用,共有 240 例:

  我即不尔,今愿富死,不贫而生。何以得知?(《敦煌变文集新书·双恩记》)

晓得程子说底,得知权也是常理。(《朱子语类》卷三十七)

想公孙胜先生江湖上仗义疏财之士,所以得知这件事,来投保正。(《水浒传》第十六回)

近代汉语时期,表示对事物有所了解、认识意思的双音形式"知道"才真正产生,共有2874例,成为主导词:

于是皇帝知道远公到来,便出官门。(《敦煌变文集新书·庐山远公话》)

某自十五六时,闻人说这道理,知道如此好,但今日方识得。(《朱子语类》卷三十三)

你既是禁军教头,法度也还不知道。(《水浒传》第七回)

怎么知道我老孙的名号?(《西游记》第十九回)

综上,从上古到中古汉语时期,单音形式"知$_1$"独立承担"知道、晓得、了解"这一义位,中古汉译佛经文献中新产生了双音形式"得知",近代汉语时期,表示该义的双音形式"知道"才真正产生。"知"的复音化发展情况如表4-34所示。

表4-34 "知"的单复音形式演变情况

高频动词	义位	复音选择形式	复音形式产生时间
知	知$_1$	知道	上古
		得知	中古

4.2.6 单音动词"见"音节形式的历时演变

"见"是上古汉语感知动词中使用频率较高的单音动词,《说文解字·见部》:"见,视也。从儿,从目。"本节筛选"见"义位1"看见,看到"即"见$_1$"为研究对象。

"见₁"首见于《易·艮》："行其庭,不见其人",表示"看到,看见"的意思,从释义的角度来看,"见₁"在该义位上对应的是双音形式"看到"或"看见",但在《现汉》中仅收录了"看见",并未收录"看到",因而本节将"看见"列为研究对象。《大词典》中"看见"最早的用例为《朱子语类》卷七二："我却不见雀,不知雀却看见我。"

上古汉语时期,"见₁"主要承担"看见,看到"这一义位,是主导词。

未见君子,忧心忡忡。(《诗经·召南·草虫》)
秦太后为魏冉谓秦王曰："成阳君以王之故,穷而居于齐,今王见其达而收之,亦能翕其心乎?"(《战国策·秦策三》)
心不在焉,视而不见,听而不闻。(《礼记·大学》)

上古汉语时期还有双音形式"望见""观见"两词,前者主要表示拜见、谒见,并不是"看见"的意思,后者则是表示看见义,仅出现 1 例:

〔燕王〕谓卫人曰："客为棘削之?"曰："以削。"王曰："吾欲观见之。"(《韩非子·外储说左上》)

中古汉语时期,"见₁"仍然大量使用,例如:

管宁、华歆共园中锄菜,见地有片金,管挥锄与瓦石不异,华捉而掷去之。(《世说新语·德行》)
对曰："但见其上,未见其下。"(《世说新语·方正》)
世隆见桥被焚,遂大剽生民,北上太行。(《洛阳伽蓝记》卷一)
佛语须菩提："譬若男子欲见大海者,常未见大海,若见大陂池水,便言:'是水将无是大海?'"(《道行般若经》卷四)

双音形式"观见"使用频率提高,而且仅见于汉译佛经文献,共有 47 例:

时忉利天人来下在虚空中,<u>观见</u>菩萨日日啼哭。(《道行般若经》卷九)

尔时世尊<u>观见</u>比丘心各如是。(《出曜经》卷十九)

尔时太子<u>观见</u>诸方,仰瞻虚空及诸星宿。(《佛本行集经》卷十六)

据《大词典》的记载,"看见"成词于宋代,但张永言(2015)曾提出不同的见解,指出"南北朝时代'看见'偶见,如元魏慧觉等译《贤愚经》卷十一'无恼指鬘品第四十五':'相师看见,怀喜而言:是儿福相,人中挺特'",但"看见"的例子仍十分罕见,因此在中古汉语时期仍由"见$_1$"独立承担"看见,看到"这一义位。

近代汉语时期,双音形式"看见"用例有所增加,但是单音形式"见"仍为主导词:

<u>看见</u>山明水秀,凤舞龙飞,果然是一个好去处。(《二刻拍案惊奇》)

到了现代汉语时期,双音形式"观见"已不再使用,单音形式"见$_1$"和双音形式"看见"同时并用,具体演变情况如表 4-35 所示。

表 4-35 "见"的单复音形式演变情况

高频动词	义位	复音选择形式	复音形式产生时间
见	见$_1$	观见	中古
		看见	近代

4.2.7 单音动词"闻"音节形式的历时演变

"闻"是上古汉语感知动词中使用频率较高的单音动词,《说文解字·闻部》:"闻,知闻也。从耳门声。"《段注》:"闻,知声也。往曰听,来曰闻。《大学》曰:'心不在焉,听而不闻。'引申之为令闻广誉。"本节"闻"筛选出 2 个义位,分别为义位 1:听见,下文简称"闻$_1$";义位 2:嗅,下文简称"闻₂"。表 4-36 列举了主要义位及其用例。

表 4-36 "闻"的主要义位及首见用例

义位	首见用例
闻₁：听见。	《书·君奭》："我则鸣鸟不<u>闻</u>，矧曰其有能格。"
闻₂：嗅。	《韩非子·十过》："共王驾而自往，入其幄中，<u>闻</u>酒臭而还。"

下文将以"闻"的义位为单位，对高频感知动词"闻"的演变情况进行分析。

4.2.7.1 "闻₁"的历时发展变化

"闻"的第一个义位是"听见"，产生于上古汉语时期，首见于《书·君奭》："我则鸣鸟不闻，矧曰其有能格。""闻₁"可对应现代汉语中的单音形式"听"和双音形式"听见"。《大词典》中"听"首见于《书·泰誓中》："天视自我民视，天听自我民听。"表"以耳受声"之义。"听见"产生于近代汉语时期，根据《大词典》，双音形式"听见"首见于元代无名氏《盆儿鬼》第四折："张千，你听见他说些甚么？"

从上古汉语至中古汉语时期，单音形式"闻₁"一直为主导词，在魏晋以前很长一段时期内，"闻"主要表示"听到"这一感知的状态，表示"听"这种具体动作行为的动词一般用"听"，"听"与"闻"严格区分。"闻₁"在语义场中占据优势地位，使用频率较高。统计结果见表 4-37。

表 4-37 上古和中古代表性著作"闻₁"和"听"的使用情况

代表性著作	"闻₁"数量	比例	"听"数量	比例
《论语》	48	87.27%	7	12.73%
《庄子》	173	86.93%	26	13.07%
《左传》	353	96.98%	11	3.02%
《孟子》	78	81.25%	18	18.75%
《世说新语》	138	80.23%	34	19.77%

续表

代表性著作	"闻₁"数量	比例	"听"数量	比例
《颜氏家训》	33	86.84%	5	13.16%
《长阿含十报法经》	21	80.77%	5	19.23%
《佛本行集经》	753	81.67%	169	18.33%
总计	1597	85.31%	275	14.69%

具体用例如：

寇在城下，闻鼓音，燔苴，复鼓，内苴爵穴中，照外。(《墨子·备城门》)

其往不复，其来不舍，谋乎莫闻其音，卒乎乃在于心，冥冥乎不见其形，淫淫乎与我俱生，不见其形，不闻其声，而序其成，谓之道。(《管子·内业》)

夫目察秋豪之末，耳不闻雷霆之声；耳调玉石之声，目不见太山之高，何则？(《淮南子·俶真》)

昔在江南，目能视而见之，耳能听而闻之；蓬生麻中，不劳翰墨。(《颜氏家训·风操》)

今日寮廓，钟声罕闻。(《洛阳伽蓝记》序)

近代汉语时期，"闻₁"依旧可表"听见"义，如：

征人望乡思，战马闻鞭惊。(《全唐文·关山月》)
今夜仍将瑶琴抚弄一曲，吾弟闻之，必来相见。(《警世通言》)
内有一种是鼍龙，其皮可以幔鼓，声闻百里，所以谓之鼍鼓。(《初刻拍案惊奇》)

"听"到了近代汉语，占据优势地位，如《儒林外史》中"听"共有441例，"闻₁"仅有33例。《水浒传》中"听"有1586例，"闻₁"仅有266例。

《元刊杂剧三十种》中"听"有 107 例,"闻₁"仅有 31 例。由于自身的选择,"闻₁"逐渐没落,"闻"的嗅觉义逐渐发展并占据强势地位,即"闻₂"。

双音形式"听见"产生于元代,在近代汉语语料库中有 308 个用例,例如:

哪吒听见此言,心花儿开了,哪吒曰:"弟子晓得。"(《封神演义》第十四回)

我小人两个鼻子孔一夜不曾闭,并不听见女鬼诉甚么冤状,也不曾听见相公呼唤。(《窦娥冤》第四折)

故道人修于假明之明,习于假声之声,故能听见而不可彰。(《云笈七签》卷九十)

三藏道:"悄言!悄言!他的性愚,若听见你说是甚么东西,他就恼了。他是我的徒弟。"(《西游记》第十六回)

综上,从上古到中古汉语时期,单音形式"闻₁"承担"听见"这一义位,与"听"相区别,并占据主导地位;近代汉语时期,"闻₁"的主导地位由"听"占据,"闻₁"逐渐减少,其双音形式"听见"于元代产生,沿用至现代汉语。现代汉语中,表"听见"意义的"闻₁"基本不再单独使用。

4.2.7.2 "闻₂"的历时发展变化

"闻"的第二个义位是"嗅",产生于上古汉语时期,首见于《韩非子·十过》:"共王驾而自往,入其幄中,闻酒臭而还。"张永言(1962)则认为最早在《尚书·酒诰》中"弗惟德馨香祀登闻于天,诞惟民怨,庶群自酒,腥闻在上","闻"已可表用鼻子辨别气味。在现代汉语中与单音形式"嗅"相对应,表示用鼻子辨别气味义。

上古汉语时期,"闻₂"表示用鼻子辨别气味义,例如:

王强问之,对曰:"顷尝言恶闻王臭。"(《韩非子·内储说》)

郑袖曰:"其似恶闻君王之臭也。"(《战国策·楚策四》)

上古时期,动词"闻₂"主要表示一种嗅觉感知状态"闻到",而不表具体动作,用于表示具体动作行为的嗅觉动词一般用"嗅",两者存在语义上的差异。根据《大字典》,"嗅"最早见于《论语·乡党》:"子路共之,三嗅而作。"邢昺疏:"嗅,谓鼻歆其气。"但"嗅"的使用频率相对较低,上古汉语中仅见5例:

食之则甘,嗅之则香。(《韩非子·外储说左下》)
鼻之情欲芬香,心弗乐,芬香在前弗嗅。(《吕氏春秋·仲夏纪》)
嗅之,则使人狂酲,三日而不已。(《庄子·人间世》)

中古汉语时期,中土文献中"闻₂""嗅"的区分仍然明晰,《世说新语》中有"闻₂",无"嗅":

后会诸吏,闻寿有奇香之气,是外国所贡,一着人则历月不歇。(《世说新语·惑溺》)

《齐民要术》中有"闻₂"2例、"嗅"1例:

良久,清澄,泻去汁,更下水,复抨如初,嗅看无臭气乃止。(《齐民要术·柰、林檎》)
若日日烧瓶,酪犹有断者,作酪屋中有蛇、虾蟆故也。宜烧人发、羊牛角以辟之,闻臭气则去矣。(《齐民要术·养羊》)
昔汉武帝逐夷,至于海滨,闻有香气而不见物。(《齐民要术·作酱法》)

"闻₂""嗅"此种区别用法在汉译佛经中依旧存在,例如:

于是鹿母出骐得去,且顾且驰到其子所,低头嗅子,舐其身体,一喜一悲,踟蹰徘徊。(《佛说鹿母经》)

时有比丘夜游冢间,过到是处,闻新死尸身有涂香,便谓是生人。(《摩诃僧祇律》卷二)

徐俊霞(2003)认为,表示"嗅到"这种感知状态的"闻$_2$"和表示动作行为本身的"嗅"长期并存,直到宋元时期,情况才开始发生变化。《全唐诗》和《全宋词》中,"闻$_2$"和"嗅"仍然分别得清清楚楚。《入唐求法巡礼行记》、敦煌变文和《祖堂集》中均是有"闻$_2$"无"嗅"。

近代汉语时期,随着"闻$_2$"可以用来表示"嗅"这一动作义,动词"嗅"的用例开始逐渐减少,"闻$_2$"在文献中已经比较普遍。

不知道那里死了一个蟢蜓,我闻了骚气,恶心上来,冷疾发的当不的。(《朴通事》)

扑的就劈开来,香气扑鼻。连旁边闻着的许多人,大家喝一声采。(《初刻拍案惊奇》)

智深猛闻得一阵肉香,走出空地上看时,只见墙边沙锅里煮着一只狗在那里。(《水浒传》第四回)

从上古汉语至宋末,"闻$_2$"表示"嗅到"动作状态,"嗅"表示具体动作。元明之后,"闻$_2$"可用来表示嗅这一具体动作,成为主导词,演变情况见表4-38。

表4-38 "闻"的单复音形式演变情况

高频动词	义位	复音选择形式	复音形式产生时间
闻	闻$_1$	听见	近代
	闻$_2$	无	无

4.2.8 单音动词"言"音节形式的历时演变

"言"是上古汉语感知动词中使用频率较高的单音动词,《说文解字·言部》:"言,直言曰言,论难曰语。从口辛声。"本书筛选"言"义位 1 "说,说话"即"言₁"为研究对象。

"言₁"首见于《书·无逸》:"〔殷高宗〕三年不言。"表示"说,说话"的意思,在该义位上对应的是现代汉语"说"或"说话"两个形式。"说"产生于上古汉语时期,根据《大字典》,"说"最早的用例为《易·咸》:"咸其辅、颊、舌,滕口说也。"

《论语》中"言"表示"说,说话"义"言₁"共 52 例,"言₁"表示主动说话,《礼记·杂记下》:"三年之丧,言而不语,对而不问。"郑玄注:"言,言己事也,为人说为语。""言""语"浑而不别,《论语·乡党》:"食不语,寝不言。"如:

   颜渊季路侍,子曰:"盍各言尔志?"(《论语·公冶长》)
   非礼勿视,非礼勿听,非礼勿言,非礼勿动。(《论语·颜渊》)

"说"在上古很少用作一般意义的"说话",《说文·言部》:"说,说释也。从言、兑。一曰谈说。""说"多含有各种限定性义素,比如"谈论""解释""说明"等,两者在语义上有所不同。《论语》中表示说话义的"说"共 3 例。如:

   子曰:"道听而涂说,德之弃也。"(《论语·阳货》)

上古汉语时期,"言₁"的使用频率高于"说"。中古汉语时期,"言"是表示"说话"义的一个主要的口语词。虽然"说"的使用频率增加,其限定性义素消失,词义从"解说,谈论"扩大至一般意义上的"说话",用法也不断扩展,但在整体频率和使用范围上依旧少于"言"。如《世说新语》中"言"共有 109 例,"说"共有 29 例,《颜氏家训》中"言"共有 56 例,"说"共有 14 例。

   王子猷说:"世目士少为朗,我家亦以为彻朗。"(《世说新语·

赏誉》)

梁元帝尝为吾说:"昔在会稽,年始十二,便已好学。"(《颜氏家训·勉学》)

近代汉语时期,"说"逐步取代"言"等其他说类词成为表"说话"义的主导词,如近代标记语料库中《西游记》中"说"共有 1945 例,"言"共有 205 例,《红楼梦》中"说"共有 4760 例,"言"共有 76 例。《儒林外史》中"说"共有 1509 例,"言"共 12 例。

"说话"为现代汉语中"言$_1$"的复音形式。《大词典》中"说话"最早的用例为唐代白居易《老戒》诗:"矍铄夸身健,周遮说话长。"从唐代至清,根据语料库统计,"说话"共有 518 例,如:

祖曰:"我适来未曾说话,汝为甚便卷却席?"(《五灯会元》)
(净)怕贫女归来,才说话,贫女便惊了。(《张协状元》)
(嬷嬷上,云)这早晚小姐房里有人说话,在窗下听咱。(《墙头马上》第二折)
曰:"忠信只是一理。自中心发出来便是忠,着实便是信。谓与人说话时,说到底。"(《朱子语类》卷二十一)
夜间听得母亲房中似有人行动,仔细听去,又似絮絮说话,甚是疑惑。(《型世言》第六回)
说话间,不觉的天色将晚。(《西游记》第十三回)

到了现代汉语时期,单音形式"言"已不再使用,单音形式"说"和双音形式"说话"同时并用。"言"的复音化发展情况如表 4-39 所示。

表 4-39 "言$_1$"的单复音形式演变情况

高频动词	义位	复音选择形式	复音形式产生时间
言	言$_1$	说话	近代

4.2.9 单音动词"曰"音节形式的历时演变

"曰"是上古汉语引语动词中使用频率最高的单音动词,《说文解字·曰部》:"曰,词也。从口,乙声,亦象口气出也。""曰"作为汉语"说类词"中的重要成员之一,本书选择义位 1 作为研究对象,即说,说道,下文简称"曰$_1$"。该义位为"说,说道",对应于现代汉语中的"说"。《大词典》中"说"最早的用例是《易·咸》:"咸其辅颊舌,滕口说也",表示"叙说,讲述"的意思。下面从历时的角度看两词的发展变化。

"曰$_1$"和"说"在上古时期都已出现,"曰$_1$"在上古时期的使用频率极高,词频达 16591 次,"曰"的后边跟引语,表示"说"的意思,如:

公曰:"奚梦?"(《韩非子·难四》)
君子曰:"善处父子之间矣。"(《国语·晋语》)
赵葭谏曰:"彼请地于韩,韩与之。"(《战国策·赵策》)

"说"在上古很少作为一般意义上的"说话"来使用,而是含有各种限定性义素。如:

成事不说,遂事不谏,既往不咎。(《论语·八佾》)
夫差将死,使人说于子胥曰:"使死者无知,则已矣;若其有知,吾何面目以见员也!"遂自杀。(《国语·吴语》)

"成事不说"中的"说"表示"解释、说明"义;"夫差将死,使人说于子胥曰"中的"说"表"告知、告诉"义。《左传》中"说"共出现了 22 次,且均表"解说"义,"说释"和"谈说"是"说"在上古的两个主要义项。因而虽然"曰$_1$"和"说"同在上古时期出现,但"曰$_1$"的使用频率远高于"说","曰$_1$"占据了主导地位。

中古汉语时期,"说"逐渐活跃起来,但"曰₁"的使用频率还是极高,如:

抱朴子曰:"夫陶冶造化,莫灵于人。故达其浅者,则能役用万物,得其深者,则能长生久视。"(《抱朴子内篇·对俗》)

谚曰:"湿耕泽锄,不如归去。"(《齐民要术·耕田》)

太公曰:"养女太多,一费也。"(《颜氏家训·治家》)

菩萨答曰:"其异书者有六十四,今师何书正有二种。"(《普曜经》卷三)

到已,头面礼足,绕佛毕已,一心合掌,瞻仰世尊,以偈颂曰:"大威德世尊,为度众生故,于无量亿劫,尔乃得成佛,诸愿已具足,善哉吉无上。"(《妙法莲华经》卷三)

据统计,"曰₁"在《世说新语》中共出现了 1204 次,而"说"仅出现了 37 次。从数量上看,"曰₁"依旧占据了主导地位,但其用法没有发生任何改变,而"说"在中古时期发生了重要的进展,一是"说"的限定性义素消失,其词义扩大为一般意义上的"说";二是其用法进一步发生了扩展。

近代汉语时期,以《红楼梦》的前 5 回为例,"曰₁"共出现了 10 次,而"说"共出现了 190 次,由此可见,近代汉语中"说"已逐步取代"曰₁"而成为主导词。

综上,从上古汉语到中古汉语,"曰₁"一直是主导词,直到近现代汉语时期,"说"取代"曰₁"而成为主导词,"曰₁"并没有相应的复音形式,总结见表 4-40。

表 4-40 "曰"的单复音形式演变情况

高频动词	义位	复音选择形式	复音形式产生时间
曰	曰₁	无	无

4.2.10 单音动词"问"音节形式的历时演变

"问"是上古汉语引语动词中使用频率较高的单音动词,《说文解字·口部》:"问,讯也。从口,门声。"结合本书的筛选标准,选取"问"的本义"问$_1$"即"询问,诘问"为研究对象。

上古汉语时期,"问$_1$"使用频率很高,是主导词,例如:

颍考叔曰:"敢<u>问</u>何谓也?"(《左传·隐公元年》)
苏代为齐使于燕,燕王<u>问</u>之曰:"齐宣王何如?"(《战国策·燕策一》)
项王至阴陵,迷失道,<u>问</u>一田父,田父绐曰"左"。(《史记·项羽本纪》)

中古汉语时期,单音形式"问$_1$"继续大量使用,仍是主导词,例如:

潮水至,沈令起彷徨,<u>问</u>:"牛屋下是何物?"(《世说新语·雅量》)
或<u>问</u>:"一夜何故五更?更何所训?"(《颜氏家训·书证》)
王性妒害,恶心内发,便<u>问</u>道人。(《中本起经》卷上)

双音形式"诘问"在中古时期产生,使用频率不高,共出现 6 例,例如:

<u>诘问</u>良久,乃云:"小人母年垂百岁,抱疾来久,若蒙官一脉,便有活理。"(《世说新语·术解》)
<u>诘问</u>理穷,任实首情,每减香钱,饭佛及僧,法深义妙,非世所闻。(《中本起经》卷下)
王寻遣信唤来<u>诘问</u>,汝何以故前如把草草化为刀。(《出曜经》卷二十)

根据《大词典》，双音形式"询问"产生于中古时期，最早用例为《汉书·武帝纪》："询问耆老，乃得孽子嘉。"近代汉语时期，双音形式"询问"和"诘问"用例都有所增加，前者有 28 次，后者为 10 例，例如：

食毕，询问参学行止。(《祖堂集·黄蘗和尚》)
当时二人先去城外，一到处询问公孙胜先生下落消息，并无一个人晓得他。(《水浒传》第四十四回)
须到城中询问，方可知也。(《西游记》第六十二回)
被诘问，则无以答，这便是为人所耻辱。(《朱子语类》卷二十二)
晁凤到了城门，等了一会，天色已大亮了，开了城门。正往外走，只见一个汉子背了两个人头往城内走，管门夫拦住诘问。(《醒世姻缘》第二十回)

到了现代汉语中，双音形式"询问""诘问"的用例仍有增加，但是单音形式"问₁"一直都是主导词。"问"的语音形式演变情况如表 4-41 所示。

表 4-41 "问"的单复形式演变情况

高频动词	义位	复音选择形式	复音形式产生时间
问	问₁	询问	中古
		诘问	中古

4.2.11 单音动词语音形式演变的总括分析

本节选取了上古汉语中使用频率较高的 10 个单音名词，它们分属"人事""赐予""感知""引语"4 个小类，具有很好的代表性。这些动词不同义位的语音形式的历史演变情况总结在表 4-42，从中可以管窥高频动词的复音化进程与具体的音节选择机制，还可以与上一节的数据进行对比，对照分析名词和动词音节选择机制的异同。

表 4-42 典型动词不同义位的复音选择形式

典型动词	义位	复音选择形式	复音形式产生时间
伐	伐₁	砍伐	近代
	伐₂	征讨	上古
		征伐	中古
		攻打	近代
杀	杀₁	杀戮	上古
		杀害	中古
受	受₁	承受	上古
		接受	现代
赐	赐₁	赏赐	上古
		赐与/赐予	上古
知	知₁	得知	中古
		知道	近代
见	见₁	观见	中古
		看见	近代
闻	闻₁	听见	近代
	闻₂	无	无
言	言₁	说话	近代
曰	曰₁	无	无
问	问₁	询问	中古
		诘问	中古

数据表明，本节所选择的上古高频动词的音节选择也呈现四个特点：

第一，高频单音动词与其相应的双音形式呈现出一对多的情况，但是与名词相比，高频动词的语义没有高频名词丰富，尤其是主要使用的常见义位比较单一。例如高频名词"人"至少有三个常见义位，但是大多数高频动词"杀""受""言""曰"等，其常见义位只有一个。

第二,不同动词不同义位的复音形式产生是异步的。表 4-42 中复音形式产生于上古时期的有 5 个、中古时期的有 6 个、近现代时期的有 6 个,还有 2 个未产生复音化。

第三,不同动词不同义位音节选择形式的演进路径不同。有些以原有的单音形式作为构词语素的情况拓展为新复音词,如"见$_1$"→"观见""看见";有些存在着与原单音形式无关的新复音词,如"伐$_2$"→"攻打"。有些长期保持单音形式而未复音化,或者发展为另一个单音形式,如"曰$_1$"→"说"。

第四,表达同一义位的单双音节形式的词并存于现代汉语。典型的,如"杀"→"杀害""见"→"看见"等单双音形式并存于近代汉语词汇系统中。

4.3 小结

上古汉语以单音词为主,现代汉语以复音词为主。上古时期高频名词和动词单音词的不同义位几乎都在不同历史时期产生了相应的复音形式,折射出汉语词汇复音化的规律性趋势。

不同词语不同义位的语音形式历时演变中存在各自的特点和一些差异,具体表现在以下方面:

一是复音选择形式的结构存在差异。在所讨论的典型高频名词和动词的各义位上,采用偏正结构和并列结构复合而成的情况最多,偏正结构例如"平民""国都""如今""白日",并列结构例如"人才""人民""国家""砍伐",此外还有少量的重叠形式,例如"人人"。由于汉语前缀和后缀并不发达,且词缀产生时间都比较晚,因此采用附加前缀和后缀形成的复音形式不多,例如"车子"。

二是名词和动词的复音形式选择存在显著的词类间差异。典型名词在大多数义位上发生了复音化,其中不少复音形式可以替代原有的单音形式,成为主导词并在现代汉语中广泛使用。典型动词尽管在常用义位上也存在复音选择形式,但是这些形式并不能完全替代原有单音动词,通常只能作为该单音动词在特定义位上更为精确的一种可选表达形式。单音动词的某些义位上即使发生了词汇的替换,也往往由另一个单音词来代替,例如"说"取代"曰$_1$"或"砍"取代"伐$_1$"。此外,名词的复音形式中偏正结构和并列结构都占据了一定的比重,而高频动词的复音形式主要是并列结构,如"砍伐""征伐""杀害""承受""赏赐""询问"等。

三是不同性质的文献中复音形式选择存在差异,语言接触对具体词语的复音形式选择产生一定影响。从具体词语不同义位音节形式选择的用例分析上看,中古汉译佛经文献中产生了大量新兴的复音形式,如"受持"等,其中的一部分甚至进入现代汉语常用词中,如"现在"。汉译佛经文献中不同音节选择形式的产生与语言接触存在着一定关联。

词义与高频单音名词和动词的复音化历时演进过程存在密切的关系。具有多个义位的高频单音词,通常本义具有较强的稳定性,较难发生复音化,例如有生名词"人$_1$",其本义从古至今一直使用单音形式,未出现复音形式。有的出现了双音形式,例如"车",其本义为交通工具,尽管近代汉语时期产生了相应的双音形式"车子",但其单音形式"车"仍占据主导地位。反之,高频单音词的非常用义则更易被其他复音形式替代。进一步,即使存在着复音形式,该复音形式的词义也仍在动态演进。如上古时期产生的"平民"表"平善之人",逐步发展出"普通老百姓"之义。"地"的双音形式"土地""田地"到了近代汉语时期分别产生了新义,前者引申表示掌管、守护某个地方的神,后者引申表示地步、程度。再如,中古中土文献中的双音形式"现在"原义为"目前存在",后受到佛经文献的影响,在现代汉语中主要表示"当前、现在"之义。

因此,我们认为汉语词汇音节形式选择是以语义精密化为驱动,受到词类特征与复音词结构的能产性等内部因素制约,受到语言接触外部因素的重要影响的词汇系统动态演进的结果,从语义精密化、内部制约因素、外部影响因素、词汇系统演进四个方面讨论如下:

首先，语义精密化是汉语词汇复音化和音节选择的主要驱动力量。唐钰明（1986）、钱宗武（1996）认为语义表达的精确化是复合词形成的主要原因。汉语词汇复音化由最早的突破开始直到今天的日趋多音化，只有语义的精密化才是它一以贯之的基本原因。对上古单音词而言，尤其是高频词，它们通常具有若干语义，其中只有个别义位较为常见。当单音词同时承载多个义位时，就容易导致语义表达模糊不清。在这种情况下，根据语言的经济性原则，语言发展过程中就很可能出现单音形式仍表达主要的义位、新产的复音形式表达非常用义位的情况。

其次，语言内部因素对新兴复音形式的产生具有重要的限定作用。这些语言内部因素很多，包括原单音词的词性、新产复音形式的结构特征、新产复音形式和原有单音形式是否共享语素等方面。动词作为句子的核心部分承担着复杂的语法功能，与主语、宾语、状语、补语等均具有关联，名词的语法功能相对简单，这对其音节形式产生了限定影响，名词更易于被复音形式替换而动词往往保留其单音形式。新产复音形式词主要是偏正和并列结构，这与不同结构复音词的能产性有关。此外，大量的新产复音形式吸纳了原有单音形式作为构成语素，因为这通常有利于更好地表达限定后的词义。总体上，大量的语言内部因素制约着新兴复音形式的产生。

再次，语言接触对汉语词汇复音化和音节形式选择产生了一定影响。一方面，中古时期汉译佛经文献的复音化程度显著高于同期的中土文献。另一方面，一些复音选择形式来自佛经文献，甚至在现代汉语中仍在使用，语言接触对汉语词汇复音化产生了重要影响。

最后，新产的复音词与原有的单音词共处于同一词汇系统中，它们将相互影响推动词汇系统的动态发展。例如，与单音词"今"相关的"如今""现今""现在"等复音形式，它们表达相同或相似的语义，处在同一语义场中，相互推动，此消彼长，在不同历史时期具有不同的地位。词汇系统的动态发展最终导致了新产音节形式与原有形式间最终的并存或替换状态。

第五章 语言接触视野下上古至中古汉语词汇单复音节形式对应词表与分析

中古时期是汉语与外部语言第一次大规模接触的阶段,汉译佛经文献作为以梵文为主的原典语言与汉语间接语言接触的产物,其复音化程度和音节选择上与同时期的中土文献存在显著差异。本章将考察上古高频名词和高频动词在中古汉语不同性质文献(中土文献和汉译佛经文献)中词汇语音形式的对应情况以形成基础词表数据,尝试揭示语言接触对词汇音节形式选择的影响规律。

5.1 上古高频名词与中古汉语词汇对应词表

本章在构建上古高频名词与中古汉语词汇对应词表的过程中,主要依据下述原则:

第一,每个条目名称为上古词到中古词的对应关系,如名词的第1个条目为上古汉语"人"对应中古词"人人"。

第二,本章不再列举所有义位,上述对应关系表明中古词对应着上古词的某个义位。本章词表尽量全面覆盖,然而由于词义的复杂性,一些生僻的义位不在考虑之列,此外也难以穷举所有的对应情况。例如"上古:人——中古:人人"一条,是以"人"的常用义位"人人、每人"为对象,列出相应的中古汉语词汇语音表达形式"人人"。

第三,条目按照上古时期的使用频率排列,高频词优先。例如"上古:人——中古:人人""上古:王——中古:国王","人"和"王"分别是上古汉语第一位和第二位的高频名词。

第四,由于上古汉语存在一些同义词,这些同义词对应于中古汉语的同一新兴双音词,本词表合并进行处理。例如"上古:利/益——中古:利益","利/益"按照词频高低顺序排列。

第五,所有的中古词均新产于中古汉语,即它们在上古汉语没有用例,而且这些新产词也大多传承到现代汉语中,对词汇史的研究更具价值。例如上古汉语高频名词"人"有三个常用义位,第一个基本义位是能制造工具并使用工具进行劳动的高等动物,该义位到了中古汉语中仍以单音形式"人"来表达,中古时期并未产生新兴形式来表达,这种情况不列入本词表。再如"民"的双音形式"人民",产生于上古时期,这种情况也不列入本词表。

第六、双音词词条的选择方面,本书第一章绪论中已经指出,高频单音词不仅义位丰富,而且某一义位的单音形式会产生较多相同意义的复音形式,既有单音形式参与构词的复音词,也有与原先单音词没有交集的复音词,因此无法一一穷尽所有复音形式。以单音形式"今"为例,与其同义的双音词主要有两类,第一类是由"今"参与构词的"如今""现今"等,第二类是"现在"等,即不以"今"作为构词语素。针对第一类情况,本书主要参照第五个标准,即重点考察该复音形式的产生时间,"如今"最早见于《史记·项羽本纪》"如今人方为刀俎,我为鱼肉","现今"最早见于元无名氏《渔樵记》"幼年颇习儒业,现今于本庄刘二公家作赘",这两个词均不是产生于中古时期,因此不在本章考察范围内。针对第二类情况,本章对双音形式"现在"的选择,主要是参照《大字典》《大词典》《现汉》等工具书中对单音词"今"的释义,双音形式"现在"产生于中古时期,且在现代汉语中使用频率较高,因此列入本章的词表中。

第七、《大词典》对汉译佛经文献书证的引用数量有限,缺乏比较可靠和典型的汉译佛经书证,此外还存在书证晚出的情况。因此本章在每个词条下面,先列举汉译佛经文献的例句,再列中土文献的例句,如果《大词典》有书证晚出的情况，本章也会一一标明，希望为《大词典》的修订提供基础材料。

本节对上古汉语高频名词的主要义位进行分析，遴选出存在相应的中古新兴形式的条目共计 100 项，由于上古汉语存在一些同义词，因此部分条目是几个单音词对应同一个中古新词。这些新兴词不见于上古汉语，肇始于中古，而留存到现代汉语中，按以上原则罗列词表如下。

上古：人——中古：人才

新兴双音形式"人才"表示人的才能，仅见于中土文献：

尔朱荣马邑小胡，人才凡鄙，不度德量力，长戟指阙，所谓穷辙拒轮，积薪候燎。（《洛阳伽蓝记》卷一）

上古：王——中古：国王

新兴双音形式"国王"表示一国之君主，在汉译佛经和中土文献中皆有用例：

见兄师徒皆作沙门，怪而问曰："大兄年高，智慧明远，国王臣民所共宗事，我意谓兄为得罗汉。"（《中本起经》卷上）

即时佛到，国王臣民、长者居士、眷属围绕，数千百重，菩萨欲前散花，不能得前。（《修行本起经》卷上）

佛为国王及夫人婇女说无常苦空，人所由生合会别离怨憎会苦，由福生天、由恶入渊。（《法句譬喻经》卷四）

以其疾故，国王大臣、长者居士、婆罗门等，及诸王子并余官属，无数千人，皆往问疾。（《维摩诘所说经》卷上）

父老传云：此像本从南方腾空而来，于阗国王亲见礼拜，载像归，中路夜宿，忽然不见，遣人寻之，还来本处。（《洛阳伽蓝记》卷五）

上古：今——中古：现在

双音形式"现在"作为时间词，最早也只大量出现在汉译佛经中：

闻如是：一时佛游于摩竭道场，初始得佛，光景甚明，自然莲华宝师子座，古昔诸佛所坐皆尔，道德威仪相好如一，身意清净，福行普具，明所彻照人刹法处，去来现在无复罣碍，成兴于世，一切悉等。（《佛说菩萨本业经》）

现在吉祥，常获大安，无想着故，得尊佛道。（《正法华经》卷四）

佛语舍利弗："其为空者，不起不灭、无所依着、无所诤讼，无所增、无所损，无过去无当来无现在。"（《光赞经》卷一）

法行天子又复白言："不以是行得成至佛，现在行道所修甚难，当察己身等之山谷，是则究竟菩萨大士一生补处。"（《普曜经》卷四）

观者现在以观过去当观未来。（《出曜经》卷二十四）

便谓过去未来现在唯是一识无有迁谢。（《百喻经》卷三）

上古：公——中古：公务

新兴双音形式"公务"义为公事、关于公家或集体的事务，在汉译佛经文献和中土文献中皆有用例：

但自营私何虑公务。（《出曜经》卷二十三）

所以然者，以其当公务而执私情，处重责以怀薄义也。（《颜氏家训·兄弟》）

上古：地——中古：大地

新兴双音形式"大地"义为广大地面、普天之下，亦指有关地球的，仅见于汉译佛经文献：

怀倒见众生多于<u>大地</u>之土。(《出曜经》卷二十四)

一切<u>大地</u>庄严映饰未曾有。(《大庄严论经》卷十四)

此善华世界诸菩萨等皆得神通,于诸菩萨功德自在,今日清旦见是大光,其光悉从诸佛世界来至于此,<u>大地</u>时时六种震动,雨种种华。(《悲华经》卷十)

尔时世尊,与诸四众,前后围绕,放大光明震动<u>大地</u>,至舍卫国,所经客舍,悉于中止,道次度人,无有限量,渐渐来近舍卫城边,一切大众,持诸供具,迎待世尊。(《贤愚经》卷十)

上古:日——中古:太阳

新兴双音形式"太阳"是"日"的通称,见于中土文献。

王公曰:"使<u>太阳</u>与万物同晖,臣下何以瞻仰?"(《世说新语·宠礼》)

上古:时——中古:时间

新兴双音形式"时间"义为眼下、一时,《大词典》首见书证为宋李之仪《南乡子》词:"万事已成灰,只这些儿尚满怀。刚被北风吹晓角,相催,不许时间入梦来。"年代晚。汉译佛经文献中已有用例:

是诸菩萨摩诃萨,从初踊出,以诸菩萨种种赞法而赞于佛,如是<u>时间</u>,经五十小劫。(《妙法莲华经》卷五)

如是念念刹那<u>时间</u>。(《佛本行集经》卷二十一)

上古:时——中古:光阴

新兴双音形式"光阴"义为时间、岁月,仅见于中土文献:

<u>光阴</u>可惜,譬诸逝水。(《颜氏家训·勉学》)

上古:臣——中古:奴隶

新兴双音形式"奴隶",义为奴仆、婢仆,仅见于中土文献:

爰及农商工贾,厮役奴隶,钓鱼屠肉,饭牛牧羊,皆有先达,可为师表,博学求之,无不利于事也。(《颜氏家训·勉学》)

上古:后/后世——中古:后代

新兴双音形式"后代",义为后裔子孙,仅见于中土文献:

余若欲以此辈事,骋辞章于来世,则余所著外篇及杂文二百余卷,足以寄意于后代,不复须此。(《抱朴子内篇·黄白》)

上古:外——中古:外边

新兴双音形式"外边",义为"超出某一范围的地方",《大词典》首见书证引唐吴融《华清宫》诗:"绿树碧檐相掩映,无人知道外边寒。"年代晚。汉译佛经文献中已有用例:

其园林中作种种伎乐,其园外边有四兵宝周匝围绕。(《悲华经》卷二)

时有大臣,从外边来,见此一人,而被囚执,便问左右:"何缘乃尔?"(《贤愚经》卷一)

至外边已。(《佛本行集经》卷十七)

上古:周——中古:周围

新兴双音形式"周围",义为环绕着中心的部分,仅见于汉译佛经文献:

菩提树下地周围。(《佛本行集经》卷二十七)

上古:故——中古:缘故

新兴双音形式"缘故",义为原因、原故,《大词典》首见书证引宋苏轼《论安燾辞免迁官恩命事札子》:"伏望圣慈,从其所请,若除受别有缘故,即乞明降指挥。"时代晚,该双音形式最早且仅见于汉译佛经文献:

> 由是缘故,速得无上正真道成最正觉。(《正法华经》卷五)
> 某可愍之,了身行恶、口言恶、心念恶,具足恶行,诽谤贤圣奉于邪见,以此缘故碎身寿命,趣于勤苦、堕于地狱。(《光赞经》卷二)
> 以诸缘故,往来者众,豪富如是,有大力势。(《妙法莲华经》卷二)
> 何因缘故,其余诸佛所有世界,清净微妙种种庄严,离于五浊无诸秽恶,其中纯有诸大菩萨,成就种种无量功德,受诸快乐,其土乃至无有声闻、辟支佛名,何况当有二乘之实?(《悲华经》卷二)

上古:利/益——中古:利益

双音形式"利益"义为好处,同时见于中土文献和汉译佛经文献:

> 当觉成佛,所在供养,为饶利益,诸天世间。(《正法华经》卷八)
> 弥勒菩萨,有三十二相大菩萨众所共围绕,有百千万亿天女眷属,而于中生,有如是等功德利益。(《妙法莲华经》卷七)
> 一切国土中,畜生相食啖,皆现生于彼,为之作利益。(《维摩诘所说经》卷中)
> 汝今速往,至于佛所,头顶礼足,作大利益。(《悲华经》卷五)
> 虚弃稻谷都无利益。(《百喻经》卷二)
> 作大利益。(《佛本行集经》卷七)
> 凡种榆者,宜种刺、梜两种,利益为多;其余软弱,例非佳木也。(《齐民要术·种榆白杨》)

上古：世——中古：一生

双音形式"一生"义为一辈子,同时见于中土文献和汉译佛经文献：

> 夫人一生中,不坏众想念。(《出曜经》卷六)
> 下人间受此一生。(《佛本行集经》卷六)
> 答曰："友闻白羊肉美,一生未曾得吃,故冒求前耳。"(《世说新语•任诞》)
> 何惜数年勤学,长受一生愧辱哉!(《颜氏家训•勉学》)

上古：家——中古：家庭

双音形式"家庭"义为家中,仅见于中土文献：

> 视官内如掌中,临京师若家庭。(《洛阳伽蓝记》卷一)

上古：夏——中古：夏天

双音形式"夏天",义为夏季,《大词典》首见书证引唐王建《昭应官舍书事》诗："腊月近汤泉不冻,夏天临渭屋多凉。"年代晚,中古汉译佛经文献和中土文献中皆有用例：

> 犹如夏天盛热旱草。(《佛本行集经》卷十六)
> 又射工虫冬天蛰于山谷间,大雪时索之,此虫所在,其雪不积留,气起如灼蒸,当掘之,不过入地一尺则得也,阴干末带之,夏天自辟射工也。(《抱朴子内篇•登涉》)

上古：书——中古：书本

新兴双音形式"书本"义为装订成册的著作,仅见于中土文献：

而江南书本,多误从手,属文者对耦,并为提挈之意,恐为误也。(《颜氏家训·书证》)

上古:意——中古:意思

新兴双音形式"意思"义为意图、用意,同时见于中土文献和汉译佛经文献:

有一臣言:"宜令太子监农种殖,役其意思,使不念道。"(《修行本起经》卷下)

而犹以文采可观,意思详序,攀龙附凤,并登天府。(《世说新语·排调》)

加以意思深长,善于解梦。(《洛阳伽蓝记》卷二)

上古:春——中古:春季

新兴双音形式"春季",义为一年第一季,即从立春至立夏的三个月时间,习惯上亦指农历正月、二月、三月这三个月。《大词典》首见书证引《宋史·选举志三》:"每春季,太学、辟雍生悉公试,同院混取。"年代晚,中土文献已有用例:

《风土记》曰:"鸭,春季雏,到夏五月则任啖,故俗五六月则烹食之。"(《齐民要术·养鹅鸭》)

上古:春——中古:春天

新兴双音形式"春天",义为春季,《大词典》首见书证引唐杜甫《白丝行》:"春天衣着为君舞,蛱蝶飞来黄鹂语。"年代晚,汉译佛经文献已有用例:

而去春天之德取豺狼之残乎。(《六度集经》卷二)

上古：乱——中古：叛乱

新兴双音形式"叛乱"，义为背叛作乱、多指武装叛变，仅见于中土文献：

> 或洪波横流，或亢阳赤地，或山谷易体，或冬雷夏雪，或流血漂橹，积尸筑京，或坑降万计，析骸易子，城愈高而冲愈巧，池愈深而梯愈妙，法令明而盗贼多，盟约数而叛乱甚，犹风波骇而鱼鳖扰于渊，纤罗密而羽禽躁于泽，豺狼众而走兽剧于林，爨火猛而小鲜糜于鼎也。（《抱朴子内篇·明本》）

上古：冬——中古：冬天

新兴双音形式"冬天"，义为冬季，同时见于中土文献和汉译佛经文献：

> 犹如冬天风雪雨。（《佛本行集经》卷十四）
>
> 又射工虫冬天蛰于山谷间，大雪时索之，此虫所在，其雪不积留，气起如灼蒸，当掘之，不过入地一尺则得也，阴干末带之，夏天自辟射工也。（《抱朴子内篇·登涉》）
>
> 冬天作者，卧时少令热于人体，降于余月，茹令极热。（《齐民要术·养羊》）

上古：志——中古：志愿

新兴双音形式"志愿"，义为志向和愿望，仅见于汉译佛经文献：

> 汝诸比丘志愿所求亦当卒之。（《六度集经》卷八）
>
> 父母闻之悲泣垂泪，而问之曰："何所志愿？"（《普曜经》卷三）
>
> 我等虽说，佛法宝藏，自无志愿，亦复如是。（《妙法莲华经》卷二）

> 我涅盘后，若有众生，以珍宝、伎乐供养舍利，乃至礼拜、右绕一匝，合掌称叹、一茎华散，以是因缘随其志愿，于三乘中各不退转。(《悲华经》卷七)
> 须陀素弥答言："大王宽恩假我七日布施，得遂诚言，又闻妙法，心用开解，当如今日，志愿毕足，虽当就死，情欣犹生。"(《贤愚经》卷十一)

上古：说——中古：学说

新兴双音形式"学说"，义为学术上自成系统的主张、理论，《大词典》首见书证引章炳麟《文学总略》："学说以启人思，文辞以增人感。"年代晚，汉译佛经文献中已有用例：

> 愿解法明学说。(《义足经》卷上)

上古：河——中古：黄河

新兴双音形式"黄河"，指中国第二大河，仅见于中土文献：

> 帝初以黄河奔急，谓兆未得猝济，不意兆不由舟楫，凭流而渡。(《洛阳伽蓝记》卷一)

上古：患/忧——中古：忧虑

新兴双音形式"忧虑"，义为忧愁担心，仅见于汉译佛经文献：

> 令比丘众九十日中无有忧虑。(《生经》卷三)
> 今日独行得清水好草亦无忧虑。(《出曜经》卷十六)

上古：祸——中古：危害

新兴双音形式"危害"，义为伤害，仅见于汉译佛经文献：

须菩提白佛言:"如天中天所说,若有菩萨多有危害。"(《道行般若经》卷五)

所有有危害,云何自丧己。(《生经》卷一)

若处人间多诸危害。(《出曜经》卷十五)

不舍危害至。(《大庄严论经》卷二)

上古:相——中古:相貌

新兴双音形式"相貌",义为容貌,《大词典》首见书证引《敦煌变文集·目莲救母变文》:"忽下山宫澄禅观,威凌相貌其巍峨。"年代晚,中古汉译佛经文献中已有用例:

面如满月色从容,名闻十方德如山;求佛相貌难得比,当稽首斯度世仙。(《普曜经》卷六)

复见诸菩萨摩诃萨,种种因缘、种种信解、种种相貌,行菩萨道。(《妙法莲华经》卷一)

愿我敬礼宝藏佛时,即出如是诸相貌等。(《悲华经》卷三)

尔时摩竭国中,有一长者,生一男儿,相貌具足,甚可爱敬。(《贤愚经》卷十二)

见如是等种种相貌。(《佛本行集经》卷十六)

上古:本——中古:树根

新兴双音形式"树根",义为树木的根,同时见于汉译佛经文献和中土文献:

譬如果美树高,无因得食,唯有伐树根僻枝,从食果必矣!(《中本起经》卷上)

入水以发缠树根,有顷命终。(《六度集经》卷五)

修勤苦行,竟十中劫,专精一心,处在一座,其身清净,而不动

摇,烧诸苦患,如拔树根。(《正法华经》卷四)

以真正故,怀来定意制众尘劳,消诸妄想犹拔树根。(《普曜经》卷七)

于是世尊即说偈言:"如树根深固,虽截犹复生,爱意不尽除,辄当还受苦。"(《法句譬喻经》卷三)

时舍利弗,便以神力,作旋岚风,吹拔树根,倒着于地,碎为微尘。(《贤愚经》卷十)

桀者,树根下生木耳,要复接地生,不黑者乃中用。(《齐民要术·羹臛法》)

上古:本——中古:根源

新兴双音形式"根源",义为事物的本源,同时见于中土文献和汉译佛经文献。

是诸结永尽,九十八根源;诸可有处所,众生所倚受。(《普曜经》卷七)

欲求道者先断其痴,然后制心,心者善恶之根源。(《法句譬喻经》卷一)

深知病之根源。(《出曜经》卷二十四)

汝不能知众生根源,无得发起以小乘法。(《维摩诘所说经》卷上)

然其根源之所缘由,皆自然之感致,非穷理尽性者,不能知其指归,非原始见终者,不能得其情状也。(《抱朴子内篇·黄白》)

大抵服其为书,隐括有条例,剖析穷根源,郑玄注书,往往引以为证;若不信其说,则冥冥不知一点一画,有何意焉。(《颜氏家训·书证》)

上古:女——中古:女人

新兴双音形式"女人",义为成年女子,仅见于汉译佛经文献:

女人多情态,坏人正道意,败乱所求愿,断人布施心。(《修行本起经》卷上)

寻求行转到祇树间,便掘出死尸,着床上,共持于舍卫四道,悉遍里巷称怨言:"众人观沙门瞿昙释家子,常称言德、戒,弘普无上,如何私与女人通,杀埋藏之?"(《义足经》卷上)

呜呼女人不仁。(《六度集经》卷四)

佛告比丘言:"若有异道人,问言:'一切男子女人,初生时有随后护之不?'"(《大楼炭经》卷四)

等诸欲伎乐,一切诸玉女;女人各异心,是时平等业。(《普曜经》卷一)

众女惊怖,泣泪悔过,长跪举头而自陈曰:"女人恚愚不识至真,群愚荒骇毁辱神灵,自惟过畳罪恶若山,愿降尊德以消重殃。"(《法句譬喻经》卷二)

愿我世界无有女人及其名字,一切众生,等一化生,寿命无量,除其誓愿。(《悲华经》卷三)

上古:方/面——中古:方面

新兴双音形式"方面",义为相对或并列的人或事物中的一方而言,同时见于中土文献和汉译佛经文献:

我到诸方面。(《生经》卷五)

世雄导师,所由方面,愿为分别。(《正法华经》卷一)

是人所在方面,诸佛皆向其处说法,悉能受持一切佛法,又能出于深妙法音。(《妙法莲华经》卷六)

于一方面。(《佛本行集经》卷三十六)

乃忌此岁,其岳之方面,皆同禁也。(《抱朴子内篇·登涉》)

上古:病/过——中古:错误

新兴双音形式"错误",义为不正确、与客观实际不符,仅见于汉译佛经文献:

系念在前心无错误。(《出曜经》卷五)
我为自错误。(《大庄严论经》卷十五)

上古:势——中古:势力

新兴双音形式"势力",义为政治、经济、军事等方面的力量,主要见于汉译佛经文献:

吾家以势力。(《生经》卷一)
当住于斯,根着所有,势力薄少,而怀恐惧。(《正法华经》卷一)
当空汝界加缚卿颈使无势力,失众眷属,心中隔塞不知何计。(《普曜经》卷五)
云何于此少时,大作佛事,以佛势力、以佛功德,教化如是无量大菩萨众,当成阿耨多罗三藐三菩提?(《妙法莲华经》卷五)
天王答言:"我为天王,天耳远闻,称我名者,我悉闻之,以称我故,增我势力威德眷属。"(《贤愚经》卷四)
挫其势力。(《佛本行集经》卷二十九)

上古:昔——中古:过去

新兴双音形式"过去",义为现在以前的时期,最早产生并大量见于汉译佛经文献:

须菩提随怛萨阿竭教,怛萨阿竭本无,无有<u>过去</u>、当来、今现在,诸法本无<u>过去</u>、当来、今现在。(《道行般若经》卷五)

<u>过去</u>亦当来,现在亦无有。(《义足经》卷上)

不可得<u>过去</u>色,亦不可得中间色,亦不可得当来色;痛痒思想生死识亦复如是。(《光赞经》卷十)

十方现在佛,并<u>过去</u>未来,亦见亦供养,亦令得欢喜。(《妙法莲华经》卷六)

我于<u>过去</u>八十四大劫中,以本愿故,作仙夜叉,修行阿耨多罗三藐三菩提,尔时教化无量无边阿僧祇人,安止于四无量心,复令无量无边众生不退转于阿耨多罗三藐三菩提。(《悲华经》卷十)

佛告之曰:"<u>过去</u>久远阿僧祇劫,此阎浮提,有大国王,名弥佉罗拔罗,晋言慈力,领阎浮提八万四千小国王,有二万夫人、一万大臣。"(《贤愚经》卷二)

上古:闲/间——中古:嫌隙

新兴双音形式"嫌隙",义为因猜疑或不满而产生的恶感、仇怨,同时见于汉译佛经文献和中土文献:

作于<u>嫌隙</u>。(《佛本行集经》卷十三)

王右军素轻蓝田,蓝田晚节论誉转重……于是彼此<u>嫌隙</u>大构。(《世说新语·仇隙》)

上古:闲/间——中古:缝隙

新兴双音形式"缝隙",义为裂开的狭长的空处,仅见于中土文献:

净扫东向开户屋,布曲饼于地,闭塞窗户,密泥<u>缝隙</u>,勿令通风。(《齐民要术·造神曲并酒》)

上古：节——中古：竹节

新兴双音形式"竹节"，义为竹子各段之间相连突出的部位，仅见于汉译佛经文献：

中如竹节。(《六度集经》卷七)

上古：节——中古：节日

新兴双音形式"节日"，义为传统的庆祝或祭祀的日子，仅见于汉译佛经文献：

其节日内。(《佛本行集经》卷四十五)

上古：节——中古：节气

新兴双音形式"节气"，义为节候、季节、气候，仅见于中土文献：

有闰之岁，节气近后，宜晚田。(《齐民要术·种谷》)

上古：色——中古：姿色

新兴双音形式"姿色"，义为相貌姿态，仅见于汉译佛经文献。

于是欲行天人胜室，睹见菩萨姿色殊妙，心自念言。(《普曜经》卷二)

上古：服——中古：服饰

新兴双音形式"服饰"，义为衣服和装饰，主要大量见于汉译佛经文献：

遥见已,问城中出人:"是何等台,交露七宝<u>服饰</u>姝好乃尔?"(《道行般若经》卷九)

调达便告行者:"吾等王者子弟,今弃世荣,出家居道,整顿<u>服饰</u>,极世之妙。"(《中本起经》卷上)

衣裳<u>服饰</u>。(《生经》卷二)

又复施与,衣被<u>服饰</u>,檀已济裸,无所藏积。(《正法华经》卷一)

尔时王后临产菩萨,承道威神,即于初夜起着<u>服饰</u>,将诸侍女往诣王所,听我所言:"思入园观从来久远,假使大王不以为难,不怀瞋妒,乃敢往诣,在彼寂然思惟法典。"(《普曜经》卷二)

<u>服饰</u>田业不可限量。(《出曜经》卷四)

宅宇踰制,楼观出云,车马<u>服饰</u>拟于王者。(《洛阳伽蓝记》卷四)

上古:右——中古:右边

新兴双音形式"右边",指靠右的一边,仅见于汉译佛经文献,《大词典》未收该词条,《现汉》收录。

于时菩萨见路<u>右边</u>,有一人名曰吉祥,刈生青草柔软滑泽,整齐不乱好若天衣。(《普曜经》卷五)

有一男子颜貌端正,坐井<u>右边</u>弹瑟自娱。(《出曜经》卷四)

尔时<u>右边</u>有一魔子。(《佛本行集经》卷二十七)

上古:术——中古:思想

新兴双音形式"思想",仅见于汉译佛经文献:

是譬色,亦非一色为色种,若干色为色种;痛痒、<u>思想</u>、行、识亦如是。(《道地经》卷一)

佛言:"去离于色痛痒<u>思想</u>生死识无复有,尔乃晓知是深般若波罗蜜。"(《道行般若经》卷五)

思想万端,趣欲快意,能弃此志,亦可得道,功齐迦叶。(《中本起经》卷上)

有诸思想缘起之法。(《生经》卷二)

明士达之,色如聚沫,痛痒如泡,思想如芭蕉,行亦如梦,识喻如幻,三界如化,一切无常不可久保。(《普曜经》卷八)

上古:室/宫/宫室/舍/房——中古:屋子

新兴双音形式"屋子",义为房屋,《大词典》首见书证引《朱子语类》卷七十:"龟山云:'不要拆坏人屋子。'"年代晚,中古中土文献中有用例:

于屋下作荫坑,坑内近地凿壁为孔,插枝于孔中,还筑孔使坚,屋子置土覆之,经冬不异也。(《齐民要术·种桃柰》)

上古:室/宫/宫室/舍/房——中古:房屋

新兴双音形式"房屋",义为房子,《大词典》首见书证引《红楼梦》第三回:"黛玉度其房屋院宇,必是荣府中之花园隔断过来的。"年代晚,汉译佛经文献中已有用例:

作一房屋。(《佛本行集经》卷三十四)

上古:室——中古:妻室

新兴双音形式"妻室",义为妻,仅见于汉译佛经文献:

白净王亲释种长者,有四万人皆来侍从,六万四千国王内伎送菩萨母,天玉女、龙王妻、捷陀罗、真陀罗、摩休勒、阿须伦诸妻室,各八万四千。(《普曜经》卷二)

黔毘罗国第一贤女以为妻室。(《出曜经》卷十二)

上古:欲——中古:贪欲

新兴双音形式"贪欲"产生,义为贪得无厌的欲望,仅见于汉译佛经文献:

况复今日尽诸一切烦恼结惑贪欲恚痴,皆悉除灭。(《佛本行集经》卷三十二)

上古:疾——中古:急速

新兴双音形式"急速"产生,义为迅速,同时见于中土文献和汉译佛经文献:

心无有急速。(《佛本行集经》卷六)

常以二十口家,奴婢盛多,不可出二十人,良田十顷,堂室才蔽风雨,车马仅代杖策,蓄财数万,以拟吉凶急速,不啻此者,以义散之;不至此者,勿非道求之。(《颜氏家训·止足》)

上古:疾——中古:痛苦

新兴双音形式"痛苦",义为身体或精神感到非常难受,仅见于汉译佛经文献:

彼身不净计净,是为身倒;彼痛苦计为乐,是为痛倒;彼意非常计为常,是为意倒;彼法不为身计为身,是为法倒。(《阴持入经》卷上)

断苦痛使灭,行是痛苦尽,舍疑妙说持,如义无有苦。(《义足经》卷下)

身体得无痛苦已不。(《佛本行集经》卷七)

上古：目——中古：眼睛

新兴双音形式"眼睛"，指眼的通称，《大词典》首见书证引唐韩愈《月蚀诗效玉川子作》："念此日月者，为天之眼睛。"年代晚，汉译佛经文献中已有用例：

> 吾之眼睛。（《六度集经》卷四）
> 或眼睛眛。（《佛本行集经》卷二十六）

上古：宫——中古：行宫

新兴双音形式"行宫"，义为京城以外供帝王出行时居住的宫室，仅见于汉译佛经文献：

> 昔我前世作转轮圣王，名曰南王皇帝，七宝导从，宫观浴池，行宫戏园……（《法句譬喻经》卷四）

上古：禄——中古：气运

新兴双音形式"气运"，义为气数、命运，仅见于中土文献：

> 冀神理绵绵，不与气运俱尽耳！（《世说新语·伤逝》）

上古：禄——中古：俸禄

新兴双音形式"俸禄"，义为官吏的薪给，同时见于中土文献和汉译佛经文献：

> 官爵俸禄。（《生经》卷二）
> 江南朝士，因晋中兴，南渡江，卒为羁旅，至今八九世，未有力田，悉资俸禄而食耳。（《颜氏家训·涉务》）

上古：气——中古：空气

新兴双音形式"空气"产生，义为弥漫于地球周围的混合气体，仅见于汉译佛经文献：

若生饿鬼以空气充腹以针刺腹。(《出曜经》卷十一)

上古：胜——中古：胜利

新兴双音形式"胜利"，《大词典》首见书证引宋欧阳修《太平兴国寺开元殿开启太祖皇帝忌辰道场功德疏右语》："仰冀觉慈，广敷胜利。"年代晚，汉译佛经文献中已有用例：

我今得胜利。(《大庄严论经》卷十五)

上古：器/具——中古：器具

新兴双音形式"器具"，义为用具，《大词典》首见书证引唐元稹《中书省议赋税及铸钱等状》："臣等约计……创置炉冶，器具颇繁，一年勒停，并是废物。"年代晚，汉译佛经文献中已有用例：

令我祭祀火之器具。(《佛本行集经》卷四十二)

上古：器——中古：器量

新兴双音形式"器量"，义为才识度量，仅见于中土文献：

籍子浑，器量弘旷。(《世说新语·赏誉》)

上古：甲——中古：指甲

新兴双音形式"指甲"，《大词典》首见书证引宋何薳《春渚纪闻·雀

鳅蛇蟹之异》:"一日,觉头痒不可堪忍,爬搔之极,至指甲流血。"年代晚,汉译佛经文献中已有用例:

指甲红色。(《佛本行集经》卷二十九)

上古:木——中古:木头

新兴双音形式"木头",义为木材和木料的统称,《大词典》首见书证引辽李齐贤《五冠山》诗:"木头雕作小唐鸡,箸子拈来壁上栖。"年代晚,汉译佛经文献中已有用例:

时妇常以三奇木头,擎镜照面。(《贤愚经》卷四)
火及木头。(《佛本行集经》卷四十二)

上古:仪——中古:仪式

新兴双音形式"仪式",义为典礼的秩序形式,仅见于汉译佛经文献:

具受仪式,度胜未还,夫人侍女,侧息中庭。(《中本起经》卷下)
即便遣出,重告之曰:"具受仪式。"(《法句譬喻经》卷二)
如三世诸佛,说法之仪式,我今亦如是,说无分别法。(《妙法莲华经》卷一)
我今已得阿罗汉道,沙门仪式,悉具足矣。(《贤愚经》卷十三)

上古:高——中古:高尚

新兴双音形式"高尚",义为高洁的节操,仅见于中土文献:

善崇高尚,莫忧不富贵,火德已终,黄精将起,诞承历数,非子而谁!(《抱朴子内篇·祛惑》)

上古：高——中古：高度

新兴双音形式"高度"，义为从地面或基准面向上到某处的距离、从物体底部到顶端的距离，仅见于中土文献：

> 去户外十余丈有石柱，柱上有偃盖石，高度径可一丈许，望见蜜芝从石户上堕入偃盖中，良久，辄有一滴，有似雨后屋之余漏，时时一落耳。（《抱朴子内篇·仙药》）

上古：常——中古：平常

新兴双音形式"平常"，义为普通、无特异，仅见于中土文献：

> 发长四寸，即就平常。（《洛阳伽蓝记》卷五）

上古：制——中古：限制

新兴双音形式"限制"，义为规定的范围，不许超过的限度，仅见于汉译佛经文献：

> 调达弟子各立限制。（《出曜经》卷十五）

上古：徒——中古：学生

新兴双音形式"学生"，义为在校学习的人，仅见于中土文献：

> 元帝在江、荆间，复所爱习，召置学生，亲为教授，废寝忘食，以夜继朝，至乃倦剧愁愤，辄以讲自释。（《颜氏家训·勉学》）

上古：左——中古：左边

新兴双音形式"左边"，义为靠左的一边，仅见于汉译佛经文献：

尔时<u>左边</u>复一魔子。(《佛本行集经》卷二十七)

上古:益——中古:援助

新兴双音形式"援助",义为支持、帮助,仅见于汉译佛经文献:

以恶知识为徒侣,以十恶法以为<u>援助</u>。(《出曜经》卷六)

上古:始——中古:最初

新兴双音形式"最初",义为最早的时期、开始的时候,同时见于汉译佛经和中土文献:

<u>最初</u>以指先尝地味。(《大庄严论经》卷九)

我于尔时,先以身肉,充彼五人,令得济活,是故今日<u>最初</u>说法,度彼五人,以我法身少分之肉,除彼三毒饥乏之苦。(《贤愚经》卷七)

治釜令不渝法:常于谙信处买取<u>最初</u>铸者,铁精不渝,轻利易然。(《齐民要术·醴酪》)

上古:役——中古:劳役

新兴双音形式"劳役",同时见于汉译佛经和中土文献:

但有<u>劳役</u>于余人民。(《出曜经》卷三)

不辞<u>劳役</u>。(《佛本行集经》卷五十四)

居承平之世,不知有丧乱之祸;处庙堂之下,不知有战陈之急;保俸禄之资,不知有耕稼之苦;肆吏民之上,不知有<u>劳役</u>之勤,故难可以应世经务也。(《颜氏家训·涉务》)

上古:役——中古:兵役

新兴双音形式"兵役",义为当兵服役、当兵的义务,仅见于中土

文献:

> 凡遣兵役,握手送离,或赍梨枣饼饵,人人赠别。(《颜氏家训·名实》)

上古:庙——中古:寺庙

新兴双音形式"寺庙"为佛寺的通称,仅见于汉译佛经文献:

> 即与目连出彼寺庙涉道而去。(《出曜经》卷十)
> 有一寺庙。(《大庄严论经》卷四)

上古:宠——中古:姬妾

新兴双音形式"姬妾"产生,义为妾,仅见于中土文献:

> 侯景之乱,王公将相,多被戮辱,妃主姬妾,略无全者。(《颜氏家训·养生》)

上古:风——中古:风操

新兴双音形式"风操"产生,义为人的志行品德,仅见于中土文献:

> 如此诸贤,故为上品,以外率多田野闲人,音辞鄙陋,风操蚩拙,相与专固,无所堪能,问一言辄酬数百,责其指归,或无要会。(《颜氏家训·勉学》)

上古:期——中古:限期

新兴双音形式"限期",义为规定的不许超过的日期,《大词典》首见书证引元马致远《黄粱梦》第二折:"误了限期,使不的。"年代晚,汉译佛经文献中已有用例:

犹如海潮依限期。(《佛本行集经》卷四十三)

上古:关——中古:关税

新兴双音形式"关税",义为古代水陆关卡对通过的货物征收的税,仅见于汉译佛经文献:

汝今何故不输关税。(《大庄严论经》卷四)

上古:堂——中古:堂屋

新兴双音形式"堂屋",义为正屋,仅见于汉译佛经文献:

堂屋倾危梁柱腐败,轩窗既多多积薪草。(《正法华经》卷二)

上古:极/劳——中古:疲劳

新兴双音形式"疲劳",义为劳苦困乏,仅见于汉译佛经文献:

复经七日并解疲劳还服气力。(《出曜经》卷四)
如来安乐,少病、少恼;诸众生等,易可化度,无有疲劳。(《妙法莲华经》卷五)
慎勿辞疲劳。(《大庄严论经》卷十五)
时父病极,于时睡卧,多有虻蝇,数来恼触,父即令儿遮逐其蝇,望得安眠以解疲劳。(《贤愚经》卷十)
欲去疲劳故坐床铺。(《佛本行集经》卷二十一)

上古:境——中古:疆界

新兴双音形式"疆界",义为国界、地界,仅见于汉译佛经文献:

主人某甲,谨以七月上辰,造作麦曲数千百饼,阡陌纵横,以辨

疆界，须建立五王，各布封境。(《齐民要术·造神曲并酒》)

其国疆界可五日行遍。(《洛阳伽蓝记》卷五)

上古:尸——中古:尸体

新兴双音形式"尸体"，义为人或动物死后的躯体，仅见于汉译佛经文献：

师子狐狼，各各噑吠，悉共咀嚼，死人尸体，何人闻见，而不怖惧?(《正法华经》卷二)

上古:老——中古:晚年

新兴双音形式"晚年"，义为年老之时，仅见于中土文献：

彼二曹学则无书不览，才则一代之英，然初皆谓无，而晚年乃有穷理尽性，其叹息如此。(《抱朴子内篇·论仙》)

上古:老——中古:老年

新兴双音形式"老年"，义为老迈之年，仅见于汉译佛经文献：

或复老年。(《佛本行集经》卷二十四)

上古:鬼——中古:鬼怪

新兴双音形式"鬼怪"，义为鬼与妖怪，仅见于中土文献：

凡人多以小黠而大愚，闻延年长生之法，皆为虚诞，而喜信妖邪鬼怪，令人鼓舞祈祀。(《抱朴子内篇·道意》)

上古:处——中古:地方

新兴双音形式"地方"产生，义为处所、地点，仅见于汉译佛经文献：

非空非海中,非入山石间,无有地方所,脱止不受死。(《修行本起经》卷下)

彼地方所。(《佛本行集经》卷四十六)

上古:光——中古:光彩

新兴双音形式"光彩",义为光辉和色彩,仅见于中土文献:

乃命左右悉取珊瑚树,有三尺四尺,条干绝世,光彩溢目者六七枚。(《世说新语·汰侈》)

苜蓿,一名"怀风",时人或谓"光风"。光风在其间,常肃然,自照其花,有光彩,故名苜蓿为"怀风"。(《齐民要术·种苜蓿》)

上古:禁——中古:禁忌

新兴双音形式"禁忌",义为忌讳、避忌的事物,同时见于汉译佛经文献和中土文献:

此诸人悉不孝于父母,不承事沙门道人,不畏后世禁忌,愿王随所知而罚之。(《大楼炭经》卷二)

然而斋洁禁忌之勤苦,与金丹神仙药无异也。(《抱朴子内篇·黄白》)

上古:穷——中古:穷尽

新兴双音形式"穷尽",仅见于汉译佛经文献:

尽除节限,宣畅音响,晓了众声,而了文字,无有穷尽,永无力势,无所思念。(《正法华经》卷十)

彼人闻法从劫至劫无有穷尽。(《出曜经》卷二十三)

财宝自恣,无有穷尽。(《贤愚经》卷二)

上古：容——中古：仪容

新兴双音形式"仪容"，义为仪表、容貌，同时见于汉译佛经文献和中土文献：

> 仪容形体。（《生经》卷一）
> 欣而启后欲一睹妃观厥仪容。（《六度集经》卷八）
> 假使有人，信乐斯经，往古已见，过去导师，亦悉奉顺，诸圣至尊，加得逮闻，如是典摸，皆得曾见，吾之仪容。（《正法华经》卷二）
> 仪容端正作诸姿态。（《大庄严论经》卷四）
> 时有猕猴，日来供养，奉觐仪容。（《贤愚经》卷十三）
> 仪容光泽。（《佛本行集经》卷四十八）
> 及嘉宾死，皆箸高屐，仪容轻慢。（《世说新语·简傲》）

上古：种——中古：种子

新兴双音形式"种子"，同时见于汉译佛经文献和中土文献，但是意义有所不同。汉译佛经文献中的"种子"义为以草木种子之能产生相应的结果，中土文献"种子"则为在一定条件下能萌发成新的植物体。

> 值良福田种子虽少获报无量。（《出曜经》卷二十七）
> 世间乃有不下种子不得果耶。（《大庄严论经》卷十）
> 我之宿罪，生处贫贱，虽遭福田，无有种子。（《贤愚经》卷三）
> 数数诸人耕其地，数数于中散种子，数数诸天下甘雨，数数国内五谷成。（《佛本行集经》卷五十二）
> 凡五谷种子，浥郁则不生，生者亦寻死。（《齐民要术·收种》）
> 木瓜，种子及栽皆得，压枝亦生。（《齐民要术·种木瓜》）

上古：货——中古：货物

新兴双音形式"货物"，泛指可供买卖的物品，仅见于汉译佛经文献：

种种货物，满五百车，大得宜利。(《佛本行集经》卷二十七)
时诸商人，欲入大海办具资粮，持三千万种种货物。(《佛本行集经》卷四十九)

上古：异——中古：灾异

新兴双音形式"灾异"表示自然灾害或某些异常的自然现象，在汉译佛经和中土文献中皆有用例：

今者此等自以己身，计知算术星宿灾异，为众人师，所见奉事。(《普曜经》卷五)
水火灾异，不能伤害。(《出曜经》卷六)
此事灾异，是女不肖。(《贤愚经》卷九)
毒龙居之，多有灾异。(《洛阳伽蓝记》卷五)

上古：发——中古：头发

新兴双音形式"头发"在中土和汉译佛经文献中皆有用例：

即便许可，头发自落，皆成沙门。(《中本起经》)
而令舍家除其头发。(《生经》卷五)
年既幼少面色光泽，头发正黑能可人意，惟当乐此。(《普曜经》卷四)
其女头发，自然细软，如绀青色。(《贤愚经》卷二)
湛头发委地，下为二髻，卖得数斛米，斫诸屋柱，悉割半为薪，

刈诸荐以为马草。(《世说新语·贤媛》)

治马疥方:用雄黄、头发二物,以腊月猪脂煎之,令发消。(《齐民要术·养牛、马、驴、骡》)

上古:都——中古:都市

新兴双音形式"都市"在中土文献和汉译佛经文献中皆有用例:

敢有乞者,皆受诛罚,弃命都市。(《生经》卷三)

我父无过横为贵主所杀,形尸暴露,捐在都市。(《出曜经》卷十六)

奇伎异服,冠于都市。(《洛阳伽蓝记》卷一)

上古:险——中古:危险

新兴双音形式"危险"表示遭到失败或损坏的可能性,主要用于汉译佛经文献:

愿救危险,济此诸人。(《贤愚经》卷六)

依汝来此,今当没死,危险垂至,愿见救度。(《贤愚经》卷十)

上古:论——中古:言论

新兴双音名词"言论"主要见于汉译佛经文献:

自舍如来,无能尽其言论之辩。(《妙法莲花经》卷四)

又诸天子、天女,释梵诸天,闻是深妙音声,有所演说,言论次第,皆悉来听。(《妙法莲花经》卷六)

上古:指——中古:手指

新兴双音名词"手指"在中土文献和汉译佛经文献中皆有用例:

于是菩萨举一手指,自然化现别异床榻,释梵四王各从本位而坐其上。(《普曜经》卷二)

三者太子手指纤长。(《佛本行集经》卷九)

去茅,又薄掸之,以手指画之,作耕垄。(《齐民要术·作豉法》)

上古:表——中古:外表

双音形式"外表"仅见于汉译佛经文献:

其太子父输头檀王所著衣里若迦尸迦,外表则用其余诸物。太子不然,所服之衣,内外悉用迦尸迦。(《佛本行集经》卷十二)

上古:臂——手臂

双音形式"手臂",《大词典》首见书证为巴金《海的梦后篇》一:"我要掉过身子,却被他握着我的手臂。"时代过晚。该双音形式最早且仅见于中古汉译佛经文献:

露其手臂。(《普曜经》卷六)

如是太子在于最妙最胜婇女百千之中,前后围绕,受诸快乐,恭敬侍养,一切皆以种种璎珞庄严其身,复以金钏七宝碟环串于手臂。(《佛本行集经》卷十四)

第一梦见,席此大地持用作榻,以须弥山安为头枕;东方大海,安左手臂;西方大海,安右手臂;南方大海,安置两足。(《佛本行集经》卷十六)

上古:恩——中古:恩惠

新兴双音形式"恩惠",义为给予的或受到的好处,仅见于汉译佛经文献:

昔有国王,恩惠普润大赦天下,诸在牢狱重系者皆悉放出。(《出曜经》卷四)

5.2 上古高频动词与中古汉语词汇对应词表

本节对上古汉语高频动词的主要义位进行分析,遴选出存在中古新兴形式的条目,受限于章节篇幅,本节仅列出 100 项,其中不少条目存在上古到中古的"多对一"关系。

上古:击——中古:打

新兴单音形式"打"产生,同时见于汉译佛经文献和中土文献:

汝行圣人场,打震甘露鼓,愍念众生故,续转无上轮。(《修行本起经》卷上)

设刀瓦石打,为人见骂詈,故为说此法,吾悉忍斯音。(《正法华经》卷六)

即打瓨破还至家中。(《大庄严论经》卷十五)

以梨打我头破乃尔。(《百喻经》卷一)

人皆多有所知,唯王都无所关,意色殊恶,自言知打鼓吹。(《世说新语·豪爽》)

江南学士读左传,口相传述,自为凡例,军自败曰败,打破人军曰败。(《颜氏家训·音辞》)

腊月中,以杖微打歧间;正月晦日,复打之。(《齐民要术·种李》)

上古:为——中古:造作

新兴双音形式"造作"义为制造、制作,同时见于汉译佛经文献和中土文献:

譬如造作海中大船,所以者何?(《道行般若经》卷八)

是《正法华》,无上经典学中要者,经卷本有八十垓百千亿那术垓偈,当一心思,何所造作立佛像摸,而常心中无瞋恚怒。(《正法华经》卷九)

汝等出来,吾为汝等,造作此车,随意所乐,可以游戏。(《妙法莲华经》卷二)

乃往过去,有迦叶佛,般涅盘后,有一长者,为起塔庙,造作堂阁,四供养具。(《贤愚经》卷七)

今我造作五百欢喜丸,用为资粮,以送于尔。(《百喻经》卷三)

主人某甲,谨以七月上辰,造作麦曲数千百饼,阡陌纵横,以辨疆界,须建立五王,各布封境。(《齐民要术·造神曲并酒》)

虽造作经像,正欲得他人财物;既得他物,贪心即起,既怀贪心,便是三毒不除,具足烦恼。(《洛阳伽蓝记》卷二)

张敞者,吴人,不甚稽古,随宜记注,逐乡俗讹谬,造作书字耳。(《颜氏家训·书证》)

上古:可/许——中古:许可

新兴双音形式"许可"义为答应,同时见于汉译佛经文献和中土文献:

佛法默然已为许可。(《中本起经》卷下)
尔时,如来默然许可,受梵志请。(《悲华经》卷二)
已蒙许可,便共克日,尔时有伴,往舍卫国。(《贤愚经》卷七)
既不许可。(《佛本行集经》卷五十)
世尊默然,则为许可。(《世说新语·言语》)

上古:使——中古:致使

新兴双音形式"致使"义为使得,《大词典》未收,《现汉》收录,该词

仅见于汉译佛经文献:

觉想观度海,有我尊不计,力行拔未出,<u>致使</u>乃无疑。(《义足经》卷上)

<u>致使</u>今者受此贱身。(《大庄严论经》卷六)

由唤汝故,当截其舌,担物之法,礼当用手,由卿口衔<u>致使</u>堕水,今当打汝前两齿折。(《贤愚经》卷十一)

何不避去乃往受打<u>致使</u>头破。(《百喻经》卷一)

<u>致使</u>王见起发恶心。(《佛本行集经》卷五十二)

上古:必——中古:必须

新兴双音形式"必须"义为一定、必定,同时见于汉译佛经文献和中土文献:

若受后身<u>必须</u>财宝。(《大庄严论经》卷三)

<u>必须</u>还他。(《佛本行集经》卷六)

作时<u>必须</u>寒食前令得一酘之也。(《齐民要术·笨曲并酒》)

沙门之体,<u>必须</u>摄心守道。(《洛阳伽蓝记》卷二)

春采者<u>必须</u>长梯高机,数人一树,还条复枝,务令净尽。(《齐民要术·种桑柘》)

上古:得——中古:获得

新兴双音形式"获得"义为得到,仅见于汉译佛经文献:

菩萨得般若波罗蜜,<u>获得</u>极大功德,悉得智慧力。(《道行般若经》卷七)

至于饿鬼处,诸饥渴穷厄;皆<u>获得</u>食饮,因菩萨威神。(《普曜经》卷五)

此则难<u>获得</u>也。(《出曜经》卷八)

之所能<u>获得</u>。(《大庄严论经》卷五)

摩头罗瑟质,积何功德,出家未久,<u>获得</u>应真,意有所须,随意而得?(《贤愚经》卷十二)

便得离苦<u>获得</u>道果。(《百喻经》卷二)

彼等<u>获得</u>无量大罪。(《佛本行集经》卷五十三)

上古:得——中古:满足

新兴双音形式"满足"义为对某一事物感到已经足够,仅见于汉译佛经文献:

止已行<u>满足</u>便得舍痴,已得舍痴便从慧得解脱,自证知。(《阴持入经》卷下)

皆得<u>满足</u>。(《生经》卷五)

志愿发云众宝<u>满足</u>。(《六度集经》卷一)

功德<u>满足</u>不求自至。(《出曜经》卷十五)

今此鹅死愿不<u>满足</u>。(《大庄严论经》卷十一)

彼愿今者已<u>满足</u>。(《佛本行集经》卷五十三)

上古:谓——中古:评论

新兴双音形式"评论"义为批评和讨论,同时见于汉译佛经文献和中土文献:

共<u>评论</u>已。(《佛本行集经》卷四十八)

黄吻年少,勿为<u>评论</u>宿士。(《世说新语·方正》)

上古:谓——中古:称呼

新兴双音形式"称呼",义为对人呼唤其身份、名称等,《大词典》最早书证引《二十年目睹之怪现状》第八回:"继之道:'这件事,大人很可以自去说,卑职怕说不上去。'雷溪道:'老哥乃不可这么称呼,我们一向相好。'"年代晚,汉译佛经文献中已有用例:

> 设族姓子,此三千大千世界满中诸鬼神,众邪逆魅欲来娆人,一心称呼光世音名,自然为伏不能妄犯,恶心不生不得邪观。(《正法华经》卷十)

上古:欲/望/幸——中古:希望

新兴双音形式"希望",仅见于汉译佛经文献:

> 临欲灭度佛在前住,诲以要法发菩萨意,不在生死不住灭度,解三界空,十方一切如化如幻,如梦、野马、深山之响,悉无所有无所希望。(《正法华经》卷三)
> 菩萨于诸三昧无所希望故。(《光赞经》卷七)
> 亦不从天人,希望求侥幸,亦不祷神祠,是为最吉祥。(《法句譬喻经》卷四)
> 身死神逝无复希望。(《出曜经》卷三十)
> 希望增苦恼。(《大庄严论经》卷二)
> 希望子故种田作。(《佛本行集经》卷三十二)

上古:行——中古:行走

新兴双音形式"行走",义为走路等,《大词典》最早书证引宋苏轼《小篆般若心经赞》:"忽然使作大小篆,如正行走值墙壁,纵复学之能粗通,操笔欲下仰寻索。"年代晚,汉译佛经文献中已有用例:

> 驰进行走。(《生经》卷五)
> 行走皆止住。(《大庄严论经》卷十)

既能行走。(《佛本行集经》卷三十五)

上古：行/执——中古：执行

新兴双音形式"执行"，义为坚守，仅见于汉译佛经文献：

右夫人字该容，执行仁爱，虔敬肃恭，清素约己，文不加身。(《中本起经》卷下)
以斯忠政十善明法自身执行。(《六度集经》卷三)
时彼国王名曰优填，有大夫人执行仁爱显誉清洁，王珍其操每私恭敬。(《法句譬喻经》卷四)

上古：立/生/存——中古：生存

新兴双音形式"生存"，义为活着，仅见于汉译佛经文献：

佛者至尊，举足中间，福佑难量，恨吾生存不获睹佛。(《中本起经》卷下)
重毒消灭子获生存，卒其至孝之行。(《六度集经》卷五)
此婢丑秽，生存之时，人犹恶见，况今已死。(《贤愚经》卷五)
生存已不。(《佛本行集经》卷五十五)

上古：立/在/存——中古：存在

新兴双音形式"存在"，《大词典》首见书证为《礼记·仲尼燕居》"如此而后君子知仁焉"唐孔颖达疏："仁犹存也。君子见上大飨四焉，知礼乐所存在也。"年代晚，汉译佛经文献中已有用例：

复作化人如梵志子，梵志见已意即开悟稻田我子今故存在。(《出曜经》卷八)
我兄存在，不敢有违。(《贤愚经》卷十)

我等但使身命存在。(《佛本行集经》卷六十)

上古:立——中古:竖立

新兴双音形式"竖立",义为使物体与地面垂直,《大词典》首见书证为周而复《上海的早晨》第四部五九:"人民公园对面的国际饭店二十四层楼的屋顶上竖立着的一个'喜'字更大。"年代晚,汉译佛经文献中已有用例:

能自竖立。(《生经》卷五)
竖立修治众宝璎珞。(《出曜经》卷一)
于时太子,香汤洗浴,竖立大幢,以珠着头,着新净衣,手执香炉,向四方礼。(《贤愚经》卷九)
竖立宝幢。(《佛本行集经》卷五十)

上古:立——中古:树立

新兴双音形式"树立",义为建立,仅见于中土文献:

汝曹若观俗计,树立门户,不弃妻子,未能出家;但当兼修戒行,留心诵读,以为来世津梁。(《颜氏家训·归心》)

上古:闻——中古:见闻

新兴双音形式"见闻",义为耳闻目睹,大量见于汉译佛经文献:

意受行所见闻所邪念小不想。(《六度集经》卷八)
假令见闻,安住言教,寻当欢喜,兴发大意。(《正法华经》卷一)
多有人在家、出家行菩萨道,若不能得见闻、读诵、书持、供养是法华经者,当知是人未善行菩萨道;若有得闻是经典者,乃能善行菩萨之道。(《妙法莲华经》卷四)

伯父尔时,审不见闻,不作是语,此事可尔;不以手足,指是财耶?(《贤愚经》卷五)

尔时弟子见闻是已欢喜而言。(《百喻经》卷二)

鬼神数为人间作光怪变异,又经典所载,多鬼神之据,俗人尚不信天下之有神鬼,况乎仙人居高处远,清浊异流,登遐遂往,不返于世,非得道者,安能见闻。(《抱朴子内篇·论仙》)

上古:出——中古:显露

新兴双音形式"显露",义为显出、露出,仅见于汉译佛经文献:

即以神足隐蓦掘魔形使不显露。(《出曜经》卷十八)

吾爱此子,特复倍余,不忍显露违逆其意,若来索宝,小避行来,若其急索,且复与之。(《贤愚经》卷九)

上古:出/生——中古:出生

新兴双音形式"出生",义为胎儿从母体中生出来,仅见于汉译佛经文献:

从兜术天降神母胎,在于胎中娱乐开化,显示殊特复现出生,皆为一切诸立法行。(《普曜经》卷一)

莫问出生处。(《大庄严论经》卷八)

处胎男女不为一切不净所污,满足七日即便出生,当其生时受诸快乐,有微妙音,女人产时,亦无诸苦,如是母子俱共入水洗浴其身。(《悲华经》卷四)

上古:出——中古:出现

新兴双音形式"出现",义为显露出来和呈现,《大词典》首见书证引唐慧能《坛经·付嘱品》:"诸佛出现,犹示涅盘。有来必去,理亦常然。"

年代晚,中古汉译佛经文献中已有用例:

假使怛萨阿竭兴出现者,若怛萨阿竭不兴出现,其法常住,其法界亦寂灭故无本,无本斯则本际,其于此者为他空,是谓为他故空。(《光赞经》卷六)

沸星已出现,已化微妙体;力势众住前,皆欲共侍从。(《普曜经》卷四)

是大劫中,多有贪欲、瞋恚、愚痴、憍慢众生,有千世尊成就大悲出现于世。(《悲华经》卷五)

乃往过去九十一劫时,世有佛名毘婆尸,出现于世,政法教化,度脱众生,不可称数。(《贤愚经》卷二)

上古:出/生/发/起——中古:产生

新兴双音形式"产生",义为生育、分娩,仅见于汉译佛经文献:

若夫今日产生男女贵而且贤。(《六度集经》卷五)
昔有国王产生一女。(《百喻经》卷一)
而产生一童子。(《佛本行集经》卷四十五)

上古:如——中古:如同

新兴双音形式"如同",义为犹如、好像,《大词典》首见书证引唐寒山《诗》之二三七:"虽有一灵台,如同客作汉。"年代晚,中古汉译佛经文献中已有用例:

形命相委,如同产子。(《出曜经》卷十六)

上古:问/难——中古:诘问

新兴双音形式"诘问",同时见于汉译佛经文献和中土文献:

诘问理穷,任实首情,每减香钱,饭佛及僧,法深义妙,非世所闻。(《中本起经》卷下)

吾等可共请求论议,事事诘问知为何如。(《法句譬喻经》卷三)

若有外学来诘问者。(《出曜经》卷七)

诘问良久,乃云：……(《世说新语·术解》)

上古:问——中古:慰问

新兴双音形式"慰问",义为安慰问候,仅见于汉译佛经文献：

佛将阿难往到其门,慰问老翁:"得无劳惓?"(《法句譬喻经》卷二)

修敬已毕,往智积所,共相慰问,却坐一面。(《妙法莲华经》卷四)

慰问生欢喜。(《大庄严论经》卷五)

于是世尊如法慰问诸菩萨已,各令复坐,即皆受教。(《维摩诘所说经》卷下)

慰问已讫。(《佛本行集经》卷四十七)

上古:生——中古:生产

新兴双音形式"生产",义为生育,仅见于汉译佛经文献：

数数生产受诸苦。(《佛本行集经》卷五十二)

上古:取——中古:选取

新兴双音形式"选取",义为挑选采用,同时见于汉译佛经文献和中土文献：

听彼牸虎自选取谁。(《佛本行集经》卷十四)

选取好桃数十枚,擘取核,即内牛粪中,头向上,取好烂粪和土厚覆之,令厚尺余。(《齐民要术·种桃柰》)

上古：取/责——中古：索取

新兴双音形式"索取"，义为求取，《大词典》首见书证引《北史·祖珽传》："元康被伤创重，倩珽作书，属家累事，并云'祖喜边有少许物，宜早索取'。"年代晚，中古汉译佛经文献中已有用例：

索取摩尼杂饰庄严七宝把刀。(《佛本行集经》卷十八)

上古：对——中古：应答

新兴双音形式"应答"义为对答，仅见于汉译佛经文献：

比丘应答不可儿意。(《六度集经》卷六)
于比丘众为法都讲，光扬咨嗟诸佛之德，敷陈正典精进劝助，闻佛说法讽受奉宣，散示未闻而无懈废，阐弘谊趣解畅盘结，应答四部不以厌惓，显诸梵行悉令欢喜。(《正法华经》卷五)

上古：去/失/丧——中古：失去

新兴双音形式"失去"，义为消失，《大词典》首见书证引唐方干《东山瀑布》诗："遥夜看来疑月照，平明失去被云迷。"年代晚，中古汉译佛经文献中已有用例：

忽复失去。(《佛本行集经》卷四十)

上古：成——中古：收获

新兴双音形式"收获"，义为收割农作物、收取，同时见于汉译佛经文献和中土文献：

祇树间有大稻田，已熟，在朝暮当收获。(《义足经》卷上)

而可得收获。(《大庄严论经》卷二)

岁常绕树一步散芜菁子,收获之后,放猪啖之,其地柔软,有胜耕者。(《齐民要术·种桑柘》)

上古:善——中古:友善

新兴双音形式"友善",义为亲密友好,仅见于中土文献:

虔不觉惊应,遂相与友善。(《世说新语·文学》)

上古:事/侍——中古:侍奉

新兴双音形式"侍奉",义为伺候奉养,《大词典》首见书证引唐李白《赠历阳褚司马》诗:"北堂千万寿,侍奉有光辉。"年代晚,中古汉译佛经文献中已有用例:

顷来在国,化导民物,朝夕侍奉,故使违替。(《贤愚经》卷十二)

侍奉太子。(《佛本行集经》卷十四)

上古:求——中古:寻求

新兴双音形式"寻求",义为追求,仅见于汉译佛经文献:

仕行耻此,寻求其本,到于阗乃得,送诣仓垣,出为放光品。(《道行般若经》卷一)

寻求行转到祇树间,便掘出死尸,着床上。(《义足经》卷上)

寻求美草以全微命。(《六度集经》卷六)

诸方寻求已。(《佛本行集经》卷十四)

上古:失/反/离/逆/犯/违/背——中古:违背

新兴双音形式"违背",义为违反、不遵守,仅见于汉译佛经文献:

以是清净意根,乃至闻一偈一句,通达无量无边之义,解是义已,能演说一句一偈至于一月、四月乃至一岁,诸所说法,随其义趣,皆与实相不相违背。(《妙法莲华经》卷六)

于诸菩萨视之如佛;所未闻经,闻之不疑;不与声闻而相违背;不嫉彼供,不高己利,而于其中调伏其心。(《维摩诘所说经》卷下)

边土之民,役调烦剧,则思违背宾属他国。(《贤愚经》卷六)

不敢违背。(《佛本行集经》卷五十九)

上古:居/止/处——中古:居住

新兴双音形式"居住",义为较长期地住在一地,《大词典》首见书证引《北史·杨椿传》:"吾今日不为贫贱,然居住舍宅,不作壮丽华饰者,正虑汝等后世不贤,不能保守之,将为势家所夺。"年代晚,中古汉译佛经文献中已有用例:

居住彼城。(《佛本行集经》卷三)

上古:受——中古:接取

新兴双音形式"接取",义为接受,同时见于汉译佛经文献和中土文献:

泗截接取。(《生经》卷三)

释提桓因接取持诣天上。(《出曜经》卷七)

诸天接取。(《佛本行集经》卷十九)

修载走投水,舸上人接取,得免。(《世说新语·仇隙》)

后一月,接取,别器贮之。(《齐民要术·作酢法》)

上古:当——中古:应当

新兴双音形式"应当",义为应该,仅见于汉译佛经文献:

和沙大国,国王右性,人民炽盛,五谷丰登,菩萨应当降神彼国。(《普曜经》卷一)

上古:反——中古:反叛

新兴双音形式"反叛",义为背叛,仅见于汉译佛经文献:

复无违逆反叛之人。(《佛本行集经》卷十七)

上古:胜/过/甚/踰——中古:超过

新兴双音形式"超过",义为超出、胜过,仅见于汉译佛经文献:

吾已供养世尊舍利,当复更事超过于前。(《正法华经》卷九)
加复供养辟支佛,若有一日奉斯经;计此功德超过彼,其阿罗汉不足立。(《普曜经》卷八)

上古:说——中古:解释

新兴双音形式"解释",义为分析说明,同时见于汉译佛经文献和中土文献:

莲华闻法欣然解释,观身如化命不久停,唯有道德泥洹永安,即前白佛愿为比丘尼。(《法句譬喻经》卷一)
我常称其于说法人中最为第一,亦常叹其种种功德,精勤护持助宣我法,能于四众示教利喜,具足解释佛之正法,而大饶益同梵行者。(《妙法莲华经》卷四)
所有疑惑幸为解释。(《大庄严论经》卷一)
若有手得是经典者,便为已得法宝之藏;若有读诵解释其义,如说修行,即为诸佛之所护念。(《维摩诘所说经》卷下)
其鼓声者,言辞辩捷,解释道理,必为国师。(《贤愚经》卷六)

后人捉之欲为解释。(《百喻经》卷四)

先儒解释皆云:水草,圆叶细茎,随水浅深。(《颜氏家训·书证》)

上古:过/由/踰——中古:经过

新兴双音形式"经过",义为通过,同时见于汉译佛经文献和中土文献:

一部贾客,独自经过在于其路,赍持重宝。(《正法华经》卷十)

曾经过此,得树荫力。(《出曜经》卷十一)

若三千大千国土,满中怨贼,有一商主,将诸商人,赍持重宝、经过崄路,其中一人作是唱言:"诸善男子!"(《妙法莲华经》卷七)

又复海中,众难甚多,水浪回波,摩竭大鱼,恶龙罗刹,水色之山,如是众崄,难可经过。(《贤愚经》卷八)

病或有偶愈者,则谓有神,行道经过,莫不致祀焉。(《抱朴子内篇·道意》)

卿涉诸国,经过险路,得无劳苦也?(《洛阳伽蓝记》卷五)

上古:过——中古:超越

新兴双音形式"超越",义为胜过,仅见于汉译佛经文献:

吉祥哀乐声,八部真音响,超越过梵天,今用刍草为?(《修行本起经》卷下)

若有学人,受是经者,所逮圣明势力威德,超越若斯。(《正法华经》卷九)

无尘劳瑕疵,拔除众垢浊;身光照十方,超越诸威曜。(《普曜经》卷五)

示入羸劣丑陋,而得那罗延身,一切众生之所乐见;示入老病,而永断病根,超越死畏。(《维摩诘所说经》卷中)

上古:明——中古:证明

新兴双音形式"证明",义为参悟,仅见于汉译佛经文献:

寻时证明贤圣之法。(《生经》卷一)
诸心无心,所由起诸心无想念,则忧忆念往古游居慧所证明,所以神通游于居慧所证明,所以神通以此御之。(《光赞经》卷二)
如来今日证明我等定为猎师。(《出曜经》卷五)
我如是苦行,如是等众悉当为我而作证明。(《悲华经》卷六)
有人证明此无是语。(《百喻经》卷一)

上古:同/属/积/聚——中古:聚集

新兴双音形式"聚集",义为集合、集中,同时见于汉译佛经文献和中土文献:

与卿同心,故郑重说,悉来聚集,听闻所说。(《正法华经》卷四)
我先勤聚集。(《大庄严论经》卷三)
悉来聚集其中。(《悲华经》卷十)
聚集大众诸比丘已。(《佛本行集经》卷五十七)
亲表聚集,致燕享焉。(《颜氏家训·风操》)

上古:爱——中古:爱护

新兴双音形式"爱护",义为爱惜保护,同时见于汉译佛经文献和中土文献:

道人慈悲爱护众生。(《六度集经》卷七)
消除一切缘起之患,犹如圣帝珍重爱护髻中明珠,久乃解出以赐元功。(《正法华经》卷七)

爱护人民。(《佛本行集经》卷八)

借人典籍,皆须爱护,先有缺坏,就为补治,此亦士大夫百行之一也。(《颜氏家训·治家》)

上古:爱/乐——中古:喜欢

新兴双音形式"喜欢",义为快乐、高兴,仅见于汉译佛经文献:

心恒喜欢无所畏忌。(《出曜经》卷二十五)
仁今作佛心喜欢。(《佛本行集经》卷二十六)

上古:爱——中古:爱惜

新兴双音形式"爱惜",义为爱护珍惜,同时见于汉译佛经文献和中土文献:

受经之人无所爱惜,在所索者不逆其意,法师所有经卷而不肯现亦不顺解,其受经者便不欢乐,两不和合,不得学书成般若波罗蜜。(《道行般若经》卷四)
悭贪爱惜财宝。(《生经》卷一)
随邪见爱惜财宝诸根不定,为降诸魔众官属乎?(《正法华经》卷九)
诸佛贤圣所不爱惜,亦如汝言不惜澡盘。(《法句譬喻经》卷三)
爱惜资财。(《佛本行集经》卷二十一)
彭城王有快牛,至爱惜之。(《世说新语·汰侈》)

上古:守——中古:守护

新兴双音形式"守护",义为看守保护,同时见于汉译佛经文献和中土文献:

奉戒清净,守护正法,慈悲喜护,惠施仁爱,利人等利,救济不倦,寿终上生兜术天上。(《修行本起经》卷上)

譬如王者,若大臣敕兵使守护城门,此诸淫乱,若他国有强贼来,钞掠此郡国县邑如是。(《大楼炭经》卷五)

守护坚牢,无有恐惧。(《出曜经》卷八)

如来灭后,我当行法供养,守护正法。(《维摩诘所说经》卷下)

无有一人守护我。(《佛本行集经》卷五十九)

唯须一人守护、指挥、处分,既无牛、犁、种子、人功之费,不虑水、旱、风、虫之灾,比之谷田,劳逸万倍。(《齐民要术·种榆白杨》)

上古:败——中古:腐烂

新兴双音形式"腐烂",义为物质由于长期经受风雨或细菌的侵害而败坏,仅见于中土文献:

无问年岁久远,不腐烂者,悉皆中煮。(《齐民要术·煮胶》)

上古:止/处/废/收/已/罢/济/息——中古:停止

新兴双音形式"停止",义为不再进行,仅见于汉译佛经文献:

顺流停止。(《六度集经》卷三)

不得复停止。(《大庄严论经》卷十三)

时鱼闻称南无佛声,即时闭口,海水停止,诸贾客辈,从死得活。(《贤愚经》卷四)

宜应停止。(《佛本行集经》卷二十四)

上古:止/救——中古:制止

新兴双音形式"制止",义为阻止,仅见于汉译佛经文献:

身更所著,心当制止,识无绮可。(《中本起经》卷上)

是故当知,其有比丘、比丘尼、清信士、清信女,持斯经典,假使四部骂詈诽谤,出粗犷辞诃制止之,罪不可限。(《正法华经》卷九)

菩萨摩诃萨恶师,制止行者令不得学般若波罗蜜、禅波罗蜜、惟逮波罗蜜、羼波罗蜜、尸波罗蜜、檀波罗蜜,而反教之……(《光赞经》卷四)

有所讲说,百千法音无能制止,以一法音普入诸声,皆相安和至于解脱。(《普曜经》卷五)

世尊默然而不制止。(《妙法莲华经》卷一)

上古:易/改——中古:更改

新兴双音形式"更改",义为改变、改换、改动,同时见于汉译佛经文献和中土文献:

更改形容如乞士法。(《出曜经》卷二十三)

综遂归我圣阙,更改名曰赞,字德文,始为宝卷追服三年丧。(《洛阳伽蓝记》卷二)

上古:易/动/变/改/移——中古:改变

新兴双音形式"改变",义为变化,同时见于汉译佛经文献和中土文献:

形容改变。(《佛本行集经》卷十八)

虽复秦余汉罪,杂以华音,复闽楚难言,不可改变。(《洛阳伽蓝记》卷二)

上古:易/更——中古:替代

新兴双音形式"替代",义为代替,《大词典》首见书证为唐王梵志

《用钱索新妇》诗:"我老妻亦老,替代不得住。"年代晚,汉译佛经文献中已有用例:

替代于我。(《佛本行集经》卷二十六)

上古:大——中古:自大

新兴双音形式"自大",在汉译佛经文献产生新义,即自负:

贡高自大。(《六度集经》卷五)
未曾怀自大,终不生小姓家故。(《光赞经》卷七)
其有食地薄饼复多,有颜色遂变恶,其食少者颜色善好,其好颜色者,形笑恶色者;以色自大贡高相形笑故,其地薄饼则复没不复生。(《大楼炭经》卷六)
信无实行自大憍人。(《出曜经》卷十一)
此老耄比丘,自恃年高,诵经学问,憍慢自大,不相敬承。(《贤愚经》卷四)

上古:足/给——中古:丰足

新兴双音形式"丰足"义为富裕充足,主要见于汉译佛经文献:

得是美食甘美丰足。(《生经》卷一)
山川险谷、幽邃所生,卉木药草,大小诸树,百谷苗稼,甘蔗蒲萄,雨之所润,无不丰足,干地普洽,药木并茂。(《妙法莲华经》卷三)
尔时大臣,为彼如来,办具三衣,皆悉丰足,复为九万诸比丘众,作七条衣,人与一领。(《贤愚经》卷十三)
丰足资财。(《佛本行集经》卷五十七)

上古:足——中古:充足

新兴双音形式"充足"义为足够,主要见于汉译佛经文献:

去来坐立,终不疲厌,充足世间,如雨普润。(《妙法莲华经》卷三)

示现实法,如四天王;所雨法雨,如大龙王;充足一切,犹如时雨;破诸外道,如大论师。(《悲华经》卷六)

尔时菩萨,观民充足,(《贤愚经》卷八)

气力充足。(《佛本行集经》卷二十一)

上古:愿——中古:祝愿

新兴双音形式"祝愿"义为祷告,同时见于汉译佛经文献和中土文献:

萨陀波伦菩萨即悉受之,便为祝愿。(《道行般若经》卷十)

况于匹夫,德之不备,体之不养,而欲以三牲酒肴,祝愿鬼神,以索延年,惑亦甚矣。(《抱朴子内篇·勤求》)

上古:乱——中古:动乱

新兴双音形式"动乱"义为扰乱,仅见于汉译佛经文献:

有共称誉名字者不用喜,不称誉者亦不用作忧,其心终不动乱,常念世间人。(《道行般若经》卷六)

上古:起——中古:起立

新兴双音形式"起立"义为站起直立,仅见于汉译佛经文献:

用学般若波罗蜜故,念善思善,一切人民蚑飞蠕动,悉令其善,持等心闵伤慈哀,用是故,人见之悉起立。(《道行般若经》卷二)

最胜诸子,则便奉行,尊上大道,所当起立,视众眼目,当于世间,得成佛道,而为圣尊,造业如斯。(《正法华经》卷三)

尔时菩萨见城中人皆悉眠寐,察欲夜半即便起立。(《普曜经》

卷四)

　　于大众中起立,合掌作礼而白佛言:世尊!(《妙法莲华经》卷五)

　　最后,成就大悲菩萨头面作礼,礼已起立,恭敬合掌,说偈赞叹。(《悲华经》卷八)

上古:安——中古:安全

　　新兴双音形式"安全",义为平安、没有危险,同时见于汉译佛经文献和中土文献:

　　使我得安全。(《大庄严论经》卷九)
　　我于久远,济其急厄危顿之命,令得安全。(《贤愚经》卷一)
　　于军阵中没命救王使得安全。(《百喻经》卷三)
　　兵凶战危,非安全之道。(《颜氏家训·风操》)

上古:观——中古:观看

　　新兴双音形式"观看",义为参观、观察,《大词典》首见书证为唐郑綮《开天传信记》:"上御勤政楼大酺,纵士庶观看。"年代晚,在汉译佛经文献和中土文献中均有用例:

　　太子出游后园观看为何适意乎。(《出曜经》卷二)
　　作是事已,游在园林,观看土地,见有一人身被束缚,我即问言:"此何所犯?"(《悲华经》卷九)
　　年岁已大,聪才邈群,与其等辈,游行观看,见那罗伎家,有一女子,面貌净洁,晖容希偶,心便染着,欲得娉娶。(《贤愚经》卷十三)
　　妙伎杂乐,亚于刘腾,城东士女,多来此寺观看也。(《洛阳伽蓝记》卷二)

上古：合/会/结/并——中古：聚合

新兴双音形式"聚合"，义为结合、团聚，《大词典》首见书证为《南史·褚裕之传》："景平元年，富阳孙氏聚合门宗谋逆。"年代晚，在中古汉译佛经文献中已有用例：

聚合众人。（《生经》卷三）
须臾聚合复分离。（《佛本行集经》卷十八）

上古：合——中古：符合

新兴双音形式"符合"，义为相符，仅见于汉译佛经文献：

与谶书符合。（《生经》卷一）

上古：待——中古：接待

新兴双音形式"接待"，义为接纳、相待，仅见于汉译佛经文献：

与王治化，共相接待，如己无异。（《出曜经》卷二十三）

上古：怒——中古：愤怒

新兴双音形式"愤怒"，义为生气发怒，仅见于汉译佛经文献：

瞋恚愤怒。（《佛本行集经》卷三十九）

上古：服——中古：着/穿着

上古汉语用动词"服"，中古时期则用单音形式"着"或者双音形式的"穿着"，同时见于汉译佛经文献和中土文献：

本着七宝衣,珍妙甚雅好,剃头被纳服。(《中本起经》卷上)

往古诸仙,或饮风露,或食花果,或食根药,着树皮衣。(《佛本行集经》卷十)

攫是穿着之名,非出臂之义。(《颜氏家训·书证》)

上古:召——中古:召唤

新兴双音形式"召唤",义为呼唤,《大词典》首见书证为刘白羽《写在太阳初升的时候·第一封》:"一个穿黑斜纹布棉制服的干部走过,他忽然发现了他,立刻召唤他,那人一见老人,也立刻高兴地跟他握手,谈话。"年代晚,在汉译佛经文献中已有用例:

祇头太子闻王召唤。(《出曜经》卷二十五)

王复召唤而问之曰:"吾园之中有此美果,何不见奉,乃与他人?"(《贤愚经》卷一)

然后召唤防守城将。(《佛本行集经》卷十七)

上古:执——中古:坚持

新兴双音形式"坚持",义为始终如一,《大词典》首见书证为《新唐书·元澹传》:"岂悟章句之士,坚持昔言,摈压不申,疑于知新,果于仍故?"年代晚,在汉译佛经文献中已有用例:

我般涅盘后,若有众生于我法中,乃至一戒,如我所说能坚持之,乃至读诵一四句偈为他人说,令彼听者心生欢喜,供养法师,乃至一华一礼,以是因缘,随其志愿于三乘中各不退转,乃至法炬灭、法幢倒。(《悲华经》卷七)

有能坚持忍精进。(《佛本行集经》卷四十四)

上古:贵——中古:珍贵

新兴双音形式"珍贵"义为宝贵,见于中土文献:

> 实形团团然,或如瓜蒌,横破之,可作爵,形并应器用,故人珍贵之。(《齐民要术·五谷果蓏菜茹非中国物产者》)

上古:进——中古:进奉

新兴双音形式"进奉",义为进献,《大词典》首见书证为《旧唐书·裴度传》:"王稷家二奴告稷换父遗表,隐没进奉物。"年代晚,在汉译佛经文献中已有用例:

> 时修舍慢加村落长者女与诸梵志,奉美乳糜诣菩萨所,稽首足下右绕三匝,以宾乾水灌菩萨手,以美乳糜进奉上之。(《普曜经》卷五)
>
> 牵车进奉。(《佛本行集经》卷七)

上古:进——中古:引进

新兴双音形式"引进"义为推荐,仅见于中土文献:

> 嵇中散既被诛,向子期举郡计入洛,文王引进,问曰:"闻君有箕山之志,何以在此?"(《世说新语·言语》)

上古:通——中古:通晓

新兴双音形式"通晓"义为透彻地了解,《大词典》首见书证引《北史·邢邵传》:"邵率情简素……博览坟籍,无不通晓。"年代晚,汉译佛经文献中已有用例:

皆悉通晓。(《佛本行集经》卷四十七)

上古:谋——中古:图谋

新兴双音形式"图谋"义为谋划,仅见于汉译佛经文献:

人间受身,寿多中夭,或争色欲,还相图谋,共相伤杀,死非一彻。(《贤愚经》卷六)

上古:将——中古:率领

新兴双音形式"率领"义为带领,仅见于汉译佛经文献:

可不见我所率领来。(《佛本行集经》卷二十八)

上古:因——中古:承袭

新兴双音形式"承袭"义为继承,仅见于中土文献:

医多承袭世业,有名无实,但养虚声,以图财利。(《抱朴子内篇·杂应》)

上古:破——中古:衰败

新兴双音形式"衰败"义为衰落败坏,《大词典》首见书证为唐卢纶《早春游樊川兼呈崔峒补阙司空曙主簿耿湋拾遗》诗:"韶光偏不待,衰败巧相仍。"年代晚,汉译佛经文献中已有用例:

果报衰败失自在力。(《大庄严论经》卷五)
仁父衰败。(《佛本行集经》卷二十三)

上古:破——中古:损坏

新兴双音形式"损坏"义为破损、使失去效能,仅见于汉译佛经

文献:

有大殿舍,而欲损坏,梁柱榱栋,皆复摧折。(《正法华经》卷二)

上古:破——中古:破裂

新兴双音形式"破裂"义为开裂,仅见于汉译佛经文献:

无明黑闇亦破裂。(《佛本行集经》卷四十)

上古:破——中古:破除

新兴双音形式"破除"义为除去、消除,《大词典》首见书证为唐李山甫《上元怀古》之一:"总是战争收拾得,却因歌舞破除休。"年代晚,汉译佛经文献中已有用例:

众生自有若干种行,是故知如来说对治法破除颠倒,如为猫儿覆肉酥乳。(《大庄严论经》卷十五)

上古:破——中古:解除

新兴双音形式"解除"义为去掉、消除,仅见于汉译佛经文献:

假使解除无所复益。(《生经》卷二)
禳灾解除祭祀火神。(《佛本行集经》卷四十五)

上古:破——中古:毁灭

新兴双音形式"毁灭"义为摧毁消灭,《大词典》首见书证引续范亭《庆祝苏联十月革命节想到我们自己的国家》:"二十六年来,由于事实的考验,才知道毁灭世界的不是共产主义,而是法西斯主义。"年代晚,中古汉译佛经文献中已有用例:

月行虚空有所至,除去暗冥故清明;我等今日得沙门,毁灭所行诸觉业。(《普曜经》卷五)

犹如画像在于雨中毁灭难见。(《大庄严论经》卷十二)

上古:难——中古:质问

新兴双音形式"质问"义为询问、责问,仅见于汉译佛经文献:

皆诣殿下质问所以。(《六度集经》卷五)

上古:难——中古:厌恶

新兴双音形式"厌恶"义为讨厌、憎恶,仅见于汉译佛经文献:

意有所厌恶,及有所著,在空床卧行欲学,如法今说,令汝知听。(《义足经》卷下)

尔时香身厌恶阴界。(《大庄严论经》卷十三)

愿王莫大忧苦,此象正尔淫心当息,厌恶秽草,不甘浊水,思宫清净肥美饮食,如是自还。(《贤愚经》卷三)

上古:报——中古:报答

新兴双音形式"报答"义为答复,仅见于汉译佛经文献:

无便于智慧,当何以报答,独行顺心志,怀恶为无忍。(《正法华经》卷六)

问者如此,以何报答?(《光赞经》卷四)

其左面子,名曰恶目,以偈报答。(《普曜经》卷五)

报答于彼诸人等言。(《佛本行集经》卷四十)

上古:报——中古:报应

新兴双音形式"报应"本是指对人事治乱的反应或预示,在佛教中

特指因果之间的反映,同时见于汉译佛经文献和中土文献:

> 罪福之事,若干不同,从其宿世,各得报应。(《正法华经》卷一)
> 如审悉知过去、当来、今现在因缘罪福所行之处有所报应。(《光赞经》卷七)
> 皆由前世报应之果。(《出曜经》卷二十三)
> 我家由来祷祠神祇,求索子息,精诚报应,故天与我。(《贤愚经》卷五)
> 因业报应。(《佛本行集经》卷五十)
> 俗之谤者,大抵有五:其一,以世界外事及神化无方为迂诞也,其二,以吉凶祸福或未报应为欺诳也,其三,以僧尼行业多不精纯为奸慝也,其四,以糜费金宝减耗课役为损国也,其五,以纵有因缘如报善恶,安能辛苦今日之甲,利益后世之乙乎?(《颜氏家训·归心》)

上古:乐——中古:快乐

新兴双音形式"快乐"义为欢乐,仅见于汉译佛经文献:

> 荣位尊豪,快乐如意,皆是前世福德所致。(《中本起经》卷下)
> 三千大千世界六反震动,边际亦摇,中顺至边,安和柔软,愍伤一切众生之类,令获安隐快乐无患。(《光赞经》卷一)
> 无因缘便解脱,生病死便灭尽,得安隐甚快乐,即见在得灭度。(《大楼炭经》卷二)
> 若以舌根于大众中有所演说,出深妙声,能入其心,皆令欢喜快乐。(《妙法莲华经》卷六)
> 其诸菩萨、声闻、天、人,食此饭者,身安快乐,譬如一切乐庄严国诸菩萨也。(《维摩诘所说经》卷下)
> 佛神力故,身心快乐无有疲极。(《悲华经》卷二)
> 还复忆彼王位快乐自在之事。(《佛本行集经》卷五十六)

上古：尊——中古：尊奉

新兴双音形式"尊奉"义为尊敬敬仰，仅见于汉译佛经文献：

皆令尊奉相率为善。(《六度集经》卷三)

若菩萨求道，尊奉亿劫载，是闻不为闻，听佛寿无量。(《正法华经》卷八)

在大众中为数千万众所见尊奉。(《出曜经》卷十)

为人所尊奉。(《大庄严论经》卷三)

我今一心，共相尊奉，无有他意大如毛发。(《贤愚经》卷九)

上古：危——中古：危急

新兴双音形式"危急"义为危险急迫，同时见于汉译佛经文献和中土文献：

我自忆念过去世时，慈心孝顺，供养父母，乃至身肉济活父母危急之厄。(《贤愚经》卷一)

可以备兵乱危急，不得已而用之，可以免难也。(《抱朴子内篇·杂应》)

说伯仁昨危急之状。(《世说新语·方正》)

上古：危——中古：损害

新兴双音形式"损害"义为破坏，仅见于汉译佛经文献：

虽有射术无所损害。(《出曜经》卷三)

犹尚不能如是损害。(《佛本行集经》卷十九)

上古：亲——中古：亲密

新兴双音形式"亲密"义为亲切密切，同时见于汉译佛经文献和中土文献：

> 王位亲密实难捐。(《佛本行集经》卷二十一)
> 故授气流形者父母也，受而有之者我身也，其余则莫有亲密乎此者也，莫有制御乎此者也，二者已不能有损益于我矣，天地亦安得与知之乎？(《抱朴子内篇·塞难》)

上古：辞——中古：辞退

新兴双音形式"辞退"义为告辞、告退，仅见于汉译佛经文献：

> 王闻正言，垢重情蔽，遗疑未悟，前礼佛足，辞退还宫。(《中本起经》卷下)
> 辞退归国。(《六度集经》卷八)
> 世尊威颜容无欣戚，还到祇树给孤独园，国王群臣欢喜辞退。(《法句譬喻经》卷三)
> 即从坐起头面礼足辞退而去。(《出曜经》卷二十六)
> 辞退而还。(《佛本行集经》卷四十)

上古：辞——中古：告别

新兴双音形式"告别"义为辞别，同时见于汉译佛经文献和中土文献：

> 前受卿请，尊无二言，一时已竟，告别当去。(《中本起经》卷下)
> 到洽为御史中丞，初欲弹刘孝绰，其兄溉先与刘善，苦谏不得，乃诣刘涕泣告别而去。(《颜氏家训·风操》)

上古：辞——中古：辞别

新兴双音形式"辞别"义为辞行告别，仅见于汉译佛经文献：

即将妻子诣母辞别。(《六度集经》卷二)

辞别已竟,引路而去。(《贤愚经》卷三)

辞别太子。(《佛本行集经》卷十八)

上古:废——中古:崩坏

新兴双音形式"崩坏"义为塌毁,仅见于汉译佛经文献:

至于天地一劫崩坏空荒之时,一劫始成,人物初兴。(《修行本起经》卷下)

须弥崩坏。(《六度集经》卷三)

此塔崩坏时。(《大庄严论经》卷六)

七日出时,海水都尽,须弥崩坏,下至金刚地际皆悉燋燃。(《贤愚经》卷一)

上古:制——中古:制服

新兴双音形式"制服"义为用强力使驯服,仅见于中土文献:

后诸王骄汰,轻遘祸难,于是寇盗处处蚁合,郡国多以无备,不能制服,遂渐炽盛,皆如公言。(《世说新语·识鉴》)

上古:长——中古:延长

新兴双音形式"延长"义为向长的方面发展,同时见于汉译佛经文献和中土文献:

不计无常,生世如寄,罪报延长。(《法句譬喻经》卷一)

见老君则年命延长,心如日月,无事不知也。(《抱朴子内篇·杂应》)

上古：长——中古：成长

新兴双音形式"成长"义为长大，同时见于汉译佛经文献和中土文献：

> 禾稼成长自丰饶。(《佛本行集经》卷三十二)
> 数年成长，共相逼迫，交柯错叶，特似房笼。(《齐民要术·园篱》)
> 骄慢已习，方复制之，捶挞至死而无威，忿怒日隆而增怨，逮于成长，终为败德。(《颜氏家训·教子》)

上古：养——中古：种植

新兴双音形式"种植"义为栽种培植，《大词典》首见书证引唐翁洮《苇丛》诗："得地自成丛，那因种植功。"年代晚，汉译佛经文献中已有用例：

> 此星已现，十二年中，国当干旱，无有天雨，不得种植，国必破矣。(《贤愚经》卷五)
> 汝欲种植善根之处。(《佛本行集经》卷三)

上古：远——中古：遥远

新兴双音形式"遥远"，仅见于汉译佛经文献：

> 遥远瞻望。(《佛本行集经》卷五十六)

5.3 上古至中古汉语词汇音节形式发展分析

在上古高频名词和动词在中古时期对应词表的基础上，本节将量化分析词表中反映的不同性质文献的不同音节形式选择的占比，对比分析语言接触对词汇音节形式选择的影响。

5.3.1　上古汉语高频名词至中古汉语的音节形式发展

根据本章构建的上古—中古高频名词对应词表中,仅见于中土文献的 25 条,仅见于佛经文献的 51 条,两者共见的 24 条,如表 5-1 所示。仅在佛经文献中出现而不见于同期中土文献的新兴词数量占了本节所描写的总条目的一半以上,这表明在汉译佛经中产生新词的活力更为显著。

表 5-1　中古新兴双音名词的出现范围

新兴词范围	数量(条)
仅见于中土文献	25
仅见于佛经文献	51
两者共见	24

具体到新旧词的关系,则可以分为以下三种情况。

第一类情况,上古汉语高频词是单音词,中古新兴词是双音词,且中古新兴词将上古单音词作为其中的构词语素,这类情况最多,例如"王"—"国王"、"地"—"大地"、"时"—"时间"等。

第二类情况,上古汉语高频词是单音词,中古新兴词是双音词,但两者间没有共同语素,例如"目"—"眼睛"、"本"—"根源"、"今"—"现在"等。该类情况很难严格界定,这是因为中古新兴词可以有不同的发展路径,两者间的语义也往往仅有部分重叠。

第三类情况,上古汉语高频词和中古新兴词都是双音词,这种情况最少,例如"后世"—"后代"、"宫室"—"房屋"。

因此,从单音到复音是音节形式历时演进最主要的路径,其中可以进一步分为新词吸纳旧词作为构词语素的情况和新词与旧词无重合语素的情况。由于条目中存在着"多对一"的复杂情况,我们仅考虑词表中"一对一"的单音词到复音词的情况,共计 90 条,其中 69 条中新复音词以旧单音词为构词语素,占 76.67%,见表 5-2。统计表明,将上古高频单音词纳入作为语素形成新的复音词,是中古双音新词产生的主要的和易于接受的方式。

表 5-2 中古汉语新兴双音名词的产生方式

类型	数量(条)	比例(%)
新词以旧词为构词语素	69	76.67
新旧词无共同语素	21	23.33
合计(仅计词表中"一对一"情形)	90	100

5.3.2 上古汉语高频动词至中古汉语的音节形式发展

根据本章构建的上古至中古高频动词对应词表中,仅见于中土文献的有 7 条,仅见于佛经文献的有 66 条,两者共见的有 27 条,如表 5-3 所示。仅在佛经文献中出现而不见于同期中土文献的新兴词数量占了本章所描写的总条目的一半以上,这与高频名词分析的结论相似,表明在汉译佛经中新词的产生活力更为显著。

表 5-3 中古新兴双音动词的出现范围

新兴词范围	数量(条)
仅见于中土文献	7
仅见于佛经文献	66
两者共见	27

若考察动词历时演变中的新旧词的关系,同样可以分为三种情况。

第一类情况,上古汉语高频词和中古新兴词都是单音词,仅有 1 例,即"击"—"打"。

第二类情况,上古汉语高频词是单音词,中古新兴词是双音词,且中古新兴词将上古单音词作为其中的构词语素,此类情况最多,例如"使"—"致使"、"得"—"获得"等。

第三类情况,上古汉语高频词是单音词,中古新兴词是双音词,但两者间没有共同语素,如"谓"—"评论"、"得"—"满足",此类情况很难严格界定。

值得注意的是,上古汉语高频动词中的复音词很少,就目前的调查范围内尚未观察到复音动词存在其他复音选择形式的情况。

综上,从单音到复音这种音节形式历时演进也是动词发展中最主要的路径,其中新词吸纳旧词作为构词语素的情况和新词与旧词无重合语素的情况统计如表5-4所示。由于在条目中存在着"多对一"的复杂情况,我们仅考虑词表中"一对一"的单音词到复音词的情况,共计74条,其中50条中新形式的复音词以旧单音词为构词语素,占67.57%。上述统计表明,将上古高频单音词纳入作为语素形成新的复音词,也是动词新旧语音形式选择的主要方式。

表5-4 中古汉语新兴双音动词的产生方式

类型	数量(条)	比例(%)
新词以旧词为构词语素	50	67.57
新旧词无共同语素	24	32.43
合计(仅计词表中"一对一"情形)	74	100

5.4 小结

本章基于语料库和工具书对上古汉语高频名词和动词分别进行了整理、分析和考察,形成了上古高频名词、动词和中古汉语词汇的对应词表各100条,列出了与上古高频词对应的中古汉语新兴语音选择形式、中古汉译佛经文献和中土文献中的例句等,形成了研究中古汉语音节选择机制的基础数据。该词表较为系统全面地反映出高频名词和动词从上古到中古单复音节形式历时演进的情况;提供了大量中古时期新产词(以双音词为主)例证,尤其是汉译佛经文献的例证,弥补了《大词典》在佛经文献例证方面的不足;发掘出不少《大词典》例证晚出的条目,将这些条目的首见年代推前到中古时期。

随后,基于上述词表对上古至中古单复音节形式发展的各种路径进行了统计和分析,初步挖掘了上古时期高频名词和动词在中古时期发展的量化规律,具体的结论包括:

第一,复音形式是中古新产词的主要形式。根据本章的词表,中古新产词绝大部分是复音形式,尤其以双音形式为主,这是因为复音词与单音词相比具有更强的能产性,复音词作为原有单音词新的音节选择形式是词汇系统发展的重要规律性趋势。

第二,吸纳原有单音词作为构词语素形成新的复音词是音节选择的主要路径。根据本章词表的统计,吸纳原有单音词作为构词语素而形成新的复音词占据总新产复音词的半数以上。具体而言,吸纳原有语素(尤其是高频语素)有助于更好地表现新产词的语义,同时也可以通过其他语素的限定来提升语义的精确表达,因而是复音形式选择中最为直接和经济的方法。相比而言,若新旧词间缺少共同语素,那么该新复音词则来自其他单音词的复音发展形式,只是在语义上与该单音词存在重叠。以单音词"日"为例,与之语义相同的双音形式有"白日""日头""太阳"等,前两个是由"日"参与构成,"太阳"则是在单音形式"阳"的基础上产生,本指旺盛的阳气,后来意义发生变化,成为日的通称,这才与单音形式"日"建立起音节选择关联。再如"今",与之语义相同的双音形式"如今""现今"和"现在"等,"现在"是仿译梵文 prati-ut-$\sqrt{\text{pad}}$产生,与单音形式"今"语义重合。

第三,语言接触对复音形式的选择有着一定的影响。在汉译佛经文献中,汉语词汇复音化程度高于同期中土文献,其复音形式也更为丰富。在本章所列词条中,仅见于汉译佛经文献的复音形式占据主要部分。这些都表明在汉译佛经文献词汇系统中,有一种活跃的、超出同期中土文献的产生并使用复音词的特征。

第六章 ｜ 结　语

　　词汇复音化是汉语发展的规律性趋势,深刻地改变了汉语词汇系统的面貌。上古汉语单音形式"日""月""星"到了近现代汉语发展为双音形式"太阳""月亮""星星",这看似平凡的语言现象背后反映着语言发展的规律与内外部影响因素。宏观上词汇系统从单音词为主发展为以复音词为主,微观上每个词的发展又各不相同,如同江河涌动但每一粒水珠却有着不同的奔溅轨迹。

　　本书分别从词汇系统的整体面貌、高频词、若干典型名词和动词的个案分析、语言接触影响下的上古至中古词汇对应关系等方面,多角度系统刻画了汉语词汇系统音节形式选择状况,揭示了汉语词汇系统音节形式选择的规律,主要的进展包括下述方面:

　　首先,从整体视角对上古、中古和近代汉语词汇单复音节形式的面貌进行宏观量化描写,指出汉语词汇发展是一个连续统,传承是词汇发展演进的主流。汉语词汇无论是从词种数量还是词例使用上,复音形式占比均呈现出上升趋势。名词和动词作为词汇系统的两大宗,是汉语词汇系统演变最主要、最活跃的词类。此外,受到以梵文为主的外部语言影响,汉译佛经文献在音节形式上呈现出与同期中土文献的显著差异。

　　其次,从高频词的视角对从上古到近代汉语单复音节形式展开分析,指出在相对大位次范围的高频词统计中,上古汉语到近代汉语的复音词比例是提升的。在相对小位次范围的高频词统计中,各时期均仍以单音节词为主。这表明,词汇系统最核心的部分仍是单音词,但在次高频位次上复音形式不断发展。不同时期的高频词呈现出动态性,存在着词频涨落、位次变化和新词进入、旧词退出等情况。不同词类的高频词数量和复音形式的占比不均衡,以名词和动词为大宗。

再次,从个案分析视角对典型的高频名词和动词音节形式历时演进展开了细致的调查分析。选取了上古汉语不同语义类型具有代表性的 15 个单音名词和 10 个单音动词,以义位为单位,从复音形式产生时间、复音形式结构、音节形式演变路径等多个角度,考察这些词的不同义位从上古至近现代汉语的音节形式演变情况。分析表明,不同词语不同义位的单复音节形式历时演变中存在差异：名词较动词更容易发生复音化；同一个词的不常用义较常用义更容易发生复音化；复音化过程中,名词较多采用并列和偏正两种语法手段产生新兴复音词,动词较多采用并列手段；单音名词容易被相应的双音名词替换,单音动词多与同义的双音动词共同活跃在词汇系统中,即使发生了替换,通常也是被新兴单音动词替换。

最后,从语言接触视角,调查上古汉语高频名词和动词在中古中土文献和汉译佛经文献中对应的新产形式。研究结果表明：中古新产词绝大部分是复音形式,尤其以双音形式为主；吸纳原有单音词作为构词语素进而形成新的复音词是音节选择的主要路径；新产复音词多见于汉译佛经文献,汉译佛经文献词汇复音化特征显著。

综上所述,汉语词汇音节形式选择机制是以语义精密化为主要驱动、受到词类特征与复音词结构的能产性等内部因素制约、语言接触外部因素的重要影响的词汇系统动态演进的结果。

本书主要聚焦在高频的和大宗词类中的单复音节形式选择。毋庸置疑,副词、代词、连词等在音节形式发展上也非常活跃,它们的音节形式选择又存在哪些特点？语体色彩对音节形式是否存在影响？这些都值得进一步关注,从而更深刻地探究汉语词汇的发展规律。

此外,在汉语词汇发展过程中,一些复音词也会单音化变成单音词。汉译佛经文献中存在大量的音译词,这些音译词绝大部分是复音形式。其中一些音译词由于使用频率很高,音译词中一些表音无义的成分逐渐变成了有音有义的成分,即获得了语素的资格,这就是学界通常所说的"音节语素化"现象。例如"佛"就是经由复音词单音化产生的新兴单音词,该词是由双音词"佛陀"(Buddha)简缩而来。"佛"作为音译梵语词语 Buddha 中的一个部分,本来是没有意义的记音成分。由于"佛陀"作为佛教的创始人,是重要的宗教术语之一,因此该词在汉译佛经文献中使用频率很高,进而简称为单音形式的"佛"。"佛"作为"佛陀"的简缩形式,变成了具有实在意义的单音词,而且可以作为构词语素继续参与构造新词,例如"佛牙""佛手""佛日""佛化""佛母""佛寺""佛光""佛旨""佛衣""佛宇""佛位""佛事""佛果""佛典""佛刹""佛舍""佛法""佛性""佛门""佛界""佛律""佛家""佛堂""佛眼""佛国""佛像""佛典""佛经""成佛""念佛""礼佛""拜佛""神佛""活佛""木佛""泥佛""礼佛""心佛""悟佛"等。这就是典型的音译词中表音的成分升格变成语素,并且成为构词能力很强的构词语素,代表原先复音词进一步参与构造新的复合词。

  正向的复音化与反向的单音化并存,体现了词义精密化与语言经济性原则的平衡。复音形式可以表达更为精密的语义,因此在词汇系统中就产生了大量的复音词。复音词单音化或者多音节简缩为双音节,则是语言交际上便捷的需要。正向的复音化与反向的单音化两者相互依存,相互制约。复音词单音化之后,可以作为构词语素构成新的复合词,这样的话,复音词单音化的过程从某种程度上又重新回归到汉语词汇复音化的趋势上。最终,词汇系统将在词义精密化引发的复音化与语言经济性原则引发的单音化以及多音节词的省缩间取得动态平衡。

附录 A 上古至近代的前 200 位高频名词表

频序号	上古语料	中古中土语料	中古佛经语料	近代语料
1	人	人	佛	人
2	民	中	人	上
3	君	时	时	中
4	国	日	法	里
5	天下	上	中	家
6	今	事	心	事
7	王	名	身	心
8	上	年	菩萨	日
9	道	水	王	时
10	事	后	意	前
11	君子	子	今	身
12	子	下	道	处
13	诸侯	家	名	马
14	言	地	众生	门
15	齐	世	故	头
16	礼	今	行	手
17	下	言	世尊	下
18	日	道	比丘	年
19	天	王	天	内

续　表

频序号	上古语料	中古中土语料	中古佛经语料	近代语料
20	兵	心	事	今
21	楚	酒	处	话
22	心	山	上	酒
23	士	物	世	王
24	身	马	国	后
25	地	法	地	天
26	秦	气	子	今日
27	德	意	后	水
28	义	书	色	言
29	臣	前	所	路
30	时	身	树	兵
31	功	外	水	地
32	年	门	如来	城
33	中	金	梵志	金
34	命	色	相	如今
35	利	石	日	外
36	公	士	命	名
37	法	帝	家	钱
38	罪	处	言	意
39	外	内	世间	山
40	天子	手	下	军
41	行	口	前	和尚
42	主	火	经	字
43	内	国	戒	口
44	名	木	众	诗
45	大夫	性	念	银子
46	力	风	女	书

续 表

频序号	上古语料	中古中土语料	中古佛经语料	近代语料
47	政	民	声	月
48	孔子	声	沙门	先生
49	故	目	苦	国
50	世	理	手	饭
51	后	母	德	官
52	周	昔	因缘	间
53	众	德	力	这里
54	先	树	想	子
55	物	方	火	法
56	家	魏	慧	师
57	师	义	弟子	那里
58	圣人	父	生死	边
59	乐	字	舍利弗	礼
60	鲁	间	种	佛
61	晋	头	香	夜
62	诗	天	口	眼
63	百姓	故	功德	道
64	亲	古	足	气
65	死	夜	劫	行者
66	贤	形	福	命
67	先王	土	内	天下
68	乱	体	太子	风
69	位	衣	长者	将
70	古	月	城	火
71	月	命	十方	物
72	志	天下	识	明日
73	善	语	食	西

续 表

频序号	上古语料	中古中土语料	中古佛经语料	近代语料
74	官	文	恶	经
75	食	生	阿难	面
76	汤	屋	象	房
77	父	初	偈	此
78	马	主	师	东
79	仁	情	欲	声
80	水	东	三昧	罪
81	宋	牛	天下	帝
82	令	才	头	汉
83	本	神	本	茶
84	父母	俗	义	孩儿
85	城	末	语	语
86	岁	周	空	主
87	舜	器	华	皇帝
88	生	君	山	兄弟
89	朝	女	病	女
90	车	兵	般若波罗蜜	衣
91	数	力	须菩提	朝
92	门	长	父	草
93	武	实	母	哥哥
94	尧	草	罪	花
95	文	官	海	石
96	书	儿	教	云
97	难	岁	衣	儿
98	吴	兄弟	间	公
99	方	谷	形	病
100	过	鱼	昔	妇人

续　表

频序号	上古语料	中古中土语料	中古佛经语料	近代语料
101	说	叶	愿	太子
102	治	面	臣	贼
103	知	羊	智慧	南
104	客	时人	生	恩
105	东	汉	边	世
106	实	晋	人民	相公
107	情	诗	外	臣
108	刑	音	智	一时
109	禹	食	门	情
110	患	世人	宝	计
111	军	礼	眼	君
112	意	妻	志	大王
113	赵	功	偈言	左右
114	信	业	金	功
115	文王	齐	虚空	人家
116	余	臣	乐	理
117	夏	花	见	力
118	卫	云	婆罗门	雨
119	桓公	冬	神	殿
120	魏	妇	礼	屋
121	神	志	年	衣服
122	左右	角	释	东西
123	前	北	声闻	刀
124	声	室	天人	一日
125	郑	夏	神足	铁
126	祸	玉	风	僧
127	吏	户	根	银

续 表

频序号	上古语料	中古中土语料	中古佛经语料	近代语料
128	小人	疾	果	宫
129	社稷	春	为	相
130	敌	虎	三界	香
131	纣	本	善	北
132	威	弟	光明	老爷
133	禄	左右	魔	妻
134	西	位	业	船
135	北	孔	所以	张
136	昔者	朝	天上	神
137	韩	林	国王	玉
138	母	师	马	夫人
139	室	耳	月	次日
140	管仲	井	世界	民
141	南	祸	菩萨摩诃萨	脸
142	酒	天地	七宝	当时
143	恶	节	妇	客
144	金	经	佛道	空
145	兄弟	骨	物	土
146	用	辞	过去	楼
147	教	注	方便	将军
148	人主	西	大王	肉
149	赏	罪	父母	位
150	丧	客	座	泪
151	越	竹	龙	文
152	燕	光	宫	街
153	能	高	目	灯
154	太子	所	字	哥

续　表

频序号	上古语料	中古中土语料	中古佛经语料	近代语料
155	武王	虫	定	天子
156	天地	南	土	众
157	口	术	车	色
158	殷	尔雅	大众	药
159	辞	圣人	爱	朝廷
160	势	秋	明	厮
161	财	病	儿	龙
162	忧	益	国土	奶奶
163	上下	数	尊	父母
164	色	今日	味	娘
165	土	江	沙	汤
166	昔	旁	寿	堂
167	害	旧	思想	小厮
168	女	味	患	弟兄
169	长	兄	女人	厅
170	妻	铁	利	母
171	田	足	痴	州
172	学	鬼	异	剑
173	桀	类	威神	学
174	商	海	光	亲
175	重	利	佛法	府
176	私	龙	耳	阵
177	河	雪	牛	耳
178	弟	路	善男子	儿子
179	君臣	徒	垢	性命
180	智	车	漏	见
181	目	洛	今日	河

续 表

频序号	上古语料	中古 中土语料	中古 佛经语料	近代语料
182	性	怀	夜	里面
183	粟	房	天子	脚
184	疾	宿	珍宝	言语
185	理	势	僧	百姓
186	成	弟子	梵天	昨日
187	节	状	岁	县
188	大	枝	眷属	寺
189	明	尚书	贤者	行
190	谋	旨	神通	床
191	怨	河	现在	席
192	乡	行	辟支佛	京
193	欲	侍中	数	几时
194	爵	齿	经法	血
195	福	刀	尘	性
196	贤者	夫	盖	宅
197	衣	鼻	三藐三菩提	米
198	万物	令	路	李
199	山	钱	会	树
200	国家	首	鼻	梦

附录 B 上古至近代的前 200 位高频动词表

频序号	上古语料	中古中土语料	中古佛经语料	近代语料
1	曰	有	有	是
2	有	为	得	有
3	为	曰	为	道
4	无	得	无	来
5	可	可	见	去
6	必	无	言	见
7	能	云	说	说
8	得	见	如	得
9	谓	作	作	曰
10	使	大	行	到
11	知	在	生	大
12	行	如	曰	看
13	见	是	当	出
14	欲	至	大	为
15	在	多	如是	问
16	至	能	欲	要
17	用	知	闻	做
18	闻	出	知	下
19	出	生	可	无

续　表

频序号	上古语料	中古中土语料	中古佛经语料	近代语料
20	立	谓	能	好
21	如	去	至	知
22	言	令	入	上
23	死	行	令	叫
24	敢	入	在	在
25	问	闻	来	行
26	入	言	受	与
27	治	成	是	云
28	大	欲	出	过
29	从	使	善	走
30	生	问	念	打
31	事	当	无有	起
32	成	死	白	听
33	对	用	告	入
34	可以	必	着	请
35	请	来	问	住
36	善	取	求	可
37	多	好	成	如
38	求	同	去	至
39	取	异	住	开
40	杀	求	愿	作
41	去	称	起	死
42	听	小	持	坐
43	失	食	应	小
44	归	起	现	取
45	食	似	随	用
46	好	下	谓	回

续 表

频序号	上古语料	中古中土语料	中古佛经语料	近代语料
47	然	难	坐	敢
48	伐	少	观	使
49	受	足	尽	言
50	告	居	往	教
51	明	尽	解	放
52	若	白	使	能
53	亡	及	净	着
54	令	善	取	生
55	举	远	离	成
56	胜	高	舍	没
57	同	坐	还	吃
58	恶	重	乐	送
59	来	过	度	闻
60	居	经	恶	将
61	及	合	学	当
62	与	失	灭	拿
63	作	须	供养	进
64	反	治	死	杀
65	攻	立	语	出来
66	过	解	多	罢
67	当	宜	正	想
68	重	信	欢喜	会
69	爱	深	难	不得
70	易	胜	堕	笑
71	足	易	无量	肯
72	说	受	清净	难
73	止	以为	发	说道

续　表

频序号	上古语料	中古中土语料	中古佛经语料	近代语料
74	乱	观	断	令
75	安	答	诣	老
76	以	如此	食	怕
77	乐	杀	到	似
78	信	与	修	受
79	守	敢	答	欲
80	战	加	好	定
81	贵	识	止	归
82	处	通	听	买
83	服	致	致	等
84	尽	若	与	直
85	利	近	譬如	起来
86	足以	饮	过	立
87	观	论	远	写
88	致	反	空	多
89	待	着	上	寻
90	正	久	具足	留
91	执	止	深	高
92	难	盛	胜	满
93	视	美	化	合
94	命	说	明	长
95	往	还	归	引
96	定	长	等	发
97	进	恶	除	了
98	远	贵	计	如何
99	敬	学	施	必
100	起	上	必	动

续 表

频序号	上古语料	中古中土语料	中古佛经语料	近代语料
101	发	从	安	带
102	合	思	异	依
103	兴	置	满	白
104	轻	可以	自然	收
105	败	发	处	拜
106	危	流	从	告
107	称	佳	下	明
108	尊	遭	久	的
109	亲	投	获	待
110	久	随	信	求
111	长	登	精进	报
112	加	对	分别	穿
113	不如	直	杀	离
114	异	举	无上	尽
115	退	归	奉	接
116	制	望	出家	睡
117	召	服	小	卖
118	察	往	照	奏
119	养	养	立	须
120	教	至于	合	知道
121	谋	青	少	分
122	下	轻	喜	唤
123	因	绝	失	破
124	愿	传	何等	解
125	废	亡	用	望
126	争	造	觉	领
127	思	积	解脱	举

续 表

频序号	上古语料	中古中土语料	中古佛经语料	近代语料
128	舍	觉	宝	传
129	之	清	怀	还
130	忘	值	苦	谓
131	分	拜	报	遇
132	中	断	兴	随
133	犹	明	稽首	少
134	富	就	礼	谢
135	畏	执	普	往
136	复	呼	转	如此
137	少	任	妙	急
138	恐	视	守	近
139	以为	比	犹如	救
140	怒	笑	弃	安
141	报	达	将	深
142	相	伤	尊	喜
143	救	送	造	同
144	诛	命	散	落
145	通	语	邪	远
146	顺	修	睹	识
147	免	爱	名	认
148	务	赤	逮	交
149	害	中	近	差
150	动	然	忍	哭
151	已	寒	思惟	答
152	学	引	终	就
153	伤	封	然	学
154	任	乘	叹	烧

续表

频序号	上古语料	中古中土语料	中古佛经语料	近代语料
155	劳	疑	布施	姓
156	乘	应	前	快
157	贤	开	称	新
158	厚	读	请	念
159	辞	忘	贪	恐
160	遇	动	答言	称
161	小	和	护	觉
162	变	弃	居	应
163	应	分	重	回来
164	忧	处	坏	重
165	道	微	识	赶
166	存	改	高	出去
167	弃	急	举	倒
168	王	老	向	散
169	卒	待	安隐	该
170	先	移	同	唱
171	施	由	遍	降
172	仁	变	及	乱
173	降	定	遣	红
174	甚	守	视	投
175	离	飞	广	遣
176	置	按	端正	乃
177	疾	住	竟	饮
178	和	满	教	点
179	赏	内	思	变
180	惧	听	授	提
181	美	新	遥	推

续　表

频序号	上古语料	中古中土语料	中古佛经语料	近代语料
182	朝	尔	成就	善
183	近	向	治	许
184	辟	进	真	退
185	慎	名	烧	战
186	拜	请	开	信
187	禁	所谓	脱	管
188	饮	平	会	毕
189	怨	烧	尔	失
190	宜	强	老	转
191	众	安	庄严	修
192	由	属	放	久
193	将	持	没	愿
194	绝	穷	被	把
195	就	遇	趣	借
196	备	留	执	骂
197	葬	良	长	从
198	封	负	动	辞
199	修	妙	须	喝
200	患	别	自在	中

参考文献

鲍金华　2004　《高僧传》词语札记,《古籍整理研究学刊》第6期。

蔡镜浩　1989　魏晋南北朝翻译佛经中的几个俗语词,《中国语文》第1期。

曹小云　2001　《六度集经》语词札记,《语言研究》第4期。

车录彬　2009　汉语词汇复音化的再思考,《宁夏大学学报》(人文社会科学版)第6期。

车淑娅　2005　论语言演变中的选择机制,《郑州大学学报》(哲学社会科学版)第1期。

车淑娅　2013　从潜语素到显语素——"招手"的复音化研究,《语言研究》第4期。

车淑娅、李秀芳　2014　义素外现"头发"的复音化研究,《山西师范大学学报》(社会科学版)第1期。

车淑娅、李秀芳　2017　"手掌"复音化的途径和动因研究,《南京师范大学文学院学报》第2期。

陈克炯　1982　《左传》词汇简论,《华中师院学报》第1期。

陈文杰　2001　佛典词语札记,《古籍整理研究学刊》第3期。

陈文杰　2002　《生经》词语考释四则,《语言研究》第2期。

陈秀兰、杨孝容　2003　《六度集经》词语札记,《南阳师范学院学报》第7期。

程湘清　2003　《汉语史专书复音词研究》,北京:商务印书馆。

储泰松　2002　"和尚"的语源及其形义的演变,《语言研究》第1期。

储泰松　2014　"毛道"杂考,《长江学术》第1期。

邓志强　2006　《幽明录》复音词的结构及中古汉语复音化的发展,《株洲师范高等专科学校学报》第4期。

丁福保　2011　《佛学大辞典》,北京:中国书店出版社。

丁喜霞　2006　《中古常用并列双音词的成词和演变研究》,北京:语文出版社。

董秀芳　2011　《词汇化:汉语双音词的衍生和发展(修订本)》,北京:商务印书馆。

董秀芳　2018　汉语动词双音化过程中的形式选择和功能表现,*Language and Linguistics*, Volume, 19 Issue 3.

董志翘　2000　《高僧传》词语通释——兼谈汉译佛典口语词向中土文献的扩散,《汉语史研究集刊》第二辑,成都:巴蜀书社。

董志翘　2008　《世说新语》疑难词语考索(二),《四川大学学报》(哲学社会科学版)第1期。

方一新　1992　汉魏六朝翻译佛经释词,《语言研究》第2期。

方一新　1997　《东汉魏晋南北朝史书词语笺释》,合肥:黄山书社。

方一新　2000　东汉六朝佛经词语札记,《语言研究》第2期。

方一新　2004　从中古词汇的特点看汉语史的分期,《汉语史学报》第4期。

方一新　2005　从疑问句看《大方便佛报恩经》的翻译年代,《语言研究》第3期。

方一新　2010　《中古近代汉语词汇学》,北京:商务印书馆。

方一新、高列过　2012　《东汉疑伪佛经的语言学考辨研究》,北京:人民出版社。

方一新、郭作飞　2019　"俘囚"补说,《汉语史学报》第1期。

冯赫　2014　论汉译佛经"何所"与"诸所"的源形式,《东岳论丛》第2期。

冯赫　　2016a　"尔所""尔许"探源,《古汉语研究》第2期。

冯赫　　2016b　样态指示词"如许""如所"的形成,《中国语文》第1期。

冯赫　　2018　指示词"如馨"与"尔馨"的形成,《中国语文》第3期。

冯赫　　2019　语源、形成与变化——问数词"几所""几许"的历时考察,《古汉语研究》第2期。

冯胜利　1997　《汉语的韵律、词法与句法》,北京:北京大学出版社。

冯胜利　2000　《汉语韵律句法学》,上海:上海教育出版社。

符淮青　1996　《词义的分析和描写》,北京:语文出版社。

葛本仪　2003　《汉语词汇学》,济南:山东大学出版社。

郭沫若　1979　《甲骨文合集》,北京:中华书局。

郭萍　　2001　《孟子复音词研究》,厦门大学硕士学位论文。

郭锡良　1994　先秦汉语构词法的发展,《第一届国际先秦汉语语法研讨会论文集》,长沙:岳麓书社。

郭在贻　1985　《训诂丛稿》,上海:上海古籍出版社。

胡敕瑞　2005　从隐含到呈现——试论中古词汇的一个本质变化,《语言学论丛》第三十一辑,北京:商务印书馆。

胡敕瑞　2008　从隐含到呈现(下),《语言学论丛》第三十八辑,北京:商务印书馆。

胡运飙　1995　《汉语史论文集》,重庆:西南师范大学出版社。

胡竹安　1986　《法显传》词语札记,《语文研究》第4期。

化振红　2001　《〈洛阳伽蓝记〉词汇研究》,四川大学博士学位论文。

化振红　2003　《〈洛阳伽蓝记〉札记三则》,《中国语文》第2期。

黄征　　1994　魏晋南北朝俗语词辑释,《杭州大学学报》(哲学社会科学版)第3期。

黄志强　1985　关于《左传》复合词的几个问题,《研究生论文选集》(语言文字分册),南京:江苏古籍出版社。

江蓝生　1988　《魏晋南北朝小说词语汇释》,北京:语文出版社。

蒋绍愚　1989　《古汉语词汇纲要》,北京:北京大学出版社。

蒋绍愚　1994　《近代汉语研究概况》,北京:北京大学出版社。

蒋宗许　2006　释"作健",《西南民族大学学报》(人文社科版)第1期。

李如龙　2009　论汉语的单音词,《语文研究》第2期。

李仕春　2007a　从复音词数据看上古汉语单音节词复音化现象,《西南交通大学学报》(社会科学版)第2期。

李仕春　2007b　从复音词数据看中古汉语构词法的发展,《宁夏大学学报》(人文社科版)第3期。

李仕春　2007c　《〈世说新语〉复音词统计》,南京大学博士学位论文。

李维琦　1992　隋以前佛经释词,《古汉语研究》第2期。

李维琦　1995　《六度集经》词语例释,《古汉语研究》第1期。

李新建　1989　《搜神记》复合词研究——就语义看《搜神记》中联合式复合词的构成,《郑州大学学报》(哲学社会科学版)第3期。

李佐丰　2003　《先秦汉语实词》,北京:北京广播学院出版社。

梁晓虹　1984　佛经词语札记,《南京师大学报》(社会科学版)第2期。

梁晓虹　1990　《六度集经》语词札记,《古汉语研究》第3期。

梁晓虹　1991　汉魏六朝对汉语词汇双音化的影响,《南京师大学报》(社会科学版)第2期。

梁晓虹　1994　《佛教词语的构造与汉语词汇的发展》,北京:北京语言学院出版社。

梁晓虹、徐时仪、陈五云　2005　《佛经音义与汉语词汇研究》,北京:商务印书馆。

刘城　1985　韩非子构词法初探——兼论"单音词在上古汉语里占优势"的问题,《湖南师范大学学报》(社会科学版)第2期。

刘祖国　2009　《太平经》语词札记,《汉语史研究集刊》第1期。

卢春红　2002　《荀子复音词研究》,辽宁师范大学硕士学位论文。

鲁六　2005　《荀子词汇研究》,山东大学博士学位论文。

吕叔湘　1963　现代汉语单双音节问题初探,《中国语文》第1期。

吕澂　1980　《新编汉文大藏经目录》,济南:齐鲁书社。

罗晓林　2005　《〈撰集百缘经〉词汇研究》,湖南师范大学硕士学位论文。

马宁、马贝加　2010　释"来旨"及相关词语,《辞书研究》第1期。

马真　1980　先秦复音词初探,《北京大学学报》(哲学社会科学版)第5期。

潘允中　1989　《汉语词汇史概要》,上海:上海古籍出版社。

彭明权　2008　汉字合体化与汉语词汇复音化,《青海师专学报》第2期。

钱宗武　1996　《今文〈尚书〉语言研究》,长沙:岳麓书社。

邱冰　2012a　中古汉语词汇复音化的多角度研究,南京:南京大学出版社。

邱冰　2012b　从汉译佛经构词语素演变看文化与语言的交流特性,《中国文化研究》第2期。

邱冰　2018　语言接触对中古汉译佛经词汇的多层级影响,《汉语史学报》第1期。

邱冰　2019a　《大正藏》本《佛所行赞》校勘札记——基于梵汉对勘材料,《文献语言学》第2期。

邱冰　2019b　语言接触视角下中古汉译佛经词汇高度复音化的动因分析——以《佛所行赞》为个案,《中国语文通讯》第1期。

邱冰　2020　基于语料库的汉语名词后加式集合量标记与复数标记演变研究,收于《佛典与中古汉语代词研究》,上海:中西书局。

邱冰　2023　中古汉译佛经语体色彩的数字化呈现,《数字人文》第2期。

任继愈　1985　《佛教经籍选编》,北京:中国社会科学出版社。

沈莹　2017　《世说新语》"艾艾"再释,《中华文史论丛》第4期。

史存直　1989　《汉语词汇史纲要》,上海:华东师范大学出版社。

史光辉　2004　东汉汉译佛经词语例释二则,《古汉语研究》第3期。

史光辉　2011　"乙密"补释,《贵州文史丛刊》第4期。

宋明慧　2003　《〈列女传〉语言研究》，四川大学硕士学位论文。

太田辰夫　2003　《中国语历史文法》（修订译本），蒋绍愚、徐昌华译，北京：北京大学出版社。

太田辰夫、江蓝生　1989　《生经·舅甥经》语词札记，《语言研究》第1期。

汤洪　2017　"峨眉"语源考，《复旦学报》（社会科学版）第6期。

唐钰明　1986　金文复音词简论，《人类学论文选集》，广州：中山大学出版社。

唐子恒　1998　《三国志》双音词研究，《文史哲》第1期。

万久富　2006　《〈宋书〉复音词研究》，南京：凤凰出版社。

汪维辉　1990　汉魏六朝词语杂释，《语言研究》第2期。

汪维辉　1997　先唐佛经词语札记六则，《中国语文》第2期。

汪维辉　2005　佛经词语考释四则，《浙江大学学报》（人文社会科学版）第5期。

汪维辉、秋谷裕幸　2014　汉语"闻/嗅"义词的现状与历史，《语言暨语言学》(Language and Linguistics)第15卷第5期。

王力　1980　《汉语史稿》，北京：中华书局。

王忻　1998　从《颜氏家训》管窥魏晋时期汉语词汇复音化的发展，《古汉语研究》第3期。

王云路　2007　释"零丁"与"伶俜"——兼谈连绵词的产生方式之一，《古汉语研究》第3期。

吴继刚　2012　"释褐"类词意义嬗变，《辞书研究》第3期。

吴金华　1988　佛经译文中的汉魏六朝语词拾零，《语言研究集刊》第2辑。

吴金华　1990　《世说新语》词语考释，《南京师大学报》（社会科学版）第2期。

吴金华　1991　《世说新语》词语考释（续），《南京师大学报》（社会科学版）第1期。

吴金华　1994　《〈世说新语〉考释》,合肥:安徽教育出版社。

武占坤、王勤　1983　《现代汉语词汇概要》,呼和浩特:内蒙古人民出版社。

伍宗文　2001　先秦汉语复音词研究,成都:巴蜀书社。

向熹　1980　《诗经》里的复音词,《语言学论丛》第6辑。

向熹　1987　《诗经语言研究》,成都:四川人民出版社。

向熹　1993　《简明汉语史》,北京:高等教育出版社。

小野玄妙　1983　《佛教经典总论》,台北:新文丰出版社。

谢永芳　2012　双音词词汇化研究模式的特点及思考——以"月亮"的成词为例,《楚雄师范学院学报》第8期。

谢永芳　2013　单音词义项双音化中双音词选用的制约机制——兼论词汇古今未来不变,《四川师范大学学报》(社会科学版)第3期。

徐俊霞　2003　"闻"的词义演变,《河南机电高等专科学校学报》第2期。

徐时仪　2005　汉语词汇双音化的内在原因考探,《语言教学与研究》第2期。

徐通锵　1997　《语言论——语义型语言的结构原理和研究方法》,长春:东北师范大学出版社。

徐震堮　1957　《汉魏六朝小说选》,上海:古典文学出版社。

徐震堮　1979　《世说新语》词语简释,《中华文史论丛》第4期。

徐震堮　1984　《〈世说新语〉校笺》,北京:中华书局。

许理和　1998　《佛教征服中国》,南京:江苏人民出版社。

许理和　2001　关于初期汉译佛经的新思考,顾满林译,《汉语史研究集刊》第四辑,成都:巴蜀书社。

严宝刚　2009　甲骨文词汇中的复音词,《宁夏大学学报》(人文社会科学版)第5期。

颜洽茂　1984　《南北朝佛经复音词研究——〈贤愚经〉〈百喻经〉〈杂宝藏经〉复音词初探》,辽宁师范大学硕士学位论文。

颜洽茂　1996　魏晋南北朝佛经释词,《杭州大学学报》(哲学社会科学版)第1期。

颜洽茂　1997　《佛经语言阐释——中古佛经词汇研究》,杭州:杭州大学出版社。

阎玉文　2003　《〈三国志〉复音词专题研究》,复旦大学博士学位论文。

杨怀源　2006　《西周金文词汇研究》,四川大学博士学位论文。

杨怀源　2008　西周金文复音词的来源与复音化动因,《重庆三峡学院学报》第5期。

杨琳　1995　汉语词汇复音化新探,《烟台大学学报》(哲学社会科学版)第4期。

杨琳　1996　《汉语词汇与华夏文化》,北京:语文出版社。

杨同军　2006　《支谦译经复音词研究》,四川大学博士学位论文。

殷孟伦　1960　"闻"的转义用法时代还要早,《中国语文》第5期。

殷孟伦　1962　"闻"的词义问题,《中国语文》第11期。

殷正林　1984　《世说新语》中反映的新词新义,《语言学论丛》第十二辑,北京:商务印书馆。

余理明　1993　《佛经文献语言》,成都:巴蜀书社。

曾昭聪　2003　中古佛经释词四则,《语言研究》第3期。

曾昭聪　2006　《抱朴子内篇》词语小札,《古籍整理研究学刊》第4期。

翟秀峰　2014　"落索"释义商榷与补释,《现代语文》(语言研究版)第8期。

张联荣　1988　汉魏六朝佛经释词,《北京大学学报》(哲学社会科学版)第5期。

张文冠　2012　释"自喜",《中华文史论丛》第4期。

张文冠　2020　释表鸟名的"猩猩(狌狌、生生)"——兼谈佛源外来词的词义演变,《浙江大学学报》(人文社会科学版)第1期。

张诒三　2001　《魏书》词语选释,《古汉语研究》第4期。

张永言　1962　再谈"闻"的词义,《中国语文》第5期。

张永言　2015　《语文学论集》(增订本),上海:复旦大学出版社。

张正霞　2003　《〈五十二病方〉构词法研究》,西南师范大学硕士学位论文。

赵克勤　1987　《古汉语词汇概要》,杭州:浙江教育出版社。

赵克勤　2005　《古代汉语词汇学》,北京:商务印书馆。

真大成　2017　汉文佛经用字与疑难词语考释,《汉语史学报》第1期。

真大成　2020　中古汉译佛经词语新释,《语言研究》第3期。

[日]中村元　1988　《佛教语大辞典》,东京:东京书籍。

周浩　2020　"炭人""灰人"考,《语言研究》第1期。

周俊勋　2006　《魏晋南北朝志怪小说词汇研究》,成都:巴蜀书社。

周俊勋、朱庆之　2011　中古汉语词义研究札记,《西南交通大学学报》(社会科学版)第4期。

周日健、王小莘　1998　《〈颜氏家训〉词汇语法研究》,广州:广东人民出版社。

周一良　1985　《魏晋南北朝史札记》,北京:中华书局。

周一良　1991　《魏晋南北朝史论集续编》,北京:北京大学出版社。

朱刚焄　2006　《西周青铜器铭文复音词研究》,山东大学博士学位论文。

朱冠明、段晴　2005　梵汉本《法华经》语词札记,《古汉语研究》第2期。

朱庆之　1989　从魏晋佛典看中古"消息"词义的演变,《四川大学学报》(哲学社会科学版)第2期。

朱庆之　1990　佛经翻译与中古汉语词汇二题,《中国语文》第2期。

朱庆之　1992a　《佛典与中古汉语词汇研究》,台北:文津出版社。

朱庆之　1992b　试论佛典翻译对中古汉语词汇发展的若干影响,《中国语文》第4期。

庄会彬、赵璞嵩、冯胜利　2018　《汉语的双音化》,北京:北京语言大学出版社。

Bing Qiu & Jie Li Reconstruction of the Uncertain Historical Evolution for the Polysyllablization of Chinese Lexis, *Journal of Applied Mathematics*. Vol. 2014.

Bing Qiu & Jiahao Huo 2024 Quantitative Stylistic Analysis of Middle Chinese Texts Based on the Dissimilarity of Evolutive Core Word Usage. *A CM Transactions on Asian and Low-Resource Language Information Processing*, Vol 23, Issue 7.

Bybee, Joan & Paul Hopper (Eds.) 2001 *Frequency and the Emergence of Linguistic Structure*. Amsterdam: John Benjamins.

Jenny Thomas & Mick Short (Eds.) 1996 *Using Corpora for Language Research*. London: Longman.

Langacker, W. Ronald 1999 *Grammar and Conceptualization*. Berlin and New York: Mouton de Gruyter.

Leech, Geoffrey, Paul Edward Rayson & Andrew Wilson 2001 *Word Frequencies in Written and Spoken English: Based on the British National Corpus*. London: Longman Press.

Pustejovsky, James & Branimir Boguraev (Eds.) 1996 *Lexical Semantics: The Problem of Polysemy*. Oxford: Clarendon Press; New York: Oxford University Press.

Zipf, George Kingsley 1932 *Selected Studies of the Principle of Relative Frequency in Language*. Cambridge. MA: Harvard University Press.